KB161680

만약에
사막을 만나지
않았더라면

만약에
사막을 만나지
않았더라면

초판인쇄 2019년 3월 4일
초판발행 2019년 3월 4일

지은이 김정완
펴낸이 채종준
기획·편집 이강임
디자인 김예리
마케팅 문선영

펴낸곳 한국학술정보(주)
주소 경기도 파주시 회동길 230(문발동)
전화 031 908 3181(대표)
팩스 031 908 3189
홈페이지 http://ebook.kstudy.com
E-mail 출판사업부 publish@kstudy.com
등록 제일산-115호(2000. 6. 19)

ISBN 978-89-268-8728-8 13040

모든 시간이
꿈결같이 아득해지는 곳,
사막에서 보내온 힐링 에세이

만약에
사막을 만나지
않았더라면

김정완 지음

Prologue

이 글은 한국 여자가 사우디의 수도인 리야드의 디큐에서 살면서 사우디의 안과 밖에서 보고 느꼈던 짧은 관찰입니다. 2008년 2월 1일부터 시작하여 3년 2개월 6일 6시간 걸렸던 사우디 생활의 기록이기도 합니다. 사람들은 날을 세었냐고 신기해하는데 저는 그 말이 더 신기했습니다. 한국과 너무 다른 낯선 나라인 사우디에서 매일매일 날 세는 게 어렵지 않았습니다. 이 글을 쓰던 시간은 2014년이었는데 사우디에서 사용하는 달력으로는 1435년에 해당합니다. 사우디와의 시차를 물으면 실제 시간 대신에 "대략 8백 년?" 이라고 농담 삼아 말할 때 월력의 차이만은 아니었습니다.

사람들은 남편에게 사우디 생활이 어땠냐고 물어봅니다. 그럴 때마다 저는 사우디에 대해 알고 싶으면 여자에게 물어봐야 한다고 말합니다. 여자가 다니지 않는 거리, 여자의 아바야 옷깃에도 불타오르는 '남자의 눈빛'이 있었습니다. 그것은 여자를 성적 대상으로 정의 내리는 폭력이었고 억압이었습니다. 사우디살이는 사우디의 현지 여성에게도 간단치 않은 일이었습니다. 여덟 살의 이혼을 예상할 수도 있고 사촌 간의 결혼일 수도 있고 첫 날밤에 처음 보는 남자와의 결혼일 수도 있고, 한 남자를 세 명의 다른 여자와 공유하는 결혼일 수도 있고, 일 년에 한 번 만나는 결혼인 미스야(Misaya)일 수도 있었습니다. 명예살인조차 낯설지 않은 사우디에서 여자로 산다는 일은 도전임에 분명했습니다.

최근 일이 년에 걸친 모하메드 빈 살만 왕세자의 개혁정책에 힘입어 여성의 인권정책에 많이 달라진 지금도 사우디에는 마담(Madam, 주인 마님)과 메이드(Maid, 하녀·가정부)라는 현실적인 신분제도가 존재하고 있습니다. 마담도 아니고 메이드도 아닌 아시아 여자였지만 디큐에 살았기 때문에 집 앞 골목 군데군데에 포진해있는 탱크를 지나 산보하러 나서고, 장총 든 무장군인들의 표정 없는 얼굴을 마주치며 나들이를 했습니다. 서양인들은 손님 대접을 받았고 동양인들은 함부로 일꾼 대접을 하는 문화가 있었고 그 속에서 한국 여자로 사는 고충이 따랐습니다.

이 글은 또한 두 아이를 가진 제가 초혼인 영국 남자와 재혼하여 사우디에서 살아간 기록이기도 합니다. 이혼한 여성이 되어 만나는 한국 사회는 제가 알던 한국이 아니었습니다. 서울 한복판의 일터에서 밀릴

대로 밀려 멈추고 싶은 순간마저도 밀리던 40대의 여자 하나가 한국에서 사라졌습니다. 인천공항에서 잰 56kg의 짐 가방 두 개가 45살의 한 여자가 가진 일생의 물리적인 짐이었습니다. 마음의 짐은 그보다는 조금 더 무거웠을 것 같습니다. 리야드의 킹 칼리드 국제공항터미널에 수북이 쌓여있던 짐가방들, 이 나라 저 나라에서 제각각의 사연을 담고 온 짐 뭉치 속에서 비루한 삶이 담겨진 제 짐을 찾아 나오면서도 끝내 떠나지 않는 오만이 있어 한때 제 스스로 한국과의 통로를 막았습니다. 소통을 그리워하면서도 한국 사회가 두려웠습니다. 제게 너무 낯설었던 이혼과 이혼 후 만난 더 낯선 한국을 떠났을 때 감사했음을 이제 고백합니다. 사막을 만나고 사막의 안과 밖에서 만난 사람들의 사랑으로 세상에 대한 두려움을 조금씩 벗었습니다. 내 나라 내 고향을 사랑하는 마음으로 아랍 여성들에게 한국어와 한국 문화를 가르치면서 조국인 '한국' 은 제 소명의 결정체가 되어갔습니다.

사우디의 시간에서 놓여나고 나니 '삶이 기억이고 기억이 삶'인 제 삶의 정체가 보이기 시작했습니다. 깊고 단단한 두려움에 대적할 수 없어 주저앉으려 할 때마다 힘을 나누어주는 이들의 도움을 받으면서 사막에서 삶을 배웠고 사우디에서 삶의 정체를 엿보았습니다. 가야 하고 갈 수밖에 없는 길이어서 더욱 조심스레 걸었지만 제 깜냥엔 버거워서 때로 말이 나오지 않았고 때로 손도 내밀 수 없었습니다. 덜 빠진 얼룩처럼 남아있던 예전의 감정들이 씻기어지기도 하고 더러는 한국서 가져온 그 무게 그 무늬 그대로 들고 사우디를 떠나왔습니다. 불안한 미소로 거리에 나서면서 아직 멀었지만 이만큼 지나오고 보니 같은 정서 같은 느낌으로 살아가는 사람들과 조심스럽게 나누고 싶은 것도 생겼습니다. 달아나는 기억들이 더 빨리 흩어지기 전에, 혹여나 믿을 수 없는 마음의 성향으로 기억이 과장되고 왜곡되기 전에 마음의 서랍 속에 꼭꼭 싸매두었던 시간의 보따리를 풀어봅니다.

사우디를 떠나 아랍에미리트의 UAE 대학에서 한국어와 한국 문화를 가르치며 중동 생활 10년을 채웠습니다. 이제 저는 영국과 한국을 떠돌지만 아랍은 여전히 제 마음을 사로잡는 주제입니다. 2016년 유에이이에서 한국 문화를 사랑하는 아랍 여성들과 함께 아랍-한국 여성 소사이어티(아쿠와스, Arab-Korean Women Society)를 만들었습니다. 중동의 한류에 힘입어 유에이이 대학에서 많은 아랍 여성들을 만나고 그녀들의 삶에 가까이 다가갈 기회를 얻었습니다. 아쿠와스가 있었기에 아랍문화와 더 넓게 더 깊이 더 가까이 소통할 수 있었고 그들의 문화 속에서 우리의 과거와 현재 그리고 미래를 보기도 했습니다. 꽃씨 뿌리는 마음으로 시작했던 아쿠와스가 유에이이에서 아랍 여성들의 일상에 제3의 공간을 제공하고 아랍 여성들의 역량강화에 대한 관심을 불러일으키는 계기가 되었을 때 참으로 행복했습니다. 여성의 사회활동이 제한적인 아랍에서 현지 여성들과 함께 한국 문화를 알리며 지역 문화 활동을 하는 기쁨을 넘치게 누렸습니다. 한국 문화에 대한 열정은 아쿠와스 회원뿐 아니라 제 안에서도 저를 뜨겁게 하였습니다. 이 글의 어느 한 부분이 한국과 사우디, 한국과 아랍 세계가 서로 소통하고 이해하는데 소소한 이야깃거리가 된다면 글쓴이로서 참으로 보람된 일입니다. 한국 여자의 시선으로 바라보는 아라비아반도의 사우디 이야기가 어느새 중동과 아랍 세계의 넓은 세상으로 걸어가는 여행의 시작이었습니다. 이 모두가 사우디의 사막을 걸어 나온 후에야 가능했습니다. 만약에 사막을 만나지 않았더라면, 그리고 그때 사막을 만나지 않았더라면 상상할 수 없는 여정입니다.

Contents

사우디에
입문하다

어린 왕자를 찾아 떠나는
사막 여행

두 번째 결혼이
시작된 나라,
사우디

불길 속에 가둔
소녀들의 영혼

45살이 되던 날 생일선물을 받았습니다. 긴 까만 드레스와 보자기보다 더 큰 까만 스카프였습니다. 소매를 펼쳐보니 두 사람 팔뚝은 능히 들어가게 생긴 것이 옷인지 이불인지 감이 얼른 오지 않았습니다. 선물 받은 설렘은 순간으로 지나가고 도저히 예쁘다는 말이 나오지가 않는 난해한 선물을 받아들고 예의상이라도 고맙다는 말을 해야 하는데 입이 떨어지지 않았습니다. 다행히 남편이 먼저 말을 시작합니다. "공항에 내리면 입어. 안 입으면 잡혀가." "이게 뭐지?" "아바야." 검정 아바야와 검정 히잡은 그렇게 하얗게 눈이 내리는 서울의 설경 속에서 두 번째 결혼과 함께 제 인생으로 들어왔습니다. 결혼식을 마친 후 사우디로 돌아가는 남편은 인천 공항에서의 대기시간을 온전히 아바야 이야기로 채웁니다. 확인되지 않은 루머가 많은 나라에 살다보니 전해 들은 풍문이 한 보따리인 듯합니다. 아바야를 입지 않으면 그 자리에서 체포해서 감옥에 보낸다는 말에서부터 일단 경찰서에 들어가면 최소한 2~3일이 기본이고 식사 제공이 안 되기 때문에 직접 밥을 갖다 날라야 한다는 등의 얘기를 구구절절 늘어놓습니다. 심각해지는 남편의 표정을 읽자니 사우디의 사람 사는 이야기가 과연 해외토픽에서 보던 대로 험상궂기만 할지 잠시 궁금해졌습니다.

2002년 마카(Makah)의 여학교 화재사건 이야기는 머리에 온전히 각인되었습니다. 마카는 고결한 도시라는 의미로 이슬람의 창시자인 예언자 모하메드의 출생지인데 일반적으로 메카로 알려져 있지만 사우디 정부는 공식 표기를 '메카(Mecca)'에서 '마카(Makah)'로 바꾸고 영어 단어인 '메카'로부터 이슬람의 성지를 구별하고 있습니다. 마카에 있는 여학교의 4층 건물에 대낮에 불이 났는데 아바야를 입지 않았다는 이유로 무타와(Muttwa)라 불리는 종교경찰들의 지휘하에 학교 경비원들이 문틈으로 빠져 나오려는 여학생들을 몽둥이로 때리면서 기어이

불타는 학교의 정문을 잠근 사건이었습니다.

전기선이 터지면서 화재가 날 당시 학교에는 8백여 명의 학생들이 있었고 이들이 한꺼번에 정문으로 모여들었습니다. 결국 대피하지 못한 15명의 여학생들이 죽고 50여 명 이상이 화상을 입거나 부상당한 이야기였습니다. 대규모 사상자가 발생한 것은 여자는 아바야와 히잡으로 얼굴을 가리지 않고서는 공공장소에 나설 수 없다는 종교 계율 때문이었습니다. 세 명의 경찰이 어린 여학생들을 몽둥이로 때리면서 학교 바깥으로 못 나오게 막던 현장에 있었다는 한 소방대원은 후에 '살려달라'는 여학생들의 소리를 들었지만 아바야를 쓰지 않은 여자아이들에게 다가간다면 그것이 바로 죄를 짓는 것이라고 소리치는 무타와의 외침에 멈추었다는 고백을 남기기도 했지만 소방대원도, 구조요원도, 목격자들도 모두 쳐다만 봐야 했다는 대목에 이르러서는 딱딱한 멍울이 지듯이 마음이 아팠습니다. 모두 13세에서 17세의 꽃다운 나이의 소녀들이었습니다. 살려달라고 소리치는 절망 속의 희망을 보면서도 야멸차게 삶의 빗장을 잠갔던 차가운 손에 흐르고 있었을 36.5도의 따뜻한 체온이 한탄스럽습니다. 이념이 사람의 생명을 풀 한 포기 뽑듯이 앗아간 사고로 문책당한 공무원은 한 명도 없었고 대부분의 사람들이 불만조차 표시하지 않는 것은 어렸을 때부터 받아온 이슬람의 가르침이라 하니 종교와 교육의 힘이 뻗어가는 자리를 유념하지 않을 수 없었습니다. 불길 속에서 타들어가는 어린 딸들에게 얼굴을 가리라며 몽둥이질을 했다는 실체 없는 이데올로기와 친해질 자신도 없으면서도 이미 제 마음은 한국을 떠나있었습니다. 구정 휴가가 시작되자마자 서울 변두리의 한 대학에서 마지막 강의를 마치고 직행한 인천공항 대합실에서 한나절을 보내면서도 지루하기보다는 오히려 안도의 긴 한숨이 나올 만큼 서울살이 역시 쉽지 않았기 때문이었습니다.

한국을 떠나는 밤 11시 55분 비행기를 타고 8시간여 만에 두바이에 도착했습니다. 당시에는 서울과 리야드 간 직행이 없어서 두바이 공항에서 또다시 10시간을 보내야 했습니다. 사우디의 남편에게 전화하기 위해 공중전화 코너에 가니 10대 후반으로 보이는 나이 어린 '인디방글파'(인종차별의 단어는 결코 아닙니다. 다만 부르기 쉽게 인디언, 방글라데시, 파키스탄, 아프가니스탄 등 사우디에서 만난 제3세계에서 온 노동자들을 일컫는 저만의 용어입니다.)가 와글와글 모여 있었습니다. 국제 전화카드의 깨알같이 작은 크기의 사용 번호를 보다가 돋보기를 꺼내기 귀찮은 아줌마의 오지랖으로 옆 전화기에 붙어있던 인도청년에게 숫자를 읽어 주겠느냐고 물어보았습니다. 청년은 얼굴에 미소를 띠고 카드를 보자 하더니 번호를 크게 읽습니다. 한두 자리도 아니고 13자리를 하나하나 크게 읽는 게 수상하다는 느낌이 갑자기 들면서 제 전화기 옆 부스를 보니 그의 친구가 열심히 전화번호를 누르고 있습니다. 제 번호로 전화하는 것이었습니다. 얼른 빼앗아 돋보기를 들고 하나씩 번호를 누르니 이미 10달러의 선불카드는 잔액이 없다는 멘트가 나왔습니다. 그때서야 국제전화기 부스를 하나씩 차지하고 있던 수십 명 중에서 실제로 전화하는 이는 없고 그저 전화기에 붙어있는 상태임을 눈치챌 수 있었습니다.

아랍의 대부분 국가에서 자국민보다 많다는 '인디방글파' 와 만나는 신고식을 치루고 잠도 오지 않는 공항의자에 앉아 아바야에 덮여있는 수십 명의 아시아 여인들을 바라보았습니다. 인도네시아와 스리랑카에서 왔다는 10대 후반의 어린 여자애들이 단체로 몰려있는 모습을 보니 자그마한 물체 하나쯤 움직여도 멀리서는 표시도 나지 않는 가을 운동회의 카드섹션 같습니다. 검은 파도 속에서 30여 명의 아바야가 서로를 의지한 채 호기심의 눈망울을 이리저리 굴리며 조용히 움직이고 있었습니다. 아담한 키를 보고 뽑지 않았을까 싶을 정도로 한결같이 작은 키에 입혀진 검은 깃발 같은 아바야는 신비한 아

라비안 여인의 옷이라기보다는 외계인의 복장 같고 죄수복 같
기도 해서 보는 것만으로 알 수 없는 먹먹함이 밀려왔습니다.

　아바야를 입지 않고 있는 여자도, 일행 없이 혼자 여행하는
여자도 저 혼자입니다. 제 처지를 생각했습니다. 물푸레 나뭇
잎이 물속에서 푸르게 변하기도 전에, 아름다운 무늬의 나이
테가 바늘땀을 뜨듯 선명해지기도 전에 5월의 연두 같이 어린
아이들이 꿈보다 먼저 새파란 입술로 사라진 나라, 청춘의 불
안보다는 고국에 남은 가족의 생계에 대한 책임으로 가정부로
일하겠다며 가난한 어린 딸들이 모여드는 나라, 막 고향을 떠
났지만 그사이에 그리운 가족에게 전화 한 통 할 돈이 없어 하
염없이 전화기를 붙들고 서있는 어린 아들들이 몸뚱이 하나
마다 돈을 벌겠다는 모진 꿈을 안고 기다리는 사우디행 비행
기, 그들 틈에 섞여서 무연한 눈길을 마주하면서 마흔 다섯의
한국 여자 하나가 사우디의 리야드에 도착하였습니다. 2008년
2월 1일 저녁 무렵이었습니다. 세관으로 걸어가면서 보니 하
얀색은 남자의 색, 까만색은 여자의 색입니다. 그동안 보이던
아바야의 얼굴마저 다 사라지고 머리에서 내려오는 베일이 신
발마저 가리고 있어 눈도 보이지 않았지만 베일 속에서 저를
쳐다보는 눈빛이 하나씩 제게 닿았습니다. 한국에서의 삶을 정

리하니 버리는데도 돈이 들어서 마지막 날 제 간장을 녹여내는 마지막 허물들을 버리는 값으로 낸 4만 5천원으로 짧게 정리한 짐, 세상에 살아 남은 나의 짐, 그 짐속에 남았던 가을용 코트가 남의 옷인 듯 낯설었습니다. 긴팔에 긴 바지 입고 긴 코트 입었으니 문제가 될 게 없다고 안심했던 순박한 생각이 머물 공간은 한 치도 없는 현장이었습니다. 누런 빛이 나는 디시다샤(Dishdasha)의 '인디방글파' 노동자들이 늘어선 줄, 아바야가 마치 장례식에 참석하는 상복 같았던 메이드(maid) 줄, 하얀 실크의 도우브(Thobe) 줄, 치렁거리는 검은 베일을 웨딩드레스처럼 늘어뜨린 마담(Madam)의 줄 중에서 어디에 서야 할지 몰랐습니다. 저의 정체를 저도 알 수 없었습니다. 월요일 아침 조례시간에 교복 안 입은 여학생이 학교운동장 한가운데 서있는 느낌인데 저를 보는 그들의 눈빛은 '저거는 또 무슨 인종인가?' 하는 물음표와 함께 다가왔습니다. 얼굴을 덮어버린 까만 스카프들이 검은 괴물체처럼 물결치듯이 조금씩 조금씩 움직였습니다. 현실감이 없어진 제 눈은 남편을 찾아 바쁘게 움직였습니다. 하얀 도우브를 입은 아랍 남자들 속에서 작고 마른 서양 남자 하나 찾는 것은 그리 어렵지 않았습니다. 남편은 환영인사 대신에 다급한 손짓으로 황급히 "아바야, 아바야"를 되풀이

합니다. 영문도 모른 채 얼결에 담요 같은 아바야를 펼쳐서 입었습니다. 인습과 습속이 사회 문화와 야합할 때 잔인한 권력이 됨을 모르지도 않는 한국 여자 하나가 자기 나라의 인습을 떠나 서양인 남자와 재혼하여 아랍이라는 곳에서 한번 살아보겠다며 도착한 나라, 이슬람 국가 중에서도 일체의 타협이 없다는 엄격한 율법의 나라가 맞이한 환영인사는 "아바야!"였고 그 단어는 사우디에 살면서도, 떠나서도 결코 제 사랑을 받지 못했던 단어였습니다. 하루 종일 더위에 짓눌린 리야드 국제공항의 공기는 마침내 어슴푸레한 빛으로 차오르고 창백한 달이 힘없이 비춰주고 있었습니다. 주차장 입구에 쪼그리고 앉아있는 디시다샤 속의 운전자들의 집요한 눈길은 택시에 올라타는 순간까지 제 몸에 따라붙었고 알 수 없이 처지고 무거워진 팔로 차문을 닫을 때 참을 수 없는 존재의 속박이 함께 올라탔습니다. 마음속의 반항이 눈치 빠르게 시작되면서 이곳이 두 번째 결혼과 함께 새로운 삶을 살려는 곳인가 스스로에게 또 한번 물었습니다. 의식은 명징한데 답은 불분명해서 저도 듣지 못했습니다. 미친 속도로 리야드의 고속도로를 직선으로 곡선으로 달리던 택시가 급브레이크와 함께 멈췄습니다. 남편이 집에 다 왔다고 합니다.

눈앞에 탱크가 보였습니다. 아마 용산의 전쟁박물관 어디쯤 에선가는 보았겠지만 사람이 들어있는 탱크는 현실감이 없었고 꿈결 같은 초소의 불빛은 비현실을 부추기고 있었습니다. 탱크 중앙의 구멍 위로 불쑥 튀어나온 어린 군인이 호기심 어린 눈빛으로 저를 쳐다보고 장총 든 군인이 사냥개처럼 먹잇 감을 향해 택시에 다가오고 있었습니다. "앗살라무 알라이꿈 (Hello, How are you?)" "알라이 꿈 앗살람." 꿈인지 뭔지 택시 운전 사가 차에서 내려 트렁크를 열고 남편이 꾀죄죄한 복사 종이 를 내미니 군인은 뒤로 물러서면서도 총은 여전히 저희를 겨 누고 있었습니다. 권총 찬 경찰이 짧은 방망이를 들고 다가와 남편 얼굴 한 번, 제 얼굴 한 번 번갈아봅니다. '좌우자(zawja, 아 내).' 남편의 한마디와 함께 건네받은 서류를 초소로 들고 간 경 찰이 잠시 후 나오면서 방망이를 바지 뒤춤에 꽂고 '웰컴.' 합 니다. 영화 속의 터미네이터처럼 총 멘 군인은 사라지고 탱크 옆에 가로로 주차해있던 경찰차가 택시가 겨우 빠져나갈 만큼 만 길을 열어주었습니다. 운전기사가 집이 어디냐고 묻습니다. 남편은 "음…, 가까이 가면 말할게요." 자정이 다가오는 디큐 안은 정적마저 감돌았고 택시가 라운드바웃(Roundabout, 교차로)에 이를 때마다 출구를 헷갈려 하는 남편을 바라보면서 '이 사람이 여기 살기는 하나? 집이 있긴 하나?' 싶은 질문이 꼬리를 쳐들고 간질거리는 바람에 탱크에서 멀어지는데도 마음은 오히려 탱크에게 가까워지고 있어 괜스레 스멀스멀 불안스럽기만 했습니다.

페튜니아가
전하는 진실

　　　　　　　　　　　제가 살았던 곳은 리야드의 디큐입니다.
외교 구역(Diplomats Quarter)인 디큐의 입주민들은 크게 세 부류로
나눌 수 있는데 첫째는 세계 각국의 외교관 가정들, 둘째는 사
우디의 고급 공무원 가정들, 셋째는 서양인 대학강사들이고 이
들 외에 인디언 노동자들의 거대한 청소인력과 경찰 및 군인
들이 상주하고 있습니다. 저희가 외교지대에 살게 된 이유는
세 번째 카테고리에 속하기 때문입니다. 남편은 프린스 술탄
대학(Prince Sultan University)에서 영어를 가르치는데 대학의 소유자
이자 총장 격인 술탄 왕자는 디큐의 소유주이기도 해서 자신
의 학교 선생님들에게 무료로 집을 제공해주었습니다.

디큐는 사우디 왕가가 시작된 사우디 제1왕국(1744~1818)의 수도인 올드 디리야(Old Diriyadh)에 있는데 올드 디리야는 시나이(Sinai) 반도와 아라비아(Arabia) 반도 사이에 존재했던 나바탄(Nabataean) 왕국의 도시인 마데인 살레(Madein Saleh)와 함께 사우디에서 유네스코에 등록되어 있는 두 개의 문화유산 중의 하나입니다. 디큐는 정문이 2개인데 남쪽 정문을 빠져 나가면 와디(Wadi) 하니파(Hanifa)로 가는 내리막길이 있고 북쪽 정문을 통과하면 마카(Makah) 고속도로에 바로 진입할 수 있습니다. 탱크로 정문을 막아놓은 데다 총을 멘 군인과 경찰의 검문이 이중 삼중이지만 국제적인 모임이 있거나 대부분의 아랍국 간의 행사가 이곳에서 열립니다. 한국으로 치면 신도시의 대단지 아파트 규모의 크기이지만 리야드 시내와 마찬가지로 남는 것이 땅이라 거의 모든 건물이 사각형 모양으로 널찍널찍합니다. 2층 이상의 건물은 거의 보이지 않고 부지의 30%는 미래의 용도로 의도적으로 비워둔 탓에 군데군데가 빈 공터라서 휑뎅그레합니다. 낮 시간의 디큐는 청소부들만이 그림자처럼 천천히 지나갑니다. 우연히 길을 잘못 들어서 주차장 안에서 헤매다가 발견한 도로를 따라 달리다보니 놀랍게도 저희 집 주차장 건물의 출구였습니다. 디큐 안에서는 지하 주차장으로만 이동이 가능함을 알게 된 그날의 운전은 비밀통로의 존재로 인해 첩보영화 못지않았는데 바깥의 살벌한 도로뿐 아니라 지하까지 인위적으로 막고 열어둔 바리케이드를 생각하니 원래의 디큐 건물 간의 전체 동선이 궁금해지기도 했습니다.

　문화가 다르고 인종이 다른 대사관이 섞여있으면 자유로울 줄 알았는데 오히려 보수적이었습니다. 전 세계 인종이 다 모여들어서 어디에서도 볼 수 없는 독특한 장소였습니다. 공적인 장소도 아니지만 결코 사적인 장소도 아니었습니다. 서양인들이 많은 사적인 주택지여서 의무적으로 아바야를 입을 필요는 없지만 대사관 업무를 보러 온 외래 방문객들과 사우디들, 인디방글파 노동자들이 수시로 지나다니는 곳이기도 해서 아바야를 입어야 할 분위기가 되곤 했습니다. 사우디에 사는 동안 아바야가 4개였습니다. 남편이 선물한 첫 번째 아바야는 두 겹으로 몸을 가리는 스타일이라 무거운 데다가 사람이 옷에 감겨있는 듯 헐렁해서 계단을 오를 때면 제 아바야를 제가 밟아 넘어지기도 여러 번이었습니다. 아바야를 늘어뜨리는 사우디 스타일과 달리 외국인들의 아바야는 그나마 짧았지만 발등을 보여준다는 것은 일반정서에 어긋나는 풍토였습니다. 아랍 여자들의 큰 덩치에 맞춘 기성복 아바야는 길이도 길이지만 폭마저 턱없이 넓어 커튼처럼 치렁대는 꼴을 보자면 이래저래 제 인생이 검은색 아바야에 갇혀 파닥거리는 것 같아 입을 때마다 불편하기만 했습니다.

2008년에 처음 디큐에 도착했을 때 디큐에는 두 개의 커피숍이 있었습니다. 서양인들과 사우디들이 주로 오는 스타벅스(Starbucks) 커피점과 디큐에 온 방문객들이 잠시 앉는 랑데부(Randevu) 커피점이었습니다. 한국 학교에서 일하기 전까지 사우디에서의 사회생활은 킨디 광장 앞 랑데부의 방글라데시 웨이터와 디큐 안의 유일한 주유소 앞, 스타벅스의 네팔 웨이터에게 던지는 커피주문 때 나누는 대화가 전부였습니다. 서양 여자들은 일하러 가고 동양여자들은 보이지 않았습니다. 갈 곳은 제한적이지만, 가는 곳마다 남자들의 시선에서 자유로울 수 없지만, 내 맘대로 다닐 수 있다는 점이 상대적 자유였습니다. 여자이기 때문에 랑데부 실내의 의자에는 한 번도 못 앉아봤지만 바깥의 딱딱한 플라스틱 의자에 앉아 제 눈앞에 펼쳐진 광장을 바라볼 때면 인생이 흐르는 강물이라는 말이 생각나면서 물길 없는 사우디에서 제 인생을 어떻게 헤쳐나갈 것인지, 헤쳐가기나 할 것인지 막막해지곤 했습니다.

사우디에 살고 있는 외국인들은 두 부류였는데 저희 같은 뜨내기 아니면 사우디화된 사람들이었습니다. 십년 이상을 사우디에서 살고 있는 외국인들이 의외로 많다는 사실이 낯설었습니다. 톰 행크스의 영화, '터미널(Terminal)'처럼 오도 가도 못하는 사람, 떠나고 싶지만 가야 할 곳이 없는 사람들이 사우디에서 돈을 벌고 틈만 나면 사우디를 빠져나갔다가 산란기의 연어처럼 사우디로 돌아왔습니다. 사우디를 저주하면서 사우디에 사는 많은 사람들을 보면 어디가나 '밥'의 힘이 무섭습니다. 이글스의 노래 'Hotel California'를 들을 때면 엉뚱하게도 사우디를 혐오하면서 사우디를 떠나지 못하는 사람들이 떠올랐습니다. On a dark desert highway, (…) You can check out anytime you like, but you can never leave. (밤 깊은 사막의 고속도로에서서 (…) 그대, 원할 때 언제라도 떠날 수 있지만 아마도 영원히 떠나지 못하리.)

디큐 안에는 야트막하지만 언덕도 있고 나지막한 나무들이 고만고만하게 서 있었습니다. 흐드러지게 피는 꽃들은 없지만 야생화가 잊지 않고 피어나고 그늘을 잊어버린 나무이지만 바삭거리는 나뭇가지가 고독한 새들의 의자가 되어줍니다. 새도 나무와 궁합이 있는지 어떤 나무에는 새가 그득하고 어떤 나무는 새 그림자만 길게 늘어집니다. 디큐의 꽃밭은 언제나 싱싱했습니다. 길 따라 심어진 페튜니아(Petunia)는 매주 혹은 매달 색깔이 달라집니다. 트럼펫 모양이 사랑스러운 꽃이지만 부드럽고 얇은 꽃잎은 모래의 무게를 이겨내지 못합니다. 한 달을 채 못 살고 사라지는 생이지만 라운드바웃 주변과 도로를 자주색, 보라색, 빨강색으로 채색합니다. 어쩐지 인위적인 느낌이 드는 꽃밭이라 다양함과 다채로움에 대한 갈망은 꽃밭에서도 달랠 수 없지만, 꽃잎 두세 개가 전부인 키 작은 꽃 하나하나에 모두 호스를 연결해서 물을 공급해주어야만 살아가는 비루한 삶이긴 하지만 화려하고 풍성한 꽃밭이 절대로 줄 수 없는 어떤 맑은 진실이 있었습니다. 가느다란 검은 호스가 괴물처럼 뻗어 있었지만 바라보는 이의 현실을 투명하게 비추어주는 힘이 있었습니다. 꽃길 따라 숨어있는 물 호스의 존재는 사우디라는 낯선 나라가 제 선택이었음을 한순간도 잊지 않고 일깨워 주었습니다. 불평도 힘듦도 제 몫임을 분명하게 알려주었습니다.

사우디의 유목민을 일컫는 베두인(Beduin)의 텐트를 연상시키는 트와이크 팰리스(Twaiq palace)의 외관은 디큐의 자연 지형인 쭉 펼쳐진 고원을 벽으로 둘러친 듯 웅장합니다. 사막에 도시, 베두인의 텐트 대신에 펼쳐진 아름다운 건축물에서 전통과 현대의 조화라는 한두 마디로 단정지을 수 없는 사우디의 힘이 느껴졌습니다. 어느 해, 트와이크 팰리스에 불이 난 후 6개월 정도 검은 비닐로 덮어둔 적이 있었습니다. 그 기간 동안에 모래 바람에 찢어진 비닐이 장례식의 검은 리본처럼 음산하게 흔들리면서 흉물로 변하기도 했지만 800미터에 이르는 곡선의 하얀 텐트는 근처 와디의 이정표였습니다. 35년째 트와이크 팰리스 안에 살고 있는 조던은 디큐가 돌멩이만 많은 사막일 때 입주해서 여태껏 호텔 생활을 하고 있었습니다. 집을 하나 사도 되었겠다고 하니 매일 하우스보이(Houseboy)가 와서 청소해주고 관리해주는데 굳이 집 살 필요가 있느냐고 오히려 반문합니다. 하우스보이는 남자 식모에 해당되는 말입니다. 사우디에서는 메이드와 하우스보이가 일상화되어 있고 한 달 비용이 100달러 이내여서 자국에서는 꿈도 못 꿀 싼 인건비다 보니 많은 외국인들이 이용하고 있었습니다.

집 앞에 팰리스가 하나 더 있습니다. 2층 건물 전체가 통유리로 되어있는 컬쳐럴 팰리스(Cultural palace)는 헬스센터가 있는 알마나힐(Al manahil)과 집 사이에 있습니다. 팰리스 앞 광장은 반원형의 대리석 바닥입니다. 물청소 후 바닥이 젖어 있는 줄 모르고 급하게 자전거를 꺾다가 바닥에 미끄러져 크게 다친 적이 있습니다. 평소에 사람들이 없는 디큐에 아바야 여인 두 명이 광장의 벤치에 앉아 있는 모습을 넋을 잃고 쳐다보다가 자전거 사고가 난 것입니다. 크게 엉덩방아를 찧고 바닥에 앉아 있으니 아바야 한 명이 벤치에서 일어나 병원에 가겠느냐고 물어보기도 했는데 세월이 흐른 지금까지도 아픕니다. 거리에 사람이 있으면 신기하고 사람과 맞부딪히면 그게 그날의 이벤트였습니다. 남편이 퇴근하면 흥분해서 말하곤 했습니다. "오늘, 길에서 사람 봤어."

사우디에 도착한 처음 몇 달간은 폭풍 전야처럼 조용하던 디큐가 2008년 겨울을 지나면서 서서히 활기를 띠더니 점점 광란의 축제거리로 변해갔습니다. 놀 곳도 마땅치 않고 놀 거리도 없는 사우디에서 젊은 청춘들에게 디큐는 해방구였고 주유소 앞의 스타벅스는 절제를 모르는 자유지역이 되어갔습니다. 열 살 정도 되어 보이는 어린 아이가 학교를 마치고 스타벅스에 앉아 시간을 보냅니다. 스타벅스를 슈퍼마켓 정도로 여기는 듯, 모양별로 커피 컵을 사기도 하고 매장 안의 크루아상(crossiant)과 머핀(muffin)을 싹쓸이한 후 삼삼오오 모여서 카드놀이를 하기도 합니다.

주말이 시작되는 수요일 밤이 되면 10대들이 신형 모델의 차를 끌고 떼로 몰려들었습니다. 검문도 느슨해지는지 밀려드는 이들을 감당하기 역부족입니다. 소위 말하는 와스타(Wasta, 배경)가 중요시되는 사회라 최신형 모델의 멋진 차 앞에서는 검문소에서도 모두들 멈칫합니다. 디큐에 올 정도이면 대개가 부유한 집안의 배경을 갖고 있거나 대사관과 연결고리가 있음을 알기에 경찰도 군인도 함부로 대하지 못했습니다. 일단 검문소를 통과하면 그때부터 디큐는 10대들의 아우토반으로 변하고 그들만의 축제가 벌어집니다. 밤이 깊어질수록 스타벅스는 시장바닥처럼 더욱 바빠지고 주유소 일대는 아수라장입니다. 집안에 있어도 깜짝깜짝 놀랄 정도로 요란한 급발진과 급정거 소리, 공회전 소리 등이 경쟁을 하듯 끊이지 않았습니다. 다음날 도로에 나있는 검은 바퀴자국을 보면 광기마저 느끼게 되고 지난밤의 운전이 레이싱 수준이었음을 짐작하게 했습니다. 폭주족 오토바이까지 합세해서 디큐의 골목골목을 돌아다니니 사고가 그치지 않고 때로는 라운드바웃의 정원으로 돌진하여 라운드바웃 한가운데 찌그러진 차 밑으로 아까운 푸나무와 꽃들이 애꿎게 뽑혀나갔습니다.

디큐에 색이 있다면 하나, 모래색이었습니다. 어느 쪽을 보아도 모래색깔 성냥집입니다. 뿌연 하늘에 모래색 건물을 지나치면 또다시 시작되는 모래색 건물. 특징 없는 건물마저 데면

데면해서 한 번 간 집이라도 다시 찾아가는 일은 쉽지 않습니다. 어느 순간부터 색깔은 건물대신 이정표가 되었고 길을 나서면 모래색이 아닌 색의 흔적을 찾아 헤매었고 모래색이 묻어있지 않는 색을 만나면 그 기억을 오래 간직하려 애썼습니다. 제게 가장 큰 이정표는 언제나 담벼락으로 삐져나온 부겐빌레아(bougainvillea)였습니다. 진한 꽃분홍의 촌스러운 간드러짐과 빨강의 도발적인 육감, 거기에 오렌지색의 음영이 햇살의 결대로 보일 때면 부겐빌레아의 몸부림치는 열정이 더 이상 감출 수 없이 적나라하게 드러났습니다.

모래 건물 사이에서 존재만으로도 황홀한 부겐빌레아의 꽃줄기가 사실은 꽃이 아니라 이파리임을 알게 되었을 때 부겐빌레아의 목 타는 갈망을 이해했습니다. 초록의 이파리가 줄기 끝에 다다라 하늘과 가까워지면 잎맥 뒤에 숨어있던 자기의 색이 더 이상 버티지를 못하고 발광합니다. 피어나는 방향도 일정하지 않게 사방팔방으로 피어나는데 습자지처럼 바짝 마른 이파리는 어린아이의 손안에서도 바스라질 듯 연하디 연하지만 사실은 시멘트 바닥으로 뿌리를 내리는 강한 식물이기도 합니다. 잎은 색으로 열정을 뿜어대는데 정작 꽃은 그리운 얼굴의 눈망울을 연필로 동그랗게 그린 듯, 보일 듯 말 듯 작았습니다. 수줍은 동그라미 대여섯 개가 이룬 하얀 꽃이 절정으로 치달은 이파리의 흥분을 가라앉히는 듯 애처롭고, 애잔한 만큼 사랑스럽습니다. 모래바람에 떨어진 부겐빌레아 이파리가 아까워서 낙엽을 담듯 가방 가득히 담아 오곤 했습니다.

모래는 사우디에서 피할 수 없는 운명이었습니다. 목구멍에 달라붙는 듯한 모래바람은 주로 봄에 심합니다. 2009년 3월이 었습니다. 갑자기 거실이 어두워지면서 아침인데도 밤 같아서 파티오 문을 열고 하늘을 보았습니다. 우물 속에서 보듯 올려다 보니 핵폭탄이라도 떨어진 듯 오렌지색 연기가 하늘을 덮고 있었습니다. 현관문을 여니 불길 같은 연기가 복도를 가득 채우고 열린 문틈으로 밀려들어왔습니다. 남편에게서 전화가 왔습니다. 리야드 시내를 삼킬 듯 밀고 들어서는 거대한 모래 폭풍이 몰려와 학교 수업이 모두 중단되었다고 합니다. TV를 켜니 수신신호가 잡히지 않는다는 자막이 뜨고 컴퓨터를 켜니 인터넷의 신호가 없습니다. 바깥에 나갈 수도 없고 TV도 안 나오고 인터넷도 안 되니 갑자기 못살 것처럼 안절부절해졌습니다. 그날부터 이틀간 리야드의 공항이 폐쇄되고 사우디의 학교 전체가 임시 휴교에 들어갔습니다. 모래 폭풍이 몰고 온 리야드의 비상사태였습니다. 디큐 동네는 모래 세탁기에 들

리야드의 모래 폭풍
사진 중앙의 병따개 모양의 빌딩이 킹덤 타워

어갔다 나온 듯 모래 세상이 되었습니다. 오렌지색 구름은 사라졌지만 오렌지색 모래가 눈가루처럼 소복이 쌓였습니다. 모래 태우는 듯한 냄새를 따라 내려앉는 모래 가루를 보면서 분분한 하얀 눈이 오는 기억 속의 겨울을 그리워했습니다. 모래의 무게를 이겨내지 못하는 키 작은 꽃들의 잎맥을 따라 손가락으로 조심스레 모래를 털어보아도 한번 쓰러진 꽃잎들은 이미 기운이 빠졌습니다. 냉정한 세상살이처럼 아무도 꽃들이 회복될 때까지 기다려주지 않고 거대한 청소군단들의 물 호스에 실려 사라졌습니다.

사우디에서 진정한 의미의 찬물은 없었습니다. 찬물을 틀면 미지근한 물이 나왔습니다. 수도꼭지의 빨강과 파랑색이 의미가 없었습니다. 야채나 딸기 같은 과일도 뜨거운 물로 씻는 것이 익숙해졌지만 손이 뜨겁고 곤혹스러워서 뭐든지 생수를 썼습니다. 기름값보다 비싼 물값이지만 1분도 안 되어 뜨거워지는 물을 감당할 수 없었습니다. 미지근한 물이 다시 뜨거워지기 전에 얼굴도 빨리, 손도 빨리, 머리도 빨리 감았지만 바닷물을 담수화시킨 물이라 그런지 머리카락이 엉켜져서 땋은 머리를 풀지 않고 감고 다니는 느낌이었습니다. 건조한 날씨와 태양에 노출이 심한 머리칼은 윤기 없이 종잇장처럼 건조했습니다. 종류 다른 샴푸로 몇 번씩 씻어보지만 미세한 입자의 모래알이 할당 수라도 채워야 하는 양 쉽게 떨어져 나가지 않았습니다. 샤워기의 물을 틀면 몸에서 모래 냄새가 났습니다. 와디에 갔다 온 날은 심했습니다. 머리를 감아도 얼굴을 씻어도 몸을 씻어도 모래 냄새는 사라지지 않았고 무게 없는 냄새의 답답함이 둔중하게 얹혔습니다. 사우디의 모래입자는 너무 가늘어 머릿결에 한 번 착 달라붙으면 감아도 감아도 여전히 끈적입니다. 빗질은커녕 손가락도 안 들어가는데 물탱크에서 나온 물은 결코 차가워지지 않았습니다. 안개와 구분이 안 되는 먼지바람까지 겪고 나니 온몸을 가리는 아바야가 현명해 보이기까지 했습니다. 모래바람이 가져다준 생각의 반전이 사우디의 생활에 뒤늦은 너그러움을 안겨주었습니다. 매번 히잡으로 머리를 가리지는 않았지만 식은 밥 대하듯 함부로 다루던 아바야를 세탁소에 맡겨 곱게 다림질해서 입고 다니기 시작했습니다. 문화 상대주의의 개념이 필요하다는 것을 알면서도 받아들임은 언제나 그렇듯이 시간이 필요했습니다.

'헨젤과 그레텔'이
살던 곳

        탱고 강습소를 찾아가는 날은 골목 입구에서부터 대추나무를 세었습니다. 대추나무가 두 줄이다가 갑자기 끊기는 곳에서 좌회전해서 만나는 3번째 대추나무 앞집에 가야 했기 때문입니다. '헨젤과 그레텔(Hansel and Gretel)'의 동화에서처럼 숲길은 아니지만 징표를 흘려두어야 할 것 같은 골목이었습니다. 사륜구동 차량이 여러 대 주차된 길목에 들어서니 분홍색 부겐빌레아가 담장 밖으로 쭈뼛쭈뼛 삐져나온 집이 보였습니다. 꽃가지에 가려진 대문에 A4 종이 한 장이 달랑 붙어있습니다. 디큐에서는 길에 붙어 있는 종이가 없기 때문에 한눈에 탱고 광고 종이일 거라는 확신이 서서 대문 앞에 섰습니다. 글은 없고 탱고 춤을 추는 여인의 모습이 희미하게 인쇄되어 있어서 마치 그림이 있는 암호문 같았습니다. 미국인 스티븐의 집 차고에서 배운 탱고는 비밀리에 배우는 춤이라 더 재미있었습니다. 여자 친구를 만들려고 다녔던 카알은 여자 파트너를 구하지 못해 매번 제가 파트너가 되어야 해서 남편과 카알 사이를 오가느라 바빴습니다. 한국에서 근무한 적이 있는 스티브는 첫 인사가 "비빔밥 맛있어요"였는데 가족을 미국에 두고 혼자 살았습니다. 대사관에서 그림 전시회도 했다는 그는 두 가지만 그렸습니다. 모래언덕과 하늘, 하늘 색깔, 구름 모양과 모래언덕의 곡선을 보면 그의 마음이 읽혀지는 듯했습니다.

미국인 시기가 혼자서 자전거를 타다가 경찰에 끌려 디큐의 보안 사무실에 갇혀 있다가 5시간 만에 풀려나왔습니다. 미국대사관 관저 앞에서 시간을 재었다는 혐의였습니다. 남편의 개인 과외시간이 늘면서 혼자 있던 저도 두어 번 시기와 자전거를 탄 적이 있는데 시기는 같은 장소를 매일 달리면서 시간을 재는 습관이 있었고 한 바퀴 돌고 오는 전환점으로 매번 정지한 곳이 미국대사관 관저 앞인 줄 몰랐습니다. 높은 담벼락 옆이라 대사관 관저인지 일반 집인지 딱히 구분이 안가기도 했고 대사관이 밀집한 거리와 동떨어진 외진 장소여서 짐작도 못했던 일입니다. 신원조회 후 다시는 대사관 관저 앞에서 시간을 재지 않겠다는 각서를 쓰고서야 풀려났습니다. 디큐에서 살아남기는 자기에게 허용된 구역을 아는 일이어서 호기심으로 건물 근처를 기웃거리거나 불필요한 행동을 했다가는 경찰이나 군인에게 체포될 수 있기에 알 수 없는 건물을 지나칠 때 두리번거리지 않으려고 조심했습니다. 저는 그날 시기와 자전거를 타지 않았다는 사실에 가슴을 쓸어내렸습니다. 평소처럼 같이 자전거를 타느라 옆에 있었더라면 관련 없는 남녀가 함께 자전거를 탄 사실까지 추가되었을 것입니다. 그날의 사건을 통해 저와 시기는 미국 대사관 관저는 미국 대사관과 정반대 쪽의 외진 장소에 있다는 새로운 정보를 하나 알게 되었습니다.

디큐의 주택단지는 두 종류로 분류할 수 있는데 한적한 주택 단지에는 주로 외교관들이 살고 군데군데 아파트 형식의 작은 건물에는 서양인 영어선생님들이 살고 있었습니다. 프랑스인 클로이의 집처럼 마당이 넓고 나무가 울창하고 풀장이 있는 집도 있고 해리처럼 작은 텃밭 있는 건물에도 살지만 저희 집은 마당 없는 복층 아파트입니다. 디큐의 북쪽 정문에서 프랑스 대사관을 지나 한국 대사관과 그 옆의 리비아 대사관을 지나고 라운드바웃 네 번째에서 오른쪽으로 꺾어서 나이지리아 대사관 골목으로 들어서면 하나 보이는 건물 2층에 저희 집이 있었습니다. 디큐에서는 대로변이고 건물입구에 작은 슈퍼와 세탁소가 있습니다. 슈퍼라 부르기도 사실 적합하지 않을 만큼 작은 공간이지만 디큐 안에 있는 두 개의 미니 슈퍼와 달리 유일하게 생필품을 팔았습니다.

사우디에서 살던 집을 떠올리면 언제나 '알리바바와 40인의 도둑들'이라는 이야기가 생각납니다. 도둑의 부하가 카심의 집에 분필로 표시해두어야만 찾을 수 있다고 생각하여 칠한 영어 알파벳 엑스(X)가 저희 집 대문에도 있었습니다. 남편이 혼자 살 때 바깥에 나갔다 올 때마다 집이 헷갈려서 해둔 표시였습니다. 매직펜으로 표시해둔 엑스 표시 외에도 대문 앞에 빈 물통을 세워두었습니다. 복도에 들어서서 물통을 보고 집이 있는 방향을 알아차리기 위해서입니다. 아마 저희 옆집은 자기 집을 물통 옆집으로 기억했을 지도 모르겠습니다. 디큐의 각 구역마다 공터가 많다거나 적다거나 하는 식으로 구역의 특성이 미세하게 있긴 했지만 일단 구역 안에 들어가면 거리든 집이든 구조가 똑같았습니다.

유에이이에 이사 와서 우연히 한국 분을 만났는데 그녀가 사우디의 리야드, 그곳에서도 디큐의 저희 집 앞에 있는 쿠웨이트 대사관 뒤에서 2년을 살았다고 했습니다. 2년간 지척에 한국인 이웃을 두고도 서로가 한 번도 길에서건 슈퍼에서건 마주친 적도 없고 본 적도 없고 들은 적도 없었습니다. 같은 시기에 같은 동네에 살면서도 연결이 없으면 서로가 알지 못하는 곳, 그런 곳이 디큐이고 그것이 가능한 곳이 사우디였습니다. 그녀의 5살이던 큰 딸이 어느 날 유치원에 갔다 와서 어른처럼 자기 가슴을 콩콩 치면서 '답답해서 사우디에서 못 살겠다'는 말을 했다는데 이제 그 아이가 자라 똑똑하고 예쁜 소녀가 되어 있었습니다. '사우디가 기억나느냐'고 물으니 집만 기억난다고 말했습니다. 그녀는 또 사우디에 도착한 직후 집을 잃어버린 이야기를 해주었습니다. 아이와 집 바깥에 잠시 나왔다가 어느 집이 자기 집인지 몰라 낭패한 심정으로 길가에 앉아 있었다고 합니다. 아이도 아니고 아이를 둔 엄마가 아이 앞에서 집을 잃어버린 것입니다. 말도 안 되지만 말이 되는 일이어서 아이와 함께 길가에 쪼그리고 앉아 있다가 우연히 남편의 동료를 만나 자신의 집을 찾아가게 된 황당한 경험을 말할 때 그녀의 사우디 생활 역시 막막했음을 어렵지 않게 읽었습니다.

자기 집 찾는 일이 미션이 되는 곳, 그곳이 사우디였습니다.

　도로이름 표시 프로젝트가 생기기 전에는 친구나 컴퓨터 기사 등이 외부에서 오면 디큐 검색초소로 달려가야 했습니다. 저희 집을 설명할 수가 없었기 때문입니다. 맨체스터 압둘라에게서 전화가 왔습니다. 디큐 입구 검문소에 있다며 국을 끓여왔는데 국이 식으면 안 되니 빨리 데리러 오라고 합니다. "국? 무슨 국?" "베이비 카멜 수웁(baby camel soup)" 남편이 잽싸게 뛰쳐나갔습니다. 검문소의 군인이 압둘라의 차 트렁크를 보니 뒷 트렁크 안이 각종 가방으로 복잡한 데다가 살짝 열린 가방 하나에서 김까지 나니 긴장을 했나 봅니다. 압둘라는 군인에게 혹시라도 냄비째 국을 뺏길까 봐 빨리 오라고 했던 것입니다. 압둘라가 아기 낙타 국을 들고 집으로 들어서는데 짐이 한보따리입니다. 라마단이 끝남을 축하하는 전통에 따라 압둘라 아내가 정성껏 오래 끓여서 만들어 준 낙타 국은 귀한 친구에게만 대접한다는 어린 낙타로 요리한 국이었습니다. 암낙타는 주로 낙타 우유를 만들고 수낙타 중에서 날쌔고 전투성이 있는 부류는 경주용으로 가고 경주용으로 부적합한 부류는 고기용으로 이용되는데 아기 낙타고기가 가장 최상급이라고 합니다. 오래전에 몽골을 여행할 때 먹을게 없어서 낙타 불고기를 먹긴했지만 낙타고기 국은 영 비위에 맞지 않았습니다. 제가 낙타 국을 먹지 않자 냄비째 들고 온 압둘라는 실망했음이 역력했습니다. 미안했지만 압둘라와 압둘라 아내의 따뜻한 그 마음만 감사하게 받아 먹었습니다. 압둘라는 실망하면서도 또 다른 가방을 열었습니다. 가방에서 찻잔을 꺼내 저에게 건넵니다. 준비해온 차가 그때까지 따끈했습니다. 찻잔을 들고 남의 집을 방문하는 압둘라의 순진한 호의에 마음이 마시멜로처럼 말랑말랑해졌습니다.

2010년에 DQ 도로이름 표시 프로젝트가 시작되면서 마침내 디큐의 라운드바웃에도 번호가 매겨졌습니다. 사우디에 온 지 한 달째이던 아이리시 존을 초대한 날도 그러했습니다. 한국에서 영어를 가르치다가 온 존은 학생들과 함께 다니던 이야기를 곧잘 했는데 정확한 발음으로 기억하는 말은 '아줌마, 생맥' 아니면 '이모'였습니다. 처음 만나던 날, '완, 갈릭 쓰나미(Garlic tsunami)를 아느냐?' 한국에서 일할 때 여름날 아침 학교 안 엘리베이터에서 학생들과 마주칠 때면 밀려드는 마늘 냄새의 비유였습니다. 오케스트라의 지휘자가 지휘봉을 든 것처럼 양손을 벌려 마늘 냄새가 일시에 밀려오는 순간을 단계별로 설명할 때 혹시 제게서 마늘 냄새가 나는 것은 아닌지 혼자 냄새를 맡아보았습니다. 사우디에 도착한 후 한 달 동안 매일 밤 4시간씩 스카이프(Skype, 화상 컴퓨터 무료전화)로 아일랜드에 전화한다는 말을 듣고 나니 리야드에서의 저의 첫 달이 생각나서 존을 초대하였습니다. 전날 약도를 주었는데도 네 번째 라운드바웃 앞에서 길을 잃었다고 합니다. 집 앞의 시계탑을 알려주고 방향을 설명해도 전화통에서 불이 납니다. 결국 데리러 나갔더니 존이 시계탑이 어디 있느냐고 묻습니다. "저기" 하고 가리키는데 슬며시 계면쩍은 웃음이 나왔습니다. 저도 시계탑 바로 밑에서 똑같은 질문을 한 적이 있었기 때문입니다. 시계탑 밑에서 바닥을 닦는 청소부도 시계탑이 어디 있는지 몰랐습니다. 굴뚝 꼭대기의 정면은 시계이고 뒷면은 기도시간이 입력되어 있었습니다. 정면의 시간은 언제나 틀려서 거들떠보지 않았는데 전광판의 뒤편에 나오는 기도 시간은 정확한지 은근히 궁금했습니다.

모래바람이 살고 있는 거리를 지나 마음을 기댈 수 없는 풍경을 오가며 모래색을 보기만 해도 멀미가 나는데 집에 놀러 온 사라가 뜬금없이 한마디 불쑥 던집니다. '완, 너는 성에 사는구나.' 병원에 딸린 기숙사형 컴파운드에 사는 케빈의 아내인 사라는 병원의 현대식 건물과 달리 아파트 외관의 올록볼

벽에 뚫린 삼각형 모양의 유리 구멍으로 새어나온
집안의 불빛이 복도를 밝혀줍니다.

록 솟아오른 벽과 높은 원기둥을 부러워하기까지 합니다. 한 번도 해본 적이 없는 생각이었습니다. 사라의 한마디는 뭉퉁한 방망이로 제 감성을 지그시 눌러 주었습니다. 마음의 눈이 뜨이고 나서야 비로소 아름다운 건축물 안에 위치해 있는 작은 성이 보이고 아랍의 전통을 자연스럽게 녹여낸 소박하고 단순한 나무 현관의 문양이 보였습니다. 벽에 뚫린 삼각형 모양의 유리 구멍으로 새어나온 집안의 불빛이 복도를 밝혀주고 복도 양쪽을 잇는 다리로 생긴 한글의 미음자 복도에서 아래를 내려다보면 넓적한 모래색의 노끈 띠가 다리가 없는 부분에 늘어져있는 것도 썩 나쁜 광경은 아니었고 복도 모퉁이마다 있는 둥근 기둥 위의 천장은 색종이로 만든 별과자 모양처럼 빛과 그림자의 교묘한 만남으로 별처럼 반짝이는 정다운 공간이었습니다.

디큐의 4506호는 저희 집입니다. 자전거 4대를 세워두어도 좁지 않은 현관 입구에 들어서면 거실로 들어서는 두 개의 문이 있습니다. 가족용 거실은 구석진 곳에 메이드 룸이 있는 독립적인 생활공간으로 손님용 거실과 완전히 분리됩니다. 손님용 거실은 부엌과 연결되어 있어서 손님이 오면 부엌문을 닫지만 거실과 부엌을 잇는 작은 선반인 해치(Hatch)는 열어둡니다. 선반에 차와 스낵을 얹어두고 기척소리를 내면 남편이 음식을 가져갑니다. 사우디 변호사 나사르가 2년 동안 일주일에 한 번씩 왔지만 저희는 서로의 얼굴을 본 적이 없습니다. 손님용 거실 중앙의 미닫이문은 병풍 같은 블라인드 형이라 공간을 완벽하게 차단시켜 줍니다. 한 쪽은 다른 쪽의 존재를 알 수 없지만 다른 쪽은 인기척 없이 옆방에서 생활할 수 있었습니다.

부엌과 가족용 거실 사이의 문은 벽 사이에 숨어있어 손가락으로 문고리를 빼낼 수 있어서 1층의 각 공간이 하나하나 완벽히 분리됩니다. 벽인 줄 알았는데 문이었고 문이 없는 줄 알았는데 벽 속에 숨어 있는 공간의 생명력은 마치 문과 벽이 '무궁화 꽃이 피었습니다' 게임을 하는 듯 재미있어서 괜스레 혼자서 문을 여닫곤 했습니다. 가족용 거실은 파티오(Patio, 베란다 비슷한 공간)와 연결되어 있는데 공간이 좁은 데다가 외벽이 하도 높아서 우물 안에 있는 느낌이었습니다. 사각의 구멍을 통해 올려다보는 네모 하늘, 집안에서 하늘을 볼 수 있는 유일한 공간이었습니다. 구름이 잊지 않고 우물집을 지나가고 가끔은 모래기 없는 연한 바람이 쉬어가기도 했습니다. 사우디에서의 첫 4월이 되자 한국의 골목길 담장 너머의 음전한 목련도, 흐드러지게 피다가 눈처럼 낙화하던 벚꽃도 눈에 아른거렸습니다.

파티오의 금간 벽을 따라 나뭇가지도 그리고 좋아하는 벚꽃도 붉은 자주색으로 그려보았습니다. 솜씨로 그리는 게 아니라 흉내만 낼 뿐이지만 붓이 제 그리움을 아는 양 마음을 복사해주어 그럴듯한 꽃나무가 생겼습니다. 파티오의 모래와 먼지를 걷어내고 의자를 놓고 멋진 야외공간이 되던 날, 뿌듯함에 페이스북에 파티오 사진을 올렸는데 네팔에서 만난 영국인 필립이 감옥 같다는 멘트를 남겼습니다. 현실을 객관화해서 한마디 해준 유머의 순수함을 알지만 제 안에서 한 순간 후욱 하고 복받치는 뜨거움이 목구멍에 잠시 머물었습니다. 차양 있는 모자로 햇빛을 가리고 책을 읽기도 하고 화분을 내다놓고 차 한 잔을 들고 앉아 모든 것이 자연스러운 나라에 사는 양 억지를 쓰며 기분을 내보기도 했습니다.

어느 날 저녁 TV를 보다가 무심히 파티오 쪽을 보니 납작한 검은 물체가 보였습니다. 동물의 꼬리 같은 게 위로 향해 있었습니다. 검은 물체는 전혀 움직이지 않았습니다. 유리창을 두드리며 보아도 반응이 없습니다. 살짝 연 통유리창으로 긴 빗자루를 휘저으며 "쉬이 쉬이" 하며 재빨리 문을 닫던 남편이 갑자기 유리문을 확 열어젖히더니 빗자루로 검은 물체를 들어올립니다. 제 검은색 플라스틱 슬리퍼였습니다. 물청소 후 서너 시간 내버려둔 플라스틱 슬리퍼가 더위에 녹아내려서 앞부분 모양은 그대로인데 중간부터 형체가 뒤틀리면서 끝부분이 말려 올라간 것이었습니다. 처량하게 녹아내린 슬리퍼를 보면서 파티오를 푸른색 가든으로 만들어 보려던 제 꿈이 너무 야무졌음을 확실히 알았습니다. 50도를 오르내리는 사우디의 날씨는 생물에게도 무생물에게도 고문이었습니다. 나뭇잎이 안쪽으로 말려들어가면서 바싹거리며 떨어질 때, 식물에게 푸름을 요구한다는 자체가 인간의 이기심임을 알았습니다.

사우디에서 살면서 집에 관해 딱 하나 그리웠던 것은 창문이었습니다. 사우디의 전형적인 주거지역은 보안의 이유로 창문이 없습니다. 창문의 형태를 갖추긴 했지만 모양일 뿐 열수 없는 고독한 창문입니다. 그나마 바깥을 볼 수라도 있다면 좋겠는데 보이는 시야는 너무 좁습니다. 세모 모양으로 움푹 파인 벽에 얼굴을 바짝 갖다 대어도 벽의 두께 때문에 보이는 시야는 옹색하기 짝이 없습니다. 부엌의 식탁이 놓인 방에는 천장의 이상야릇한 구조 때문에 생긴 유리창이 한 군데 있었습니다. 눈에 보이지 않는 유리창입니다. 오직 옥상에 가면 보이지만 역시 접근은 안 됩니다. 보이지는 않지만 거기 존재해 있음을 알리는 가느다란 한 줄기의 야윈 햇살은 때로 넓은 통유리창의 너그럽고 환한 햇살보다 포근했습니다. 비록 한나절 잠시 머물다 사라지는 찰나의 눈부심이었지만 물 호스에 목숨을 건 페튜니아 꽃잎 하나의 존재감처럼 놀라운 선물을 매일 아침 심어두고 갔습니다. 바람 부는 날 햇살 좋은 창가의 나른한 커피가 꿈결에서마저 그리웠습니다. 언젠가 한국에 갔을 때 장마철의 비 내리는 날, 호텔방에 갇혀 가만히 창문에 얼굴을 기대어 비오는 거리를 내려다보는데 갑자기 행복감이 밀려왔습니다. '아, 이거구나.' 제가 그리웠던 것은 거리의 풍경이었습니다. 알록달록한 우산이 오가고 그 사이로 뛰어가는 사람들, 살아 움직이는 거리. 창문 없는 집에 살면서 정물화 속의 거리를 표류하다가 온 제게 그리움이란 유리창이었습니다.

자전거
타는 여자

바다를 그리워한 적이 많았습니다. 모두의 바다이지만 저만의 바다이기도 했습니다. 꼬옥 안아주면서도 한 손으로는 힘내라며 따뜻이 등 돌려 보내주는 바다 대신에 와디(Wadi, 마른 계곡)가 있었습니다. 집에서 나와 어느 방향으로 걷든, 어디로 나가든 와디에 걸려 더 이상 나아갈 수 없으니 와디와 바다가 닮긴 했습니다. 디큐에서 마음대로 돌아다닐 수 있는 곳은 사실 와디뿐이었습니다. 혼자서 지키는 빈 집의 무게가 버거워 무작정 집을 나오면 발걸음은 어느새 저를 와디로 이끌었습니다. 횡뎅그레한 거리를 지나 불시착한 우주선에서 잠시 바깥구경 나온 듯 와디 구석구석에 눈길을 줍니다. 여린 싹들을 만납니다. '안녕, 어디서 날아왔니?' 제집에 찾아와 준 손님을 위해 마른 몸을 열어주는 땅들, 싹들과 땅의 밀회를 모른 체 무심히 불어가는 모래바람, 물 한 방울 없이도 비집고 올라오는 무서운 생명의 힘 앞에 서면 절절한 풀 한 포기의 갈망이 제 안의 서러움과 만나곤 했습니다.

겨울이라는 외계어가 떠도는 진공상태 안이지만 꽃과 나무도 할 말이 많은지 이름을 알 수 없는 야생화들이 갖가지 색깔, 갖가지 모양으로 기어코 피어났습니다. 사람의 발자국을 따라 피어나는 꽃들을 보면 꽃도 사람이 그리운 게 분명했습니다. 여름 속의 낙엽을 밟으면 자연에 맞추기보다는 날씨에 따라 피고 지는 생명이 측은했습니다. 뿌연 여름 날씨에 가을단풍이 예고 없이 시작되는가 싶더니 어느새 떨어지는 나뭇잎으로 푸른 나무의 발치가 노랗습니다. 초록색 이파리와 노란색 이파리의 간극은 생과 사였습니다. 푸른 잔디밭에 카펫처럼 깔린 낙엽은 입김만 불어도 사각거렸고 바람이라도 불라치면 못다 한 이야기를 하는지 두런두런 말라비틀어진 소리를 내는 듯했습니다.

와디는 끊임없이 말을 걸어왔고 새와 바람과 함께 자유로이 떠다니던 사유와 상념이 가끔 저에게도 머물렀습니다. 마음밭에서 이리저리 돌아다니면서 뿌리 없는 슬픔과 벗하는 법도

배우면서 혼자서 타박타박 앞으로 걸어보지만 길은 어느새 서울의 지하철 2호선처럼 제자리로 되돌아왔습니다. 저절로 사라지는 생각도, 악착같이 달라붙는 생각도 제 힘으로 되는 것은 아니었습니다. 섬 같은 디큐의 물 없는 계곡을 따라 걸으면서 제 손으로 헝클어버린 마음 밭에서 가끔 낙심도 했습니다. 친구도 가족도 존재만으로도 힘이 들어 기별 없이 지내면서도 '그래도 혼자가 좋아' 했더니 어느새 사막 한가운데에서 혼자가 되어 있었습니다. 고독하고 나면 성숙해지는 고독의 힘을 믿고 기꺼이 고독해지리라 마음을 다졌지만 가끔은 옥상에 올라가서 소리 내어 울다가 맨 발바닥이 뜨거워 다 울지도 못하고 땡볕에 밀려 내려오곤 했습니다.

해질 무렵이면 실비와 함께 와디를 달리기 시작했습니다. 생일 날짜가 같은 프랑스인 실비는 와디 끝에 서면 스포츠 시계에서 그날 소비한 열량을 확인하고 '피자 두 조각만큼 달렸네' 합니다. 피자조각으로 환산하는 달리기를 하는 그녀를 통해 실로 오랜만에 순수한 마음으로 친구를 사귀는 즐거움을 누렸습니다. 외국 생활을 하면서 마음을 주고받을 수 있는 사람을 갖는 일은 축복입니다. '40이 되었다'면서 나이가 든다는 느낌 때문에 우울하다는 그녀의 투정을 들을 때 안타까운 미소가 배시시 나온 것은 40이라는 숫자가 새털처럼 맑고 투명한 시간임을 저도 40이 넘어서 알았기 때문입니다. 어느 날 평소와 다름없이 앞서거니 뒤서거니 하며 달리는데 경찰차가 아무런 제지도 없이 치근대지도 않고 제 옆을 조용히 지나가길래 '웬 일?' 하는데 제 앞에서 달리고 있는 실비에게 바짝 붙었습니다. 실비가 먼저 가라고 손짓하니 경찰이 내린 창문으로 "몇 시냐?"고 묻습니다. 실비는 땀에 젖은 얼굴로 헉헉대며 시계를 봅니다.

와디에서 경찰차는 언제나 성가신 존재입니다. 길을 따라 움직이지 않고 언덕을 제 마음대로 오르락내리락 달리기 때문에 어디서 나타났는지 모르게 불쑥 나타납니다. 주위가 고요한 좁은 길에서 경찰차가 졸졸 따라오면 길을 비켜주느라 계곡 바깥쪽으로 붙다보면 저도 모르게 발을 헛디뎌 사고가 날까 봐 신경이 쓰이기도 하고 제 뒷모습에도 마음이 쓰입니다. 아무리 무덤덤하게 받아들이려고 해도 경찰이 호위하는 달리기를 하는 기분이 묘합니다. 달리기 속도를 낮추면 경찰차도 속도를 낮춥니다. 달리기를 멈추고 지나가라고 손짓하면 능글능글 웃으면서 생뚱맞은 답을 합니다. "노 프로블럼(No problem)" 끝내 저를 따라오는 경찰차의 호위가 제게는 '프로블럼' 그 자체임을 모르니 답답할 뿐입니다. 경찰이고 일반인이고 제3국 노동자이건 간에

와디의 길 표면이 울퉁불퉁해서
와디에서 뛰거나 자전거 타는 사람들은 없었는데
남편이 자전거를 타자고 제안했습니다.

남자라면 여자를 보는 자체가 그날의 하이라이트라는 사실을 오래지 않아 알아차렸습니다. 제가 길에서 사람을 본 것 이상의 경이로운 사건이 그들에겐 길에서 여자를 보는 일이었습니다. 얼굴 가린 검정 아바야만 봐도 육신이 꿈틀거리는데 얼굴을 드러낸 여자를 보는 일이 짜릿한 충격임은 두말할 필요가 없었습니다. 어느 날 건너편 길가에 늘어선 수백 명의 경찰을 지나치며 와디에 가니 성가셨던 경찰이 하나도 보이지 않아 의아했었는데 당시 프랑스의 대통령이었던 사르코지가 디큐를 방문했다고 했습니다. 저와는 상관도 없는 사르코지가 온 덕분에 저는 와디에서 모처럼 조용한 달리기를 할 수 있었습니다.

와디의 길 표면이 울퉁불퉁해서 와디에서 뛰거나 자전거 타는 사람들은 없었는데 남편이 자전거를 타자고 제안했습니다. 계획하지 않으면 아무 일도 일어나지 않는 사우디의 일상임을 알아버린 후라 일단 시작했지만 뜨내기 사우디 생활에 자전거를 가진 사람도 없었고 비포장도로인 와디에서 자전거 타기는 무모한 일이었기에 아무도 관심이 없었습니다. 매주 둘이서만 달렸는데 어느 순간에 로리와 플로리언이 합류하면서 어떤 때는 10여 명의 그룹이 되곤 했습니다. 남편은 따라다니는 자전거 수리공이 되었습니다. 자전거 바퀴 펑크가 잦아서 더운 아침에 샛길 없는 디큐의 와디에서 자전거를 끌고 나오는 경험을 하게 되면 다시는 나타나지 않는 사람도 있었고 펑크가 날 때까지 달려보자는 사람도 있었습니다. 바람 빠진 자전거와 걷는 일은 모래바람에 비할 바가 아니었습니다. 예고 없는 모래바람이 몰아칠 때 몸을 숨길 공간이 없어서 꼼짝없이 모래바람 속에 버려집니다.

낮잠 자는 경찰차는 종일 길을 막고 정차해 있기 일쑤였습니다. 좁은 길을 가로막은 경찰이 혹시라도 해코지를 할까 봐 어김없이 저를 기다려주는 일행에게 고마운 마음보다는 미안함이 앞섰습니다. 마흔에 처음 자전거를 타본 왕초보라 늘 허덕이며 쫓아다녔는데 쌩쌩 달리는 동갑인 캐나다인 로리를 보면서 자극이 되어 꾀를 내었습니다. 와디를 4부분으로 나누고 코스가 끝날 때마다 쉬고 함께 달리기로 했습니다. 플로리언이 너무 자주 쉰다고 불평하기도 했지만, 저는 일행들이 쉬는 동안에 부지런히 달려서 겨우 따라잡을 수 있었습니다.

1부는 출발지인 스타벅스에서 건너편 와디 입구의 오르막으로 가는 길입니다. 언덕 위에서 DQ 바깥의 도로를 내려다볼 수 있다는 사실로도 가슴이 뻥 뚫리고 내리막길에 서면 디큐 울타리 너머의 광활한 와디가 한눈에 들어옵니다. 비포장도로인 와디에서 유일하게 포장이 되어있는 구간이라 바람에 실리듯 미국 대사관저 근처에 도착할 때쯤이면 숨을 가다듬고 물이라도 한잔 마시고 싶지만 그곳에서 있었던 시기의 사건 이후로 멈추지 않고 곧장 차도에 진입해서 초소와 멀어진 곳으로 달립니다. 바위 뒤에 숨듯이 정차하여 목을 축이고 자전거 바퀴를 점검한 후 2부 코스에 진입했습니다.

2부에서는 발아래 와디의 광경이 다양합니다. 황막한 야생이었다가 화려한 저택이었다가 대추야자 숲속이었다가 생뚱맞은 새장이 가득한 건물이 나타나고 새장까지 나타납니다. 사막 한가운데서 만나는 수십 개의 새장은 영원한 미스터리입니다. 플로리언이 멋진 집을 보고 로열패밀리 중의 하나인 왕자의 집이라고 했지만 사우디의 왕가에 공주만 수천 명이고 왕자만 2만 명이 넘는다 하니 사실을 알 수 없습니다. 다만 사방과 고립된 낮은 지역에 궁궐 같은 큰 규모, 화려한 기둥들, 풀장 옆의 선베드, 울창한 정원을 마주한 테이블과 소파들을 보면 공주나 왕자가 나올 것 같은 집인 것만은 확실했습니다. 깊고 넓은 계곡이 내려다보이는 지루하고 힘든 코스이지만 조금씩 와디가 제 모습을 보여줍니다. 야윈 숲길도 나오고 돌 조형물도 나옵니다. 성 모양도 있고 비석모양도 있는데 사각형의 단순한 돌덩이 세 개를 배치한 모습을 음표라 생각하고 보니 제눈에 때로는 도레미, 때로는 미솔라가 되어 황야의 멋진 음악을 들려주었습니다.

천덕꾸러기 코스라 불렀던 2부의 와디 길은 다른 비포장도로와 달리 넙적한 석판을 하나씩 깔아둔 모양새가 마치 덕지덕지 갖다 붙인 듯 어느 한 군데도 매끈한 구석이 없습니다. 사람의 발길이 다져진 도탑고 정감 있는 길은 기대하지 않지만 돌판 사이의 작은 틈사이로 곧잘 바퀴가 빠졌고 틈의 모양이 일정하지 않아서 더욱 울퉁불퉁한 길이어서 안장에서 떨어지지 않기 위해 안간힘을 씁니다. 자전거에 달려있는 물통을 잡으려 허리를 굽힐 때면 서서히 허리를 굽히고 펴야 하는 곳, 매번 타이어 펑크가 나는 곳입니다. 짐차 뒤 칸에 실려 가는 듯 쉴 새 없이 윗몸을 덜컹하다가 어느 날 깨우침이 있었습니다. 흔들림이야말로 뱃살빼기에 최고라는 생각으로 마음을 돌리면서 짜증도 사라졌습니다. 돌판때기가 제 성질대로 널려있는 조잡한 도로를 빠져나올 때쯤이면 자전거에 실었던 몸이 만신창이가 된 듯 겨울 찬 새벽바람에 볼때기를 맞은 양 얼얼해졌습니다. 엉덩이의 긴장이 녹을 때쯤이면 바로 아래 덤불 속의 야생개가 미친 듯 짖으며 와디 위의 자전거와 평행으로 달립니다. 먹잇감이라도 발견했다는 것인지, 사람의 손길을 기억하는지, 움직이는 것이 그리웠는지, 사정없이 짖으며 자신의 존재를 알리는 끈질긴 생명이 악착같았습니다. 와디 길 중간 쯤에 군인 초소 바깥으로 튀어나와 있는 총이 나타날 때쯤이면 야생개의 미련 남은 가여운 울음소리만 길게 메아리치고 저희의 자전거 타기도 3부로 접어들었습니다.

3부는 와디에서 가장 힘든 오르막이 있어서 체력이 달리지만 즐거운 숲길입니다. 울창한 대추야자나무 숲을 통과해서 실비가 알려준 비밀의 레몬나무를 지나는 흙길입니다. 수천 개의 대추야자나무 밭에서 레몬나무 한 그루를 찾아낸 것이 레몬 향 때문이었는지 상큼한 노란색 때문이었는지는 기억나지 않지만 돌연변이처럼 레몬 두 알이 뜬금없이 달려 있었습니다. 대개의 경우 지나치지만 가끔은 자전거에서 내려 레몬나무의 안부를 확인하곤 했습니다. 리야드 전체도시에서 모래 아닌 흙을 밟아 볼 유일한 곳이었는데 나지막한 하늘을 향해 들꽃이 피고 푸른 나무가 있어 새도 살아갑니다. 실비가 초록색 새를 봤다고 했을 때 대추밭의 레몬나무처럼 믿어지지 않았는데 꿈처럼 날아와 초록날개를 펼치며 제게도 살짝 곁을 내주었습니다. 날아오르는 순간에만 보이는 초록의 순간을 반쯤 놓치고 나서야 허공에 남기고 간 지저귐이 들렸습니다. 대추나무 숲속 맞은편의 작은 개울을 건너면 승마장이 있는데 사람 없는 건물에 햇살이 쏟아지는 열린 문을 통해 들어가면 미술관입니다. 마구간 옆의 미술관이 대추야자나무 밭의 레몬나무처럼 생뚱맞았지만 실개천이 보이는 미술관의 작은 방에는 나무와 말이 그림 속에서 놀고 있었습니다.

4부에 이르면 디큐에서 제일 높은 전망대를 통과하는데 이때쯤 되면 다리가 달달 떨려서 전망대에 올라갈 엄두를 못내고 매번 미룹니다. 뒤에서 달리던 제가 "오늘은 통과, 다음 번에"라고 소리치면 앞서 달리던 플로리언이 답했습니다. "알았어." 숨을 고르면서 와디의 마지막 코스에 들어섭니다. 도토막히 솟은 언덕에 심어져 규칙적으로 배열된 고만고만한 나무들도 눈에 들어오지 않고 한 가지만 생각합니다. 카페 라테(Café Latte). 초록색의 사우디 국기가 언덕길을 따라 보이다가 사라지는 신기루 같은 장난을 따라 달리면 멀리서 보이는 스타벅스의 초록색 인어가 커피 향으로 유혹했습니다. 자전거 안장 위에서 자신과 나누는 끝없는 대화와 협상에 지칠 때 쯤이면 어느새 자전거는 막판을 향해 달리고 금요일 오전의 메마른 기도소리가 마지막 습기를 짜내었고 따라오던 경찰차도 부석거리는 덤불사이를 헤치고 사라졌습니다.

남편이 디큐 바깥을 달리자고 충동질을 했습니다. '아바야

없이 자전거 타기'는 깊은 생각 없이도 단번에 파악되는 불가능한 일인데도 남편은 집요합니다. 주말 아침 7시에 시작하면 대부분의 사우디가 자는 시간이라 거리가 텅 비어서 괜찮을 거 같다고 합니다. 아무리 적막이 흐르는 금요일 오전의 세상이라 하더라도 아바야를 입지 않은 채 자전거 타는 여자를 검문소에서 호락호락 나가게 할 것 같지 않은데 '부딪히지 않으면 영원히 모르는 법'이라는 말에 따라나섰습니다. 두근거리는 마음으로 선글라스만 빼꼼히 내고 얼굴과 몸을 중무장한 채 자전거를 타던 날, 남편이 군인들과 인사를 나누는 사이 재빨리 정문을 빠져나왔습니다. 아, 아바야 없이 나온 세상, 고속도로의 내리막길에서 타는 자전거 타기는 황홀하기까지 해서 디큐 바깥의 자전거 타기를 계속 하겠다고 마음먹었습니다.

디큐로 진입하는 길을 찾을 수 없어 덤프트럭으로 쓰레기를 내다 버리는 곳에서 헤매기도 했습니다. 도시가 사라지고 눈앞에 보이는 것은 쓰레기 산뿐이었고 쓰레기 산을 타야 쓰레기 계곡을 벗어날 수 있음을 알았습니다. 쓰레기더미 이다보니 단단한 바닥이 없어 자전거를 밀 수 없어 자전거를 들어야 했습니다. 힘이 빠지면서 손이 후들거렸습니다. 더위 때문에 쓰레기도 말랐는지 역한 냄새는 그런대로 견딜 만했습니다. 애당초 새로운 길을 찾아보자며 들쑤신 남편이 미안한지 침묵으로 길을 만들어줍니다. 도로에서도 길을 잃고 사막에서도 길을 잃더니 이제는 디큐 바로 앞에 있는 와디에서도 길을 잃는 남편에게 향하는 제 표정이 새치름해졌습니다. 벌겋게 타오르는 얼굴로 자전거를 들고 쓰레기 산을 오르려니 20대 청춘도 아니고 이 나이에 무슨 짓인가 싶어 부아가 나 발길질이라도 한번 하고 싶었지만 사방에 쓰레기 봉지였습니다. 객기는 사라지고 꾀가 생기면서 들고 있던 자전거를 쓰레기에 의지해서 밀기도 했습니다. 문제는 막 던진 쓰레기 더미에 발이 푹푹 빠질 때마다 몸이 기우뚱거려서 자전거를 잡은 채 쓰레기 더미에 드러누워야 하는 불상사였습니다. 쓰레기 더미에 엉덩이를 대고 일어설 때 기분이 고약했습니다. 자전거 타기가 아니라 쓰레기 더미에서 자전거를 들고 산을 탔던 그날 오전의 치열한 기억은 쉽게 잊히지 않습니다. 인생이 익숙한 길에만 있는 게 아니라 복병이 숨어 있음을 실감나게 되새겨주었습니다.

　쓰레기 산에서 생고생을 한 후에도 딱히 새롭게 할 일이 없어서 자전거 타기는 계속되었습니다. 와디 아래에서 하늘로 향한 듯한 긴 계단을 발견하고 그곳이 디큐로 가는 길임을 확인했을 때 비밀의 계단이라도 발견한 듯 신났습니다. 자전거를 옆구리에 끼고도 들 수가 없을 만큼 좁아 자전거에 제 몸을 완전 밀착시키고 계단을 올랐습니다. 쉬는 계단참이 없어서 계단을 이용해서 자전거를 올려놓고 쉬었지만 아무 때나 쉬면 더 힘들다는 남편 말을 따라 15개 계단을 오르고 속으로 하나, 둘, 셋 세면서 쉬었습니다. 마음속의 구령이 끝나면 또다시 반복하면서 383개의 계단에 올라서면 조그만 동네가 나왔습니다. 황무지에 서너 채의 주택이 전부라 길을 지나가는 사람조차 없었습니다. 힘든 길이었지만 쓰레기 더미로 가지 않고 디큐로 오는 지름길이어서 계속 이용했습니다.

디큐 바깥의 자전거 루트에 자신이 생겨 친구를 초대했지만 모두 거절했습니다. 유일하게 긍정적인 반응을 보인 시기는 첫날 차량용 대형 스패너를 자전거 뒷자리에 매달고 나타났습니다. 무기 같아 보였습니다. 너무 큰 거 아니냐고 했더니 "만약의 경우에" 하면서 눈을 찡긋합니다. 차 조수석 앞 유리창에 항상 코란을 얹어두고 운전하길래 무슬림도 아닌데 웬 코란을 들고 다니느냐고 물었을 때도 똑같이 답했습니다. "만약의 경우에." 시기가 합류하자 의기양양해진 남편은 점점 대담해져서 디큐 바깥의 영역을 넓히기 시작했습니다. 사우디 차와 마주치기도 했는데 운전자들도 모험을 좋아하는지 차를 자전거

옆으로 바짝 붙이면서 재미삼아 따라다녔습니다. 때로 창문으로 제 옷이라도 붙잡을까봐 신경이 예민해졌습니다. 하지만 작은 일 하나하나에 신경 줄을 당기며 몸을 사리다가는 사우디에서 할 모험이 점점 줄어들기에 어떤 때는 그들과 인사를 나누며 그만 따라오라고 말하기도 했는데 대부분 영어를 못해서 웃기만 했습니다. 혼자서 자전거 타던 영국 남자가 시내에서 사고사한 이후에 목요일 저녁의 마카 고속도로와 금요일 아침의 디큐 뒤 도로를 피했지만 아바야 없이 달리는 자전거 타기를 멈출 수는 없었습니다.

해가 바뀌면서 디큐의 자전거 타기도 멤버가 교체되고 이듬해에는 디큐에 자전거 그룹이 하나 더 생겼는데 두 그룹 모두 영국인들이었습니다. 새로 생긴 그룹을 RGR(Riyadh Gay Rider)이라고 놀리기도 했는데 일 년 넘게 그들의 아내를 한 번도 본 적이 없었기 때문입니다. 흥미롭게도 두 그룹은 서로 아는 체를 하지 않았습니다. 유일하게 영국인이 아닌 제가 답답해서 인사를 건네기도 했지만 RGR은 저에게만 인사하고 자기들끼리는 여전히 강아지가 닭 보듯 무뚝뚝한 것이 영국인들 성향을 그대로 보여주었습니다. RGR은 최신 자전거에 선수용 스판덱스를 입고 달리는데 한국 여자가 하나 끼인 섞어찌개 그룹은 겨우 구색만 갖춘 보통 자전거를 탔지만 두어시간 자전거를 함께 타고도 늘 싱싱한 대화가 끊이지 않아 대부분이 두 번째 커피 잔을 들고 있었습니다.

시기가 떠난 후 중단한 자전거 바깥나들이 대신에 사막으로 가서 자전거 타기를 시작하였습니다. 석양이 질 무렵이면 '파이잘의 손가락(Faisal's Finger)' 사막에서 자전거를 탔습니다. 고원의 끄트머리에 불쑥 튀어나온 바위의 형상이 한때 거대한 권력을 가졌던 사우디 파이잘 국왕의 손가락 모양을 닮았다는 의미라고 했습니다. 사막의 돌길을 달리니 펑크가 너무 잦았습니다. 펑크 난 부분을 찾느라 남편은 밤마다 현관에 물 대야를 갖다 놓고 타이어 구멍과 씨름하였습니다. 결국 영국에서 이너 튜브(Inner Tube)를 사오면서 더 이상 펑크는 나지 않았지만 사막의 자잘한 돌맹이 밭에 비하니 디큐의 와디는 보드라운 카펫이었습니다. 모든 것은 그렇게 상대적이었습니다.

달리기 클럽의 조수아가 리야드 트라이애슬론 클럽(Riyadh Triathlon Club, 삼종 경기)을 만들면서 자전거를 탈 기회가 더욱 많아졌습니다. 삼종 경기 클럽이지만 컴파운드의 수영시설 허가를 받아야 하는 등 기술적인 문제와 장소가 여의치 않아 주로 이종 경기를 했는데 삼종이든 이종이든 간에 운동에 갓 입문한 제

석양이 질 무렵이면 '파이잘의 손가락(Faisal's Finger)'
사막에서 자전거를 탔습니다.

게 벅차기는 마찬가지였습니다. 남편이 제게 물어보지도 않고 가족 등록비를 이미 지불하는 바람에 할 수 없이 나가기는 했지만 경기당일이 되자 엄두가 나지 않았습니다. 구경만 하다가 마침내 경기에 참여하기 시작한 것은 스코틀랜드인 에이미가 준 용기였습니다. 첫 출산 예정일을 3주 앞둔 에이미가 남산만 한 배를 날렵하게 움직이며 물위로 올라왔을 때 임신한 여자의 배에서 뚝뚝 떨어지는 물방울이 그렇게 싱그럽고 아름다운지 처음 알았습니다. 20대 중반에 직장을 찾아 사우디에 와서 짝을 만나 결혼하고 임신해서 스스로 가정을 일구어가는 에이미를 보면 무에서 유를 창조해내는 그녀의 젊음에게 한없는 신뢰가 생겼습니다. 임부복 대신에 나이키 운동복을 입은 에이미를 볼 때마다 묻습니다. "괜찮니?" "그럼요, 뱃속의 아이에게도 좋아요." 에이미의 활기찬 대답을 들으면서 사라의 임신 중에 한국식 사고방식으로 이것저것 만류하는 저에게 그녀가 하던 말이 떠올랐습니다. "완, 임신은 장애(Disability)가 아니라 주어진 조건(Condition)일 뿐이야". 젊고 지혜 있는 이들은 언제나 부럽습니다. 팔뚝과 종아리에 매직펜으로 등록번호를 새기고 풀 앞에 나서면서 두려움은 제가 만들어낸 허상이었고 허상은 가둘수록 힘이 강해짐도 알았습니다.

우리 동네
대사관 순례기

　　대부분의 외국인은 사우디생활의 제약을 피하여 현지인이 살지 않는 컴파운드(Compound, 공동 주거장소)에 살았지만 제가 살아야 했던 DQ(Diplomats quarter, 외교 구역)는 달랐습니다. 공적인 장소가 아니었지만 사적인 장소도 결코 아니었습니다. 사우디에 들어와 있는 세계 각국의 대사관이 한곳에 밀집해 있고 각 나라 대사관 대문을 매일 지나쳐야 하는 일반 주택에 살았습니다. 디큐 안에 있는 120여개의 대사관 건물을 나라별로 찾아보는 일은 재미있었지만 대사관 진입 도로마다 이리저리 길을 막고 있는 탱크의 위압이 살벌했습니다. 사우디의 생활에 여러 가지 제약이 많다보니 외국인들은 틈만 나면 외국 여행을 했는데 대사관 파티는 굳이 이웃나라인 두바이나 바레인을 가지 않아도 파티를 즐길 수 있어서 인기가 많았습니다. 대사관은 면책구역이었고 파티 장소였습니다. 대사관에서 열리는 모든 파티에는 자동차를 가져오지 말 것을 부탁합니다. 파티에는 언제나 술이 있기 때문입니다. 음주운전을 우려해서 초대장 뒷면에 분명하게 적어두기도 합니다. 대사관 파티에 한 번 입장이 거부되면 블랙리스트에 오르고 사우디를 떠날 때까지 효력이 발생하기 때문에 모두들 고분고분 지시를 따릅니다. 외부에서 오는 사람은 대부분이 자신의 차 대신에 전용 기사의 택시를 이용하기 때문에 외국인의 음주가 공공장소에 노출되지는 않습니다. 대사관 건물 안에서는 마음껏 술을 마실 수 있었습니다. 술을 무료로 제공할 때면 과음을 방지하기 위한 나름의 원칙이 있어 보였습니다. 진 토닉이 너무 묽어서 "더블 샷을 주면 안 되겠느냐"고 했더니 인디언 웨이터가 제 얼굴을 기억하겠다는 듯이 고개를 곧추 세우고 "마담, 마시고 또 오세요." 제 속마음을 읽었는지 저 같은 수법이 너무 흔해빠진 건지 웨이터는 싱글 샷을 건네고 딴전을 피웁니다. 머쓱해서 돌아서는데 제 뒤로 사우디인 한 명이 짐짓 딴전을 피우며 술 테이블에서 얼쩡거렸습니다. 술꾼이었다면 고역의 파티였을 터입니다. 술값을 내야 하는 파티는 달랐습니다. 바에 진열된 술병은 몇 개 보이지 않지만 주문만 하면 데킬라에서 조니 워커까지 말하는 대로 테이블로 올라왔습니다.

파티에서는 누구나 친구가 됩니다. 처음 만난 사이인데도 고향친구처럼 스스럼없습니다. 가벼운 인사와 서름서름한 표정으로 만나는 관계이지만 이전에 만나지 못했던 성격과 마주쳐도 크게 개의치 않고 서로의 필요에 의해 친구가 됩니다. 어디에 살든 누구에게나 '주홍 글씨' 하나씩 있겠지만 많고 많은 나라 중에 가장 보수적인 율법의 나라, 이슬람을 원리주의적 입장에서 해석하는 와하비즘(Wahabism)을 기반으로 삼는 사우디에 살아가면서 마음속에 실타래 하나씩 있으리라 짐작하기 어렵지 않았습니다.

각국의 국경일이 되면 대사관마다 행사의 내용도 조금씩 다르지만 전통의상을 입고 전통음식을 나누면서 대사관 마당에서 축제 분위기를 돋웁니다. 다양한 문화가 있어 세상은 더 즐겁고, 달라서 신이 났습니다. 사우디는 이슬람교와 관련한 두 번의 공휴일 외에는 어떤 경축일도 없는 나라고, 상대적으로 국경일도 조용하지만 시내 곳곳에 나부끼는 초록색 국기가 누런 모래건물 사이에서 싱싱하게 흔들렸습니다. 한국 대사관의 제헌절은 청사초롱을 마당입구에 걸어두고 입구에 들어서는 손님들을 한 분씩 모시고 파티장으로 들어가는 모습이 예의바르고 정다웠습니다. 아늑한 분위기에서 아름다운 한복을 입고 여기저기 서있는 모습도 보기에 좋았습니다.

타이 대사관은 타이 음식 축제로 유명했는데 중동지역에서 타이음식은 때로 동양 음식으로 대변될 정도로 인기가 많았고 사우디에서 미인대회도 열었습니다. 여자의 미를 감추는 것이 미덕인 나라에서 여자의 미를 드러내는 미인대회가 볼만했습니다. 해리의 어린 아내 자스민이 미스 타이를 뽑는 대회에 나갔습니다. 해리는 30여 년의 연령차가 나는 젊은 타이 아내를 두었는데 대회 한 달 전부터 광고지를 나누던 해리의 성화에 못 이겨 미인대회 구경을 갔습니다. 대사관 너머에는 탱크가 24시간 경비를 서는데 담장 안에는 울긋불긋 현란한 꽃무늬 의상에 꽃다발을 주렁주렁 목에 건 타이 여인들이 한가득 모여 미모를 뽐냈습니다. 자스민이 3위를 했습니다. 해리는 꽃다발을 양손에 들고 싱글벙글 입이 다물어지지 않는데 정작 자스민은 실망하여서 굳어진 얼굴로 입도 벙긋하지 않아서 당황스러웠습니다. 타일랜드의 술집 광고 모델을 하던 시절의 사진을 자랑스럽게 보여줄 때 그녀에 대해 조금씩 알게 되었습니다. 자스민에게서 사랑스러운 면을 본 것은 바로 작은 텃밭이었습니다. 담벼락 밑의 작은 공터를 푸른 채소밭으로 가꾸고 모래더미에서 꽃나무를 가꾸는 성정을 가진 그녀가 이뻤습니다. 해리의 두 번째 전처가 자스민의 언니라는 사실을 알고 나서 의미는 다르지만 별칭으로 해리를 패밀리 맨이라고 불렀습니다. 세상이 다양하듯이 결혼의 얼굴도 다양해서 다른 모양 다른 빛깔의 결혼이 있음을 다시금 생각해 보았습니다.

사우디에는 의외로 핀란드에서 온 간호사들이 많아서 핀란드 같은 북구 유럽문화에 익숙해지는 계기가 되었습니다. 핀란드 대사관 관저에서 열린 작은 음악회에 갔는데 음악회 시작 전에 열린 뷔페에 뜻밖에 김밥이 있었습니다. 김밥과 스시의 다른 점을 설명했지만 같이 간 캐나다인 신시아는 밴쿠버의 일식집에서 자주 먹던 음식이라며 끝까지 스시라고 불렀습니다. 신시아의 음악회 초대는 뜻밖이었고 물리치료사 일을 하던 그녀가 피아니스트였음도 처음 알았습니다. 오랜만에 남편이 아닌 여자 친구와 시간을 보내는 기쁨에 더해서 핀란드에서 온 4명의 연주자들과 함께한 음악회는 작아서 더 아름다웠던 무대였습니다. 사우디에서는 음악이 금지되어 있다는 사실도 잊은 채 클래식 음악에 젖을 수 있어 행복한 밤이었습니다.

영국은 독립기념일 자체가 없는 나라이지만 세인트 앤드류 데이(St. Andrew Day), 세인트 조지 데이(St. George Day), 세인트 패트릭스 데이(St. Patricks Day) 등 각종 기념일이 많았습니다. 다른 대사관과 달리 음식이 빈곤했는데 주로 음식보다는 술 위주였고 영국 요리사가 세계 최악이라는 농담이 맞는 듯, 흥미있는 요리는 없고 언제나 피시앤 칩스(Fish and Chips)가 제일 인기가 많았습니다. 영국인이라도 스코티시(Scottish), 아이리시(Irish), 브리티시(British), 웰시(Welsh) 사이에 각각의 정서가 다르고 전통이 다릅니다. 각 지역의 유머와 농담들을 다 이해하지는 못했지만 지역의 억양과 말투만으로도 재미있었습니다.

케빈이 인터넷으로 주문한 스코티시 민속의상인 킬트(Kilt)를 입고 왔습니다. 차가운 밤 날씨에 맨다리를 내놓고 있어 '춥겠다'고 하니 "킬트는 추위를 두려워하지 않는 스코티시 남자의 용감성"이라며 다리를 쭉 뻗었습니다. 맨 다리가 문제가 아니라 킬트 안에는 원래 아무 것도 안 입는다고 친절하게 알려줍니다. 장난기 많은 케빈의 말이 의심쩍어 계속 물어보니 옆에 있는 사라는 웃기만 하고 체스터 출신의 남편은 입어본 적이 없어서 모른다 합니다. 더욱 더 스코티시 킬트 안이 궁금해지는데 킬트 입은 남자나 입어 보았다는 사람들에게 물어보니 한결같이 '직접 알아내야 한다'고 웃었습니다. 모임 때마다 킬트를 입고 오는 레바논인 모하메드에게 물었습니다. 타이 여자와 재혼한 모하메드는 첫 부인이 스코티시 여인이었는데 영국 대사관의 모임에는 빠지지 않을 뿐 아니라 더러 모임을 주관하기도 합니다. "정말 알고 싶니?" "네." 싱긋 웃더니 갑자기 대답 대신에 의자에서 벌떡 일어나더니 킬트 치마를 획 제치면서 뒤돌아섰습니다. 하얀 엉덩이가 전광석화처럼 보였다가 사라졌습니다. 순식간에 일어난 일이라 테이블에 함께 있던 사람들이 합창하듯 까악 하고 외마디 소리를 질렀지만 제 질문에 대한 확실한 대답이었습니다. 모하메드의 재치에 축제의 밤은 순간순간이 제 기억 속에 고스란히 남아서 가끔 TV에서 킬트 입은 찰스 왕세자 모습이라도 나타나면 어김없이 모하메드의 킬트가 생각납니다.

킬트를 입고 추는 스코티시 민속춤은 두 팀으로 나뉘어서 손에 손을 잡고 율동을 맞추는 단순한 춤입니다. 평소에 무뚝뚝해 보이는 영국인들은 모두 사라진 듯합니다. 빠른 박자를 맞추느라 힘들었는지 벗어 던진 하이힐이 댄스 플로어 여기저기에서 나뒹굴었습니다. 기러기 아빠인 매튜가 하얀 레이스 블라우스에 나비 타이를 매고 혼자 왔지만 버밍햄의 사교춤 대회에서 아내인 쥬디쓰와 함께 입상한 사람답게 흥을 돋우고 리드를 잘해서 여자들에게 인기가 제일 많았습니다.

미국 대사관은 불꽃놀이도 하고 독립기념일 행사를 거창하게 하는 듯 보였는데 초대를 받아본 적이 없고 파티에 가본 적도 없습니다. 미국인인 브루스도, 시기도 자기 나라 대사관에 가본 적이 없다고 하니 초대받지 않아도 별 아쉬움은 없었습니다. 저희 집 뒤에 있던 미국 대사관 앞거리는 척 보아도 위압감을 주었습니다. 어떤 때는 고양이 한 마리가 탱크를 지키는 듯 적막감이 태풍 전야이기도 합니다. 하루는 탱크 안에 앉아 낮잠 자는 군인의 모습을 보고 하도 신기해서 아르니스(Arnis) 수업 때 미국 대사관에서 일하는 조에게 말하니 사우디 군인의 낮잠은 바로 중동의 평화를 재는 척도라고 했습니다. 수업에 왔던 모두를 웃게 만든 조를 통해 대사관에 진입하는 첫 번째 도로는 사우디 군인이 지키고 두 번째 안쪽의 도로부터 미국 군인이 지키는 탱크라는 사실도 새로이 알았습니다.

프랑스 대사관 수영장을 자유롭게 이용할 수 있었던 것은 외교관 부인인 실비 덕분이었습니다. 대부분의 대사관에도 풀장이 있지만 주로 건물 뒤쪽의 구석진 데에 있거나 대사관 빌딩과 좀 떨어져있는데 프랑스 대사관의 풀장은 달랐습니다. 대

사관 빌딩 바로 옆에 붙어 있어서 사무실 유리창을 통해 수영
장에서 노는 아이와 아내를 지켜보면서 일할 수 있는 구조였
습니다. 대부분의 프랑스 아줌마들은 풀장에 도착하면 수영복
을 갈아입으러 탈의실에 가지 않고 그냥 선 채로 훌훌 윗옷을
벗고 선탠의자에 누워 책을 읽거나 와인을 마시면서 시간을
보냈습니다. 점심시간에 풀장 옆에서 점심 먹는 대사관 직원들
이 간혹 있었는데 그때라도 프랑스 아줌마들의 비키니 차림은
여전했고 종종 브라의 끈을 풀고 드러누워 있기도 했습니다.
한국이라면 직장에 풀장도 없겠지만 있다 해도 남편 직장 동
료와 상사가 오가는 곳에서 느긋하게 와인을 마시며 망중한을
즐길 수 있을 아줌마는 거의 없을 거라는 생각이 들었습니다.
결국 문화가 화두였습니다. 프랑스의 문화가 있고 사우디의 문
화가 있고 한국의 문화가 있다는 생각에 미치면 사우디 생활
도 이해 못 할 것도 없는데 그게 뜻대로 잘되지 않았습니다.

프랑스 대사관에서 열리는 '영화의 밤' 행사에 가는 날, 남
편은 '조잡하게 만든 술 말고 프랑스에서 제대로 온 와인'을 마
실 것이라며 잔뜩 기대를 했다가 영화 상연 홀의 테이블에 수
북하게 쌓여있는 콜라 캔을 보고 실망을 했습니다. 출생의 비
밀을 다룬 스페인 영화를 보았는데 대형 스크린의 존재만으로

도 그곳이 현관의 로비라는 사실을 까먹을 만큼 영화에 집중이 되었습니다. 사실 사우디에서 영화를 볼 수 있는 기회가 이때 딱 한 번뿐이었습니다. 대사관을 돌면서 영화를 상영하는 행사에 대한 정보를 우연히 입수했기에 가능했던 밤이었습니다. 사우디에서는 대중을 현혹한다는 이유로 영화가 금지되고 극장 자체가 없었지만 30여 년 만에 리야드에 영화가 상영된 적이 있었습니다. 압둘라 국왕의 조카인 알 왈리드 빈 탈랄(Al-Waleed bin Talal)이 추진한 코미디 영화, 메나히(Mennhei) 때문이었습니다. 탈랄 왕자는 아랍에서 가장 영향력 있는 사람으로 선정되기도 한 사업가이면서 젊은 세대의 선망을 받는 사람입니다. 연일 대대적인 영화 광고를 보면서 남편이 "관심 있느냐"고 물었을 때 "별로"라고 했지만, 알고 보니 저는 애당초 보러 갈 수 없는 사람이었습니다. 10세 이상 여자의 입장금지를 조건으로 한 영화 상영이었습니다. 결국 영화는 상영 며칠 만에 전격 취소되었습니다. 한꺼번에 너무 많은 인파가 밀려들어서 안전의 이유로 영화 상영 절대 금지로 복귀했습니다.

독일 대사관 마당에서 대형 스크린을 통해 축구 경기를 보기도 했는데 경기보다도 독일에서 공수해온 맥주를 마시기 위해 온 사람들이 더 많았습니다. 와인은 집에서 만들기도 하고 때때로 마실 기회가 있지만 맥주는 보통의 경우 가정에서 만들 수도 없고 구하기도 힘들기에 독일 대사관의 맥주는 더욱 사람들을 유혹했습니다. 전반전이 끝나기도 전에 맥주가 동이 나 버리자 사람들이 떠나기 시작해 경기가 끝났을 때는 여기저기가 빈 자리였습니다. 시기가 여인들에 둘러싸여 있어서 지나쳤는데 나중에 들으니 파티에서 쫓겨났다고 했습니다. 시기를 싫어하는 사람들도 여럿 있었는데 이유는 알코올만 들어가면 사람이 변하기 때문이라 했습니다. 다행인지 몰라도 저는 시기가 술 취한 모습을 한 번도 보지 못해서 그에 대한 기억은 남들과 좀 달랐습니다. 같은 사람인데도 그를 보는 사람에 따라 다른 이미지로 각인될 때면 어느 한 시점에서 한 면만 보고 그를 안다고 할 수 없음을 다시 한 번 깨우쳤습니다.

독일 대사관의 테니스 코트에서 필리핀의 무술인 아르니스(Arnis)를 배웠습니다. 필리핀의 전통무술인 아르니스는 두 개의 막대기를 사용하는 칼싸움 같은 것인데 취미든 공부든 배움의 기회가 거의 없는 사우디에서는 기회 자체가 특혜여서 남편과 함께 배우기 시작했습니다. 아바야를 입고 막대기 든 가방을 매고 킨디광장을 지날 때 우연히 해리를 만났는데 제가 인사하니 "닌자(Ninja)?"라고 답하면서 놀리기도 했습니다. 아르니스 수업은 독일 대사관의 서열 높은 경호원인 스벤이 시작했습니다. 양 다리에 무시무시한 문신이 있어 보기만 해도 다가가기 멈칫했는데 알고 보니 가정적인 데다가 배려심 많은 사람이었습니다. 스벤은 혼자서 아르니스를 배우다가 수업을 개방하기로 했고 저희는 카알의 소개로 배울 수 있었습니다. 기회 역시 나눌 수 있음을 깨달았고, 혼자만 알고 있기보다 나눔으로 배움이 깊어진다는 것은 경쟁사회에서 자라온 제게 필요한 덕목이었습니다. 자신에게는 어렵지 않은 기회이지만 다른 사람에겐 절실한 기회일 수 있음을, 베풂으로써 지식도 지혜도 확장됨을 배웠습니다.

밤늦게 집으로 오는 길에 쿠웨이트 대사관의 불빛을 보면 안심이 되었습니다. '집이구나.' 디큐의 공공건물은 24시간 불을 켜놓지만 대사관 건물은 불을 켜두지 않습니다. 쿠웨이트 대사관은 유일하게 건물 전체에 은은한 조명을 밝혀주어서 특이한데다가 쿠웨이트에서 보았던 물탱크 모형마저 별밤에 반짝였습니다. 불빛 하나가 쿠웨이트의 이미지를 부드럽게 만들었습니다. 캐나다 대사관의 파티는 다른 대사관에 비해 다양한 술 종류를 갖추고 있어서 술꾼들이 많이 왔습니다. 대사관 마당에 춤출 수 있는 야외무대가 따로 있었습니다. 광란의 조명과 함께 아우성을 치는 음악, 짧은 드레스를 입은 젊은 여성들의 한바탕 춤은 나이트클럽처럼 요란했습니다. 뉴질랜드 대사관 파티는 조용했지만 좌석이 정해져 있어 도란도란 얘기 나누는 즐거움이 있었고 뉴질랜드 원주민의 의상과 음악에 대해 알게 된 소득이 있었습니다.

튀니지 대사관은 특별했습니다. 원래 로마의 식민지였다가 아랍의 지배를 받은 역사적 배경 때문인지 다른 아랍문화의 건축양식과 확연히 달랐습니다. 대사관앞을 지날때면 가보지도 않은 나라였음에도 친근했습니다. 모래색 거리에서 상큼하게 빛나던 두가지 색, 순수한 푸른색과 순수한 하얀색, 순전이 그 두 색깔 덕분이었습니다. 학창시절에 쓰던 만년필 스카이블루 잉크색의 대문, 격자무늬 창틀, 수줍은 듯 살짝 튀어나온 베란다형 창문 등이 하얀색의 대사관 건물과 잘 어울렸습니다. 중동의 혁명이 튀니지에서 시작되었고, 민중이 독재정권을 몰아낸 혁명을 꽃 이름을 따서 자스민 혁명이라고 부른다지만 자스민 꽃도, 순수한 푸른색 창틀도 혁명이라는 단어와는 어울리지 않습니다.

이란 대사관은 사원 같은 분위기인데 건물도 마당의 꽃들도 엄숙해 보입니다. 단정한 사각형 꽃밭이 잡초 하나 없이 잘 가꾸어졌는데도 화단의 소박한 자유가 느껴지지 않아 정이 가지는 않았습니다. 이미 130여 개국을 여행했던 남편은 이란을 가고 싶어 했습니다. 직장 다니는 남편을 대신해서 평일에 이란 비자를 받으러 갈 때마다 다음 주에 오라는 등 시간을 끌었습니다. 실은 이란 대사관에서 말해주지 않은 진실이 있었습니다. 남편의 국적이었습니다. 면담한 이란 영사는 한국 사람인 저에게는 그날 오후에라도 비자를 발행해 줄 수 있지만 영국인에게는 특별한 경우가 아니면 비자를 내주지 않는다고 했습니다. 영국 대사관에서 이란인에게 비자를 내주지 않는 것과 같은 원칙이라고 할 때 영국과 이란의 관계에 눈을 떴습니다. 그후에도 남편은 인터넷으로 이란 비자 발급을 해주는 회사와 접촉했는데 결국 송금한 돈을 사기당하고 나서야 이란 여행계획을 접었습니다. 세네갈 대사관 바자회 때는 아랍과 아프리카의 기념품이 함께 진열되었는데 프랑스 대사관 직원 가족들이 자원봉사 하는 모습을 보면서 프랑스와 세네갈 간의 미묘한 관계에도 자연스럽게 호기심이 생기고 세상의 많은 나라들 간의 복잡미묘한 이해관계를 알게되면서 우리의 생활이 국제사회의 정치와 경제 문제에 절대 무관할 수 없음을 깨달았습니다.

지푸라기 반지에 떨어진
물방울 하나

　　리야드에 있는 한국 학교의 영어 선생을
한 학기 한 후 브리티시 스쿨(British School)의 도서관 일을 시작했
습니다. 저를 데려다 주기 위해 남편의 출근시간이 한 시간 이
상 빨라졌지만 천연덕스럽게 지나가는 시간 속에서 삶이 고여
있다는 느낌이 들기 전에 아침이 되면 용사처럼 집을 나섰습
니다. 도서관 사서의 일이 그렇게 다양한 줄 몰랐습니다. 시간
이 날 때마다 책 표지를 입히면서 아이들 책을 들여다 볼 기회
가 많아지고 낯익은 책 제목이나 추억이 있는 책을 볼 때면 줄
줄이 사탕처럼 옛 생각이 났습니다. 책을 찾아주거나 대출해
줄 때면 자연스럽게 "땡큐, 완!" 하는 아이들의 어른스러운 말

투도 귀여웠습니다. 책 반납이 늦은 사유서를 손에 들고 도서관 관장인 앨리슨의 책상에 차마 가까이 갈 수 없어 책상 모서리만 사정없이 쓰다듬으며 구두코만 삐죽삐죽 내밀던 어린 소녀의 모습도 사랑스러웠습니다. 그럴 때면 제 아이는 가르치지 못하면서 남의 아이를 가르친 세월이 사우디에서조차 이어짐에 씁쓸해지고 아이들과 함께 끝까지 겪어내지 못한 지나간 시간에 대한 죄책감이 얕은 냇가에 물 흐르듯이 수시로 찰랑찰랑 발을 적시고 지나갔습니다.

브리티시 스쿨의 도서관에서 만난 아이들과 선생님들에게서 받은 소소한 정에 더해서 디큐에서 만나는 우정도 벅찬 선물이었습니다. 알마나힐에서 일하던 맑은 미소의 자밀라는 에리트레아(Eritrea)에서 왔는데 일하다가 짬짬이 쉴 때면 청소도구함으로 들어갑니다. 걸레 막대기와 물통 사이에 쪼그리고 앉아서 살포시 열어둔 문으로 새어나오는 불빛을 의지해 코란을 읽었습니다. 아무도 그녀에게 말을 건네지 않고 붙박이 가구처럼 대하지만 그녀는 볼 때마다 생긋 웃고 있었습니다. 바닥을 쓸고 있는 그녀의 등 위에서 아무렇지도 않게 쓰레기를 던지거나 화장실 물을 내리지 않고 몸만 살짝 빠져나오는 얌체들로 양변기에 휴지가 잔뜩 고여 있을 때도 간혹 있었는데, 재빨리 치우지 않았다고 그녀를 향해 짜증을 낼 때도 묵묵히 변기 앞에 무릎 꿇고 맨손으로 물걸레질을 했습니다. 샛노란 금으로 목과 팔목을 두툼하게 치장한 사우디인들 틈에서 무채색으로 남아 귀머거리인 양 바닥만 바라보며 일하던 자밀라가 제게 선물을 했습니다. 자주색 바탕에 파랑색과 노란색 금사로 짜인 스카프입니다. 방글라데시 운전사 카심이 매었던 스카프와 비슷했습니다. 낙서가 쓰여 있는 누런 서류 봉지에 얌전히 담아 건네주었습니다. 한 달에 100달러에서 오가는 월급을 받으며 화장실 청소를 하는 그녀에게서 예상치 못한 선물을 받고 오래 가만히 서 있었습니다. "왜 내게 선물을 주니?" 오만한 저의 질문에 돌아온 그녀의 답은 겸손했습니다. "잘 해줘서요." 그녀가 했던 일은 사람들에게 옹달샘 같이 해맑간 미소를 보낸 일이었지만 제가 했던 일은 기껏해야 그저 맑음 속에 묻어있는 애잔함에 대한 목례일 뿐인데 난데없는 커다란 보답에 부끄러워졌습니다.

영어를 잘 못하는 자밀라가 스카프를 펼치더니 손짓으로 자기 머리를 가리키면서 저를 거울 앞으로 데리고 갔습니다. 스카프를 이리 저리 돌리니 한국 출신의 아프리카 마사오족 여인이 정답도록 촌스럽게 나타났습니다. 자밀라는 거울 속에 비친 저를 보더니 고개를 옆으로 저었습니다. 다시 요리조리 돌리더니 이스라엘풍의 머리 매듭을 해주고는 만족스러운지 예의 맑은 미소를 띠며 엄지를 치켜들었습니다. 사랑스런 그녀를 바라보면서 '정을 준다'는 의미를 되새김질해 보았습니다. '자밀라!' 이름을 불러주었을 때 엉거주춤 화장실 바닥을 쓸다가 뒤돌아보던 그녀의 미소는 청량한 가을하늘 햇살의 기억으로 제 마음 한편에 자리하고 있습니다.

수영장에서 만난 수아드도 에리트레아가 고향이었습니다. 아프리카 여인들의 살결이 그렇듯이 포동포동, 바슬바슬 거리는 그녀의 피부는 풀무원 연두부처럼 보드랍고 매끈했습니다. 아이를 낳은 지 6개월이 된 그녀가 열심히 운동하는 모습이 예뻐서 한마디라도 응원해줄라치면 가지런한 하얀 이빨을 드러내면서 소리 없이 웃었습니다. 눈웃음이 예쁘고 마음에서 전해오는 웃음은 더 예쁜 여자였습니다. 언젠가 자기나라 국경일이었다면서 지푸라기로 직접 만든 반지를 선물해주었습니다. 제 손가락에 지푸라기 반지를 끼워주는 수아드를 내려다보며 오래 잊었던 단어의 의미를 생각했습니다. 그것은 우정이었고 편견 없는 인간관계였습니다. 지푸라기만으로도 그렇듯 앙증맞고 탄탄한 반지가 만들어지니 세상에 필요 없는 것이 없어 보였습니다. 두 아이가 스위스에서 살고 있다는데 비행기 표가 비싸서 스위스에 갈 형편이 안 된다고 했습니다. 입양을 시켰는지 유학을 시켰는지는 물어보지 않았지만 막 낳은 아이를 키우면서 가본 적도 없는 먼 나라에 사는 아이들을 그리워하는 그녀의 눈에 고인 눈물방울에 제 마음이 오래 슬펐습니다. 저 역시 수아드의 지푸라기 반지 앞에서 눈물 한 방울 살짝 고였음을 굳이 감추지 않았습니다.

뜬금없이 한국이 생각났습니다. 제가 없어도 잘 지내고 있겠지만 그래도 그리운 나라, 한국이 떠올랐습니다. 약한 인간이 살아내는 세상사이기에 누구든 마음속의 낙인 하나 있을 터인데 사랑하는 나라, 한국 사회에서 찍어준 이혼의 낙인은 너무도 선명해서 아릿하고 뭉근하게 아팠습니다. 인간으로서의 기본적인 품위와 위엄마저 도매금으로 몰수해가던 시선과 매일 부대끼는 삶, 금붕어처럼 눈만 끔벅이며 그나마 쌓아왔던 사회적 관계까지 모두 사라지게 했던 이혼, 무서웠던 세상 속에서 하얗게 지새워야 했던 많은 밤과 숨죽이고 있어야 했던 많은 낮이 감당하기 벅차서 한국을 떠나 사우디에 와서까지 많은 밤을 악몽에 시달려야 했음을 이제는 고백합니다. 자기연민과 자괴감이 구색을 갖추어 따라오기에 더 몹쓸 단어, 이혼.

한국사회의 구박데기가 되기에 충분했던 사람이 낯선 곳에서 예고 없이 낯선 사람들에게 사랑을 받으니 여러 생각이 날실과 씨실이 되어 들어갔다가 나왔다가 했습니다.

아랍어를 배웠던 모로코 선생님인 카디자에게서 잠시 차 마시러 들르라고 전화가 왔습니다. 그녀의 집으로 들어서자마자 거실의 테이블을 보고 입이 다물어지지 않았습니다. 통이 큰 스타일임은 진즉에 알았지만 간단한 차 대접에 26종류의 다른 아라비안 스위츠를 한상 가득 내놓았기 때문입니다. 한 세트가 아니라 각기 다른 26종류를 옹기종기 나열해두었습니다. 커피를 마시면서 눈앞의 과자수를 세느라 찻잔을 코밑으로 들이댔던 기억이 생생합니다.

카디자와 러셀은 따로 만나면 연결이 잘 지어지지 않는 부부였습니다. 56세의 러셀은 그때까지 대학시절의 학자금을 갚고 있었는데, 30여 년을 기다려주는 대학이 있다는 사실 역시 대단했습니다. 말이 없어 답답하기조차 한 러셀과 달리 활달한 성격의 카디자는 중동 여인의 성생활, 특히 기도시간 전후와 라마단 동안의 부부관계 등에 대해서도 거리낌 없이 말해주었습니다. 라마단 중에는 인간의 욕망을 표현하는 일을 자제하지만 욕망이란 게 부부관계에서는 자제가 안 되는 법이라면서 기도시간 전후로 부부간의 애정표현을 할 수 있다고 했습니다. 구체적인 상황을 예시할 때는 괜히 제 얼굴이 화끈거려서 못 들은 척 과자만 집어먹었는데 그런 모습에 개의치 않고 성 이 야기를 퀴즈 내듯이 물어보고 모른다고 하면 '그럴 줄 알았어' 라는 짓궂은 눈빛을 보내었습니다. 곁에 있던 카디자의 고향 친구까지 합세하여 기도와 성생활의 병행을 이야기할 때면 소 파에서 자고 있는 고향친구의 갓난아이가 듣기라도 할까봐 소 파 쪽을 쳐다보기까지 했습니다. 두 모로코 여자의 거침없는 입 담에 아이 둘 있는 한국 아줌마인 제가 괜히 부끄러워서 억지로 모로코의 음식으로 화제를 돌려 간신히 중동 아줌마의 야한 성 담론에서 풀려났습니다.

수단인 나디아는 180센티 되는 키에 늘 생글거리는데 "완" 하고 불러놓고는 그냥 함박 미소만 짓습니다. 반기는 친구가 없는 나디아는 운동을 하기보다는 체육관 스튜디오 구석에 있 는 주스 바에서 혼자 놀다가 가곤 했습니다. 절망의 땅 수단 사 람들에게 꽃이 되어 준 한국의 신부님의 이야기를 우연히 알 게 된 후 "내가 많이 부족해도 뭔가 할 수 있는 일이 있을 것 같은 느낌이 들어 여기에 왔다"는 신부님의 말씀이 제 마음 한 구석을 차지하던 때라 수단에 관심이 생겼었는데 나디아를 통해 보는 수단의 모습은 조금 달랐습니다. 체육관에 올 때마다 새로운 운동복을 입고 와서 새 옷 입고 과시하는 어린 아이처럼 이리저리 돌아다니던 나디아는 31살인데 아이가 9명이었습니다. 출산 후 의사의 권유로 운동을 시작한 나디아는 13명의 형제 중 맏딸이었는데 친정엄마처럼 13명의 아이를 낳는 것이 인생의 목표라고 해서 잠시 현기증이 났습니다. 저만 보면 실실 거리듯 웃기만 하고 걱정이라고는 없어 보이는 나디아가 한마디 했습니다. "완, 이제 얼마 안 남았어. 4명만 더 낳으면 돼."

세상 여자들의 내밀한 독백과 방백을 들으면 태양 아래 새로움이 없다는 진리대로 본질적으로 별 다를 바 없는 삶이었습니다. 세계 각국에서 모여든 군상들을 스치고 부딪치면서 제 삶을 관조할 수 있는 여유가 생겨나고 제 안의 죄책감과 부족함에도 조금씩 너그러워졌습니다. 부끄러움과 치기를 드러낼 용기도 조금씩 생겨났습니다. 덤으로 얻은 평화로운 마음의 끝자락에는 한국에 두고 온 아이들에 대한 미안함이 물속에서 끊임없이 물갈퀴질을 하고 있었지만, 지켜보고 바라볼 수밖에 없는 그리움에 치여 가끔 몸도 아팠지만 세상에는 누구에게도 위로받을 수 없는 일도 있음을 알아갔습니다.

사람들과의 인연을 소중히 보듬게 만드는 사우디 생활이

지만 사람에게 지칠 때도 있어 개와 고양이와 함께 이국의 향수를 달래기도 했습니다. 디큐에는 집 없는 고양이들이 넘쳐나 집 앞의 복도에도 서너 마리씩 드러누워 있었습니다. 라자냐(Lazana)를 기막히게 잘 만드는 미국인 제이가 커다란 도끼 빗을 들고 복도에 나오면 고양이들이 줄을 섭니다. 이벽 저벽 구석에서 자기 차례를 기다리다가 애인처럼 다정하게 이름을 부르면 제이 품에 안겼습니다. 시카고 출신의 덩치 큰 제이는 제가 만난 가장 여성적인 남자였는데 그가 붙여준 고양이의 이름은 까만 눈동자, 어리광쟁이, 예쁜이 등등 전부 여성스런 이름입니다. 한 손으로 고양이를 안고 노래를 불러주듯이 별명을 부르면서 털을 빗어줍니다. 복도에서 가끔 마주치는 한 서양인 여성은 복도 곳곳에 고양이 푸드를 갖다놓습니다. 고양이들은 구석구석의 접시에 놓인 음식을 날름날름 집어 먹고 쓰레기통으로 달려가 비닐봉지를 찢으며 놉니다. 아파트의 좁은 복도에서 수십 마리의 고양이가 벌여놓는 난장판은 악몽입니다. 인디언 청소부는 자신이 매일 치우는 고양이 음식의 비싼 가격을 안다면 힘이 빠질 것 같습니다.

현대 갤로퍼를 사기 전 통근버스를 타는 남편을 배웅하면서 벨트맨을 만났습니다. 남의 옷을 유심히 관찰하지는 않았지만 만나는 사람들이 한정되고 매일 보다보니 자연스레 제 눈에 떠는 게 있었습니다. 바지 벨트였습니다. 매일 타이를 바꾸는 남자는 봤지만 매일 바지 벨트를 바꾸는 남자는 처음 보았습니다. 언젠가 벨트맨에게 일주일 내내 한 번도 같은 벨트를 못 보았다고 하니 하고 있던 벨트를 내려보며 피식 웃었습니다.

학교와 집만 오가는 벨트맨의 거실은 고양이 코코의 천국이 었습니다. 고양이 집에 사람이 얹혀사는 느낌이 들 정도로 모든 관심이 고양이에게만 쏠려 있었습니다. 훈련받은 개처럼 움직이는 벨트맨의 고양이에게 실뭉치를 갖고 노는 일 따위는 너무 시시한지 거실의 장롱과 장롱 사이를 날아다녔습니다. 거실 테이블에서 장롱 위로 솟구치듯 날아갔습니다. 주말에 제공되는 쇼핑버스를 탈 때면 버스에서 내릴 때까지 자신이 찍은 코코의 동영상을 보여주었습니다. 인도네시아 아내인 애나는 고양이를 썩 좋아하지 않아 보였습니다. 남편은 잘 때도 코코와 한 침대를 쓰기 때문에 자신은 딸의 침대에서 잔다고 했을 때 저는 그다지 놀랍지 않았습니다. 벨트맨은 여름휴가가 되어 사우디를 떠나 있을 때면 고양이 먹이를 주는 일꾼을 고용했습니다. 에어컨이 있는 쾌적한 실내에서만 사는 고양이, 코코는 뜨거운 사막이 고향임을 기억하지 못할 것 같습니다. 그랬던 벨트맨이 사우디를 떠날 때 코코를 마땅히 맡길 곳을 찾지 못해 결국 안락사시키고 떠났다는 소식에 충격을 받았습니다.

사람들의 애칭 부르기는 사실 남편이 시작했지만 저도 재미있어서 곧잘 작명을 했습니다. 자기의 별명이 오, 디어(Oh, dear)인 줄 모르는 롭이 '왜 벨트맨이냐?'고 살짝 물어 보길래 이유를 말해줬더니 싱긋 웃으면서 예의 그렇듯이 딱 한마디 했습니다. "Oh, dear." 기러기 아빠인 롭이 새로운 스파게티 소스를 만들었다고 초대했습니다. 롭의 이웃인 줄리아가 새끼 고양이 둘을 양손에 안고 고양이 우유병 가방을 메고 놀러 왔습니다. 생쥐만한 크기의 고양이를 어르면서 예쁘고 가여운 생명을 키우게 되어 행복하다는 줄리아는 한눈에 보기에도 고양이 사랑에 빠졌습니다. 한 손안에 쏘옥 잡히는 크기의 고양이를 자신의 어깨에 올리더니 고양이가 자기 목선을 따라 쇄골 뼈에 안착하는 걸 좋아한다며 목을 뒤로 서서히 젖혔습니다. 고양이가 줄리아의 목선을 따라 움직이는 모습을 바라보며 영국 남자 둘이 흐뭇하게 쳐다보는데 여자인 저는 예상치 못한 에로 영화의 한 장면을 보는 듯 왠지 편하지 못해 어색한 미소만 지었습니다. 캐나다인 줄리아가 마침내 미국 시민권을 따고 '이제는 미국인이다'며 기뻐하던 모습은 제게 낯설었던 경험이었습니다. 미국 시민권을 따자마자 고양이 두 마리를 아파트에 남긴 채 말없이 사우디를 떠났을 때, 옆집의 롭도 그 사실을 몰랐습니다. 그 길로 길에 버려진 고양이 형제는 아마도 우유병을 빨아먹고 살았던 왕년의 영화를 가끔 추억할지도 모를 일입니다.

집 없는 고양이가 디큐에 바글거리지만 잃어버린 고양이를 찾는 주인도 있습니다. 슈퍼입구 작은 게시판에 바래지고 뜯겨지면 또다시 붙여지는 광고의 '사람을 좋아하고 지병이 있어 약을 규칙적으로 복용해야 한다'는 검은 색 페르시안 고양이는 끝내 돌아오지 않았습니다. 많은 서양인들이 버려진 고양이를 거두어 키우지만 넉 달이나 되는 여름휴가 시즌이 되면 고양이를 두고 사우디를 떠납니다. 버려진 고양이는 와디로 숨어 야생으로 살아가기도 하고 도로가의 천덕꾸러기가 되어 이 라운드바웃에서 저 라운드바웃을 전전합니다. 한쪽에서는 거두고 한쪽에서는 버리는 생명입니다. 외로운 객지에 살다보니 외로움도 수시로 들락날락 하는지 때로 정도 덩달아 경박합니다.

사우디에서 개 팔자는 고양이와 비교가 안 될 정도로 구박 덩어리입니다. 더럽고 위험하고 심지어는 재수가 없는 동물로 여겨서 경호용이나 사냥용으로만 이용됩니다. 핀란드 외교관이 데리고 다니는 사냥용 살루키(Saluki) 개는 비쩍 마른 모습이 보기만 해도 신경질적인 주인과 잘 어울렸습니다. 무섭기로 치자면 파키스탄 뒷골목 출신을 따를 수 없습니다. 예쁘장한 미국 여성이 주인인데 파키스탄 여행 중에 도시의 뒷골목에서 헤매고 있던 개를 사우디까지 데리고 왔습니다. 분쟁과 테러가 끊이지 않아서 살아 숨 쉬는 것은 모두 가여웠을 이슬라마바드 뒷골목에서 외롭게 지냈을 그 개에게서 따뜻한 눈빛을 찾아보려 했지만 어찌나 사납게 짖는지 와디의 아랫 동네에 있는 야생개에게 디큐로 올라오라고 급전이라도 치는 것 같아 불안했습니다. 자전거에 앉아 내려 보아도 무서웠습니다. 자전거에 탄 그녀는 개의 목줄을 잡고 달리는 개를 쫓아 달립니다. 와디 산책로의 입구에서 그녀가 목줄을 풀어주면 파키스탄 뒷골목의 개는 목에 걸린 닭 뼈라도 빼내는 양 크게 울부짖었습니다. 마음만은 따뜻하다던 파키스탄 뒷골목의 개가 나풀거리는 긴 치마를 입고 자전거를 타는 그녀와 아직도 함께 있는지 가끔 생각이 납니다.

미국으로 떠난 개도 있지만 미국에서 온 개도 있었습니다. 주말부부인 수잔의 생활은 미국의 유기견 보호센터에서 입양해 데리고 온 플루토를 중심으로 이루어졌습니다. 플루토는 퍼그(pug) 종으로 귀엽게 생긴 불독 종류입니다. 남편인 빌의 직장에서 보안을 이유로 독신자용 숙소만을 제공하기 때문에 수잔과 빌은 사우디의 같은 도시에 살면서도 따로 살았습니다. 수잔이 늘 하는 말이 있었습니다. "Pluto saved my life!(플루토가 나를 구했다)" 어느 밤에 이층 계단 입구에서 정신을 잃고 쓰러졌는데 눈을 뜨니 플루토가 밤새 그녀 얼굴을 핥아주었고 그 때문에 목숨을 건졌다며 플루토를 끔찍하게 사랑했습니다. 직장에 출근하기 전 매일 새벽 5시면 플루토를 산책시키는 수잔이 가끔씩 새벽산보를 중단할 때가 있는데 디큐의 주기적인 방역 때입니다. 이른 새벽 디큐에 뿌려진 화학 물질 냄새가 너무 독해서 플루토를 산책시키지 못할 때면 속상해서 어쩔 줄 몰라 했습니다.

디큐에서 가장 덩치가 큰 개는 자그마한 체구에 비쩍 마른 동양 여성이 주인이었는데 양손에 개 줄을 하나씩 잡고 휘청거리면서 산보하는 모습을 종종 보았습니다. 자기 몸의 거의 두 배가 넘는 개 두 마리에게 끌려다니는 것 같아 보일 정도였습니다. 아마 저처럼 동양 여자로 디큐에 살면서 외로웠을지도 모르는데 말을 붙일 엄두를 못 냈습니다. 목줄을 했지만 몸집이 아주 큰 개 두 마리가 그녀를 에워싸고 있어서 접근이 쉽지 않았습니다. 한번 말을 걸어볼 걸 그랬습니다. 그녀가 혹시 한국인은 아니었는지, 한국인이 아니었다해도 아는 체를 할 수 있었는데 왜 그리 경계하며 지나쳤는지 모를 일입니다. 사람을 그리워하다가도 막상 사람을 만나면 쉽게 다가가기보다는 눈치부터 보던 시간이었습니다.

사우디를 떠나는
뒷모습

　　　남편의 휴대폰에 '디딩' 하고 문자가 들어왔습니다. "서양의 신사와 나눈 며칠 전 그 밤이 화끈하게 좋았다"고 합니다. 달리기를 마치고 온 남편이 샤워를 하러 이층으로 막 올라가길래 휴대폰을 들고 "문자!"라고 소리치는 제 눈에 화악 들어온 내용입니다. 장문의 문자는 이어집니다. 금발의 신사와 가진 황홀한 시간이 다시 기다려진다며 신체부분에 대한 노골적인 표현까지 있습니다. 발신자를 보니 고양이 외에는 말을 붙이지 않는다는 조용한 성격의 벨트맨이었습니다. 마침 그 주에 남편 학교에서 두 교사가 게이(gay)임이 밝혀져 남편 학교는 물론 디큐까지 소문이 소리 없이 번지고 있던 때였습니다. 남편의 대학에서 막 일을 시작한 두 명의 게이 교사는 취업에 필요한 비자와 신분증명 관계로 바레인에 갔습니다. 흔히 비자를 갱신하러 가까운 나라인 바레인으로 당일 치기로 갔다왔습니다. 이 두 명이 사우디로 돌아오는 공항의 검색대에서 지문을 찍다가 8년여 전 사우디의 다른 지역에서 살았던 기록이 드러났고, 그 당시의 게이 행각이 밝혀져 사우디에 입국을 못한 채 공항에서 바로 추방된 사건이 있었습니다. 숙소에 짐만 남긴 채 두 명의 교사가 사라진 것입니다. 그런 사건이 있었던 주였기 때문에 제 마음에 서양인들의 게이에 대한 인식에 대해 생각이 꼬리를 물었습니다. 남편은 샤워 중이고 저는 가슴이 무너지는 듯했습니다. 어디에 물어볼 곳도 없고, 이것이 현실인가 하는 마음에 답답하여 밖으로 나왔지만 늦은 시간이 아니더라도 자유롭게 한발짝 떼는 것이 부담스러운 곳이기에 갈 수 있는 곳도 없어 다시 집안으로 들어갔습니다.

샤워를 마치고 옷을 갈아입은 남편에게 물었습니다. "혹시 결혼 전에 나에게 숨기고 말하지 못한 게 있어?" "무슨 말이야?" 재차 물어도 답은 "없다"고 합니다. 조용히 남편의 휴대폰에 도착한 문자를 보여주었습니다. 내민 문자를 가만히 읽던 남편이 휴대폰을 잡더니 날짜 지난 문자를 하나 더 보여줍니다. 또다른 음담패설이 들어있는 고백입니다. 너무 황당해진 저는 "이게 도대체 다 뭐야?" 남편의 설명을 듣고 사우디에서 비밀리에 이루어지는 매춘에 대해 알게 되었습니다. 남편의 핸드폰에 도착한 일련의 음담패설 문자는 남편에게만 온것이 아니었습니다. 50대인 캐나다인 잭과 데이트를 한 여성이 데이트 다음날 보내는 고객관리 차원의 문자였습니다. 싱글인 잭이 새 애인에게 받은 문자를 자랑하느라 친구인 벨트맨에게 전송했고 벨트맨은 남의 연애 이야기에 흥분하는 걸로 부족하여 본인이 아는 모든 친구들에게 전송했던 것입니다. 첫 번째 문자 후에 남편이 보내지 말라고 했는데도 벨트맨은 이미 음란 문자에 중독이 되었고 필리피노 여자는 무슨 생각인지 데이트만 하고 나면 지난밤의 정황과 느낌을 문자로 날렸습니다. 사우디가 막장 인생의 간이역처럼 느껴지는 역겨운 문자 놀이였습니다. 인간 본성을 억압할수록 터지는 가련한 문자 놀이였습니다.

또 다른 캐나다인 싱글남인 펫은 아내가 둘이었습니다. 살와 컴파운드의 술집에서 본 엘리자베스는 첫 번째 아내이고, 디큐에서 마주치는 제인은 두 번째 아내인데 리야드의 같은 종합 병원에 근무하는 두 아내가 서로의 존재를 모른다니 믿기가 어려웠습니다. 모두 같은 나라 여성이었고, 펫은 해당 대사관에 근무하는 사람을 통해 결혼 증명서를 샀습니다. 한 장에 500달러라고 했습니다. 사우디에서는 미혼 남녀의 동거나 데이트를 금지하기 때문에 펫처럼 결혼 증명서가 필요한 사람들을 위해 대행해주는 업체가 있습니다. 결혼 서류가 있으면 자유롭게 연애할 수 있습니다. 무타와가 남녀의 만남 여부를 오직 결혼 증명서의 유무로 판단하기 때문에 생기는 부작용이었습니다. 아마 서류상의 아내들은 또 다른 서류상의 남편이 있을 지도 모르겠습니다. 사우디를 떠날 때 펫은 여전히 법적으로 싱글이었습니다. 사우디의 현실에서 벌어지는 남과 여의 이야기를 들으면 언제나 그렇듯 현실이 드라마보다 극적이었습니다.

옥상에 풀장과 바를 만들어 두었으니 수영복을 들고 오라는 독일인 카알의 초대는 매일 45도를 기준으로 오르락내리락하는 여름 날씨에 혹하는 이야기였습니다. 카알의 아파트에 도착하니 카알은 보이지 않고 현관문이 열려있었습니다. 현관에는 카알의 공항용 캐리어 두 개가 놓여있었습니다. 지금이라도 막 공항으로 출발할듯 준비되어있었습니다. 카알은 언제라도 사우디를 떠날 준비를 하고 있습니다. 학기중이든 학기말이든 언제나 공항으로 갈 준비를 하고 있었습니다. 사우디는 어쩔수없이 머무르는 곳이라며 직장에 대한 미련이 없었습니다. 카알의 아파트는 복층이지만 그는 이층은 아예 사용하지 않았고 일층에서만 생활했습니다. 아파트 전체를 울리는 음악소리가 마른 공기가 머무는 복도에 번지니 더욱 요란하게 느껴졌습니다. 재빨리 문을 닫고 미리 알려준대로 옥상으로 올라갔습니다. 카알은 어린이용 대형 플라스틱 풀에 물을 채워 작은 풀장을 만들고, 그 풀장에서 맥주를 마시고 있었습니다. 옥상의 공간을 완벽한 바로 변신시키는 것이 그 해의 프로젝트라고 했습니다. 아파트의 옥상은 높이가 2미터 가까이 되는 높은 벽이라 옆집이 보일리도 없어서 술을 마시든 발가벗고 춤을 추든 사우디에서 가장 자유로운 곳이 자기 집 옥상이라고 했습니다. 옥상의 바닥이 카펫으로 깔려있었습니다. 어떻게 카펫이 여기에 있는지 물었더니 학교에서 버린 카펫을 퇴근할 때마다 세 번에 걸쳐 통근 버스로 운반해왔다고 합니다. 덩치가 큰 카알이니 가능했지 일반인이라면 엄두도 못낼 사이즈의 카펫이었습니다.

카알의 여자친구는 필리핀에 두 아이가 있는 30대 아줌마였습니다. 아마도 가정부를 여자친구라고 소개했을 때 받은 당혹감을 제 얼굴 근육이 삽시간에 지우지 못했나 봅니다. 직업을 알고 나니 딱히 대화를 할 게 없었습니다. 제니퍼가 이야기할 때면 저는 듣기만 했는데 카알은 맹숭맹숭한 제 표정을 수시로 살폈습니다. 사우디 같이 마담과 메이드 문화가 확연한 계급사회에서 나라도 다르고 살아가는 문화도 다르니 어울리기에 불편한 점이 있었습니다. 하지만 사우디인 집에서 가정부를 했던 제니퍼는 이야깃거리가 많았습니다. 사우디 사람들은 세수는 해도 목욕을 거의 안 한다면서 사우디인이 내놓은 빨래를 한 번도 손으로 만진 적이 없다고 합니다. 집게로 옷을 집어 세탁기에 넣으면서도 악취 때문에 고개를 돌리며 세탁기 문을 닫았다는 시시콜콜한 이야기를 하던 제니퍼, 그녀는 사우디의 리야드뿐만 아니라 여러 도시에서 일했지만 리야드의 '디큐는 천국'이라는 말로 끝맺었습니다. 디큐에서는 사람하고 이야기하는 느낌이라는 말도 했습니다. 카알은 어느 해 이른 여름에 소리소문없이 사라졌습니다. 학교에도 아무런 말을 하지 않고 주말여행을 가듯이 잠시 떠난다고 했는데 다시는 돌아오지 않았습니다. 그렇게 일방적으로 사우디와 작별을 하였습니다.

영국인 마이키는 25년째 사우디에 살지만 실제는 사우디와 영국 중간에 있을 법한 마이키의 세계에 살았습니다. 그의 집은 아수라장 같았습니다. 그의 집에 가면 거실 입구에 잠시 서

있을 수밖에 없습니다. 엉덩이를 붙일 공간을 찾아 걸음을 옮길 동선을 연구해야 할 정도였습니다. 뜯지 않은 상자가 소파 밑까지 꽉 차있고 크기 다른 전구 알이 한 상자에 어지럽게 담겨있는 모습을 보노라면 혼자 사는 그의 집에 남자 가정부 격인 하우스 보이(house boy)가 매주 와야 하는 이유를 짐작하기 어렵지 않았습니다. 여든 된 어머니에게 준다며 타미미 슈퍼에서 산 케이크를 포장해서 영국으로 들고 가기도 했는데 어머니 이야기할 때면 60이 된 그의 여전한 마마보이 기질이 설핏 보였습니다.

마이키는 사우디 생활에 최적화된 듯 보였습니다. 스스로를 사우디 체질이라고 말하며 다녔지만 그는 강제로 사우디를 떠나야 했습니다. 추방이었습니다. 본인은 부정했지만 모든 정황이 그를 게이로 몰아갔기 때문입니다. 마이키는 자신이 게이가 아님을 증명하기 위해 사우디를 떠나기 2주 전에 여자 친구가 있다며 사람들에게 소개하기 시작했습니다. 갑자기 생긴 여자 친구는 케냐 여자인데 마이키보다 20년은 젊고 20센티는 큰 여자였습니다. 사방팔방으로 여자 친구를 광고하였지만 아무도 관심이 없었고 결국은 학교에서 정해준 날에 사우디를 떠났습니다. 몇 달 후 마이키가 뜬금없이 남편의 휴가에 맞추어서 결혼을 한다며 연락이 왔습니다. 선글라스로는 사우디의 햇빛을 가릴 수 없다며 스키 고글을 쓰고 다닐 때 이미 알아봤지만 결혼 날짜를 가족도 아닌 저희의 일정에 맞추겠다니 어리둥절했습니다. 자기 컴퓨터에는 딜리트 키(Delete key)가 없다며 국제전화를 하기도 했습니다. 비싼 국제 전화비가 염려된 남편이 인터넷으로 무료 화상 전화가 가능한 스카이프(Skype)를 알려주어도 다운로드할 줄 모른다면서 사용하지 않았습니다. 마이키는 자신이 해고당하고 추방당한 이유를 인정할 수 없었던 듯합니다. 본국으로 돌아간 후에 마이키는 학교의 동료들에게 장문의 이메일을 보냈습니다. 인디언 청소부들에게 광고해달라는 내용이었습니다. 본인이 해고당한 정황을 알고 있거나 알려주는 사람에게 7만원 정도를 주겠다는 내용이었습니다. 인디언 청소부의 월급이 10만원 정도이니 7만원은 큰 돈이었습니다. 동료들은 그의 메일을 무시하였고 누구도 마이키에 대해 더이상 말하기를 꺼려했습니다. 대학은 성추행을 당했다고 주장하는 학교 관계자의 말을 믿었고 조금이라도 게이로 의심되면 해당인의 변호를 듣지않고 가차없이 추방했습니다.

옆집에 살던 시기는 오전에 해고되자 오후부터 바로 이력서를 쓰기 시작했습니다. 갑작스런 해고 통보에 미련도 항의도 없었습니다. '떠날 때는 저렇게'라는 생각에 멋있어 보일 정도였습니다. 과거는 과거일 뿐, 미래가 중요할 뿐이라며 한나절 만에 외국인으로서는 드물게도 마살라마 세일(Masalama Sale, 떠나기 전 집을 처분하는 판매)을 했습니다. 그의 집 거실은 마치 중고 앤틱가게 같았습니다. 집안의 물건 하나하나에 가격을 매겨두고 일목요연하게 배치해 두었습니다. 학교에서 제공하는 가재도구에 포함된 물건마저 모두 가격표를 붙여 두었습니다. 남편이 램프를 들어올리며 "이거는 학교에서 주는 거잖아요." 라고 하자 시기는 램프의 가격표를 떼면서 "만약의 경우에"라며 계면쩍게 웃었습니다. 젊은 여인과 손잡고 웃는 행복한 사진이 커다란 액자에 걸려있었습니다. 휴가차 간 방콕에 도착한 날 공항에서 우연히 만나 이틀 뒤에 결혼했다는 타이 여자였습니다. 타이랜드에 있는 그녀의 가족들에게 집을 사주고 그곳에서 결혼한 이야기를 무용담처럼 들려주곤 했지만 사우디에 함께 와서 몇 달 뒤에 바로 이혼하고 여자는 사라졌다고 했습니다. 시기의 네 번째 아내였습니다. 현실을 도피하려는 어린 여자의 결혼이 불행하게 끝난 이야기를 들으면 삶이 꿈결 같습니다. 시기의 두 번째 아내가 한국 여자였고 딸이 하나 있는데 그 딸이 서울서 영어를 가르치고 있다며 한국의 딸 이야기를 하곤 했습니다.

"완, 맞는 거 있으면 가져." 아바야 3개를 제 손에 들려주었습니다. 아바야 세 개가 길이가 다 달랐습니다. 자세히 알고 싶지도 않은 그의 사생활을 알게 됩니다. 키가 다른 세 명의 여인과 함께 살았던 사실을 아바야가 알려줍니다. 시기가 마침내 타일랜드에 직업을 구했습니다. 69세의 취업을 축하한다고 말하니 속삭이듯 말했습니다. "완, 간단해, 6을 5로 만들면 돼." 이력서 나이 란에 69라는 숫자를 59로 고쳐서 제출했다고 합니다. 공문서 조작에 해당되는데 언제나 그렇듯이 시기의 이야기는 시트콤 드라마였습니다. 69살의 개구쟁이였던 그가 다음해 여름, 함께 자전거 여행을 하자는 약속을 남기고 사우디를 떠났지만 몇 달 뒤에 세상을 떠나는 바람에 이듬해 남편과 둘이서 캐나다의 밴쿠버에서 캘거리로 가는 21일간 자전거 여행을 하면서 시기를 추억했습니다.

미국인 앨런은 특이하게도 말할 때 억양의 높낮이가 거의 없었는데 영어선생님을 하기 전에 미시건에서 살인범들의 심리상담사를 했답니다. 건조한 앨런의 목소리로 살인범들의 이야기를 전해 듣고 나면 정신이 멍해져서 살인범의 이야기인지 앨런의 상상인지, 어디까지가 사실이고 어디까지가 허구인지

하여간 하나도 확실하지가 않았습니다. 앨런은 로리와 함께 한국에 있는 대학에서 영어를 가르치다가 로리를 따라 사우디로 왔습니다. 둘은 잘 어울리는 환상적인 짝이지만 로리는 스위스 남편인 플로리언이 있습니다. 세 사람은 휴가도 같이 가고 밥도 같이 먹고 테니스도 같이 치면서 어울려 다녔습니다. 한국에서 다도를 배웠다는 앨런은 차에 심취해 있었는데 집에 가면 언제나 테이블에 다구가 놓여있었습니다. 테이블 가운데에 앉아 차를 따라주면 삭발승의 자태가 나왔습니다. 수십 개의 차 봉지마다 차 잎의 상태, 구입 장소, 구입 연도를 기록하였고 갖고 있는 모든 시디는 복사판을 두 개씩 만들어 두었는데 가끔씩 서랍장을 열어 자랑하곤 했습니다.

앨런은 해고당한 후 리야드가 아닌 다른 도시에 머물더라도 사우디에 남기 위해 모든 노력을 다했지만 결국 대학으로부터 재취업 허가서(No objection letter)를 받지 못한 채 사우디를 떠났습니다. 석 달 후 다시 돌아올 거라며 모든 짐을 로리 집에 맡기기로 했고 저희가 이사를 도왔습니다. 짐을 옮기는데 계속 종이상자가 나왔습니다. 학교에서 가져온 사무용 A4 용지가 10상자이고 종이 파일 역시 한 상자 가득했습니다. 차도 없는 앨런이 그 많은 사무용품을 집으로 나를 때까지 들키지 않은 게 신기했습니다. 일 년이 지나도 앨런은 사우디의 직장을 구할 수 없었고 그동안에 다행히 한국에 직장을 구했지만 계약을 마친 일 년 후 미국으로 돌아갔습니다. 그즈음엔 로리 부부도 사우디를 떠날 결심을 한 터라 자기들 살림에 앨런의 살림까지 처분해야 했는데 국제운송비를 물면서까지 앨런에게 보낼 짐은 딱히 없었습니다. 남은 A4용지는 세월 따라 누레져 갔고 프라이팬도 화분의 물뿌리개도 다 부질없어서 로리는 자기들 짐보다도 앨런의 짐 정리가 더 힘들다고 했습니다. 로리의 방 한 개를 차지했던 앨런의 남겨진 짐을 바라보면서 떠날 때 미련 없이 떠날 수 있는 것도 축복임을 알았습니다. 인종과 문화의 다름뿐 아니라 인격의 다름마저 받아들여야 하는 곳이 사우디였습니다. 사람의 격이 도전받는 인생의 정체를 엿보았습니다.

멀어지기 위해
달리다

　　토요일 아침 7시. 장소가 어디든 주말 아침은 달렸습니다. 주로 컴파운드 안이나 디랍 골프클럽에서 달렸는데 어느 곳이든 디큐에서 먼 거리여서 일찍 서둘러야 했습니다. 시험을 치러 가는 것도 아니고 학교에 가야 하는 나이도 아닌데 달리기 위해서 새벽부터 일어나 잠에서 덜 깬 상태에서 바나나와 대추를 넣은 포리지(Porridge, 서양식 오트밀 죽)를 끓이고, 눈을 감고 떠먹다보면 잠이 깼습니다. 달리기를 좋아하지 않으면서 남편을 따라 리야드 러너즈 클럽(Riyadh Runners Club)에 다닌 이유는 단 하나, 그곳이 사우디였기 때문이었습니다.

　　여자의 운전이 금지되어 있으니 운전하는 남편을 따라 나서

지 않으면 집에서 할 일이 딱히 없었습니다. DVD 기계가 없
는 데다가 TV는 위성 채널이 있지만 기본 채널만 신청했기에
볼 수 있는 채널은 5개 정도였고 그나마 일주일 지난 뉴스를
방송해 주었습니다. 인터넷은 바람 불면 끊겼다가 바람이 잦아
들면 연결되니 답답함 그 자체였습니다. 집에 있을 때 오히려
마음이 편했던 적이 있긴 했지만 햇볕 한 줌이 그리운 집에서
3년 지난 드라마를 홀로 보면서 우울의 겹을 한 겹 더 쌓을 것
인지 바깥으로 나가 남편과 함께 달리기를 할 것인지는 눈금
자 없이도 쉬운 선택이었습니다. 그럼에도 불구하고 무조건 함
께 움직여야 하는 날이 계속되니 때론 몸도 마음도 고달팠습
니다. 울며 겨자 먹기 셈으로 뛰는 달리기는 주중에는 디큐의
와디에서, 주말이면 리야드에 흩어져있는 서양인 거주지인 컴
파운드를 찾아 매주 아슬아슬하게 이어져갔습니다.

리야드 러너즈 클럽을 이끄는 크리스와 웬디 부부는 특이
하게도 달리지 않으면서 달리기를 좋아하는 사람들이었습니
다. 사우디에서는 외국인 7, 8명 정도가 공공장소 한곳에 모여
있어도 경찰이 나타나곤 하기에 이십여 명이 함께 모여서 달
리기를 한다는 것은 그 자체가 모험이었습니다. 그것도 여자와
남자가 함께 어울려 운동복을 입고 달리기를 한다는 것은 사

우디의 정서에 상상이 안되는 일이었습니다. 그런 풍토에서 달리기 장소를 물색하고 비록 서양인 컴파운드라 하더라도 달리기를 해도 좋다는 허락을 받아야 하는 등 보이지 않는 일이 많습니다. 그럼에도 크리스와 웬디는 달리는 클럽을 만들었습니다. 웬디가 마침내 살빼기를 선포하고 달리기를 시작했습니다. 그녀를 보니 달리기도 전에 이미 숨이 차 보였습니다. 웬디의 첫 달리기였습니다. 저는 여느 때처럼 조금 달리다가 게으름이 나서 눈앞에 보이는 골목만 돌면 그만 달릴 생각으로 슬슬 뛰고 있는데 웬디가 제 옆으로 급하게 다가오더니 "완, 힘내." 뭔가를 건네줍니다. 엉겁결에 받아들고 보니 대추와 말린 무화과입니다. 웬디의 비상 음식을 얼떨결에 받고나니 달리기를 그만 둘 수가 없었습니다. 웬디는 최면을 걸듯 혼잣말을 합니다. "지금 안 달리고 사람들이 끝날 때까지 기다리면서 뭐하겠어? 난 달려야 해. 내 인생에서 이까짓 1시간, 아무것도 아니야." 큰 몸을 뒤뚱거리며 한발 한발 내딛는 웬디의 옆 모습을 훔쳐보면서 저는 도저히 그날 달리기를 멈출 수 없음을 알았습니다. 그 순간 제가 멈추는 것은 순수하고 맑은 그녀의 용기에 찬물을 끼얹는 일이었습니다. 저는 이번 주 아니면 다음 주에도 달릴 수 있지만 과체중으로 당뇨 진단을 받고도 용기 내어 달리기에 나설 때까지 오랜 시간이 걸렸던 웬디는 달랐습니다. 그날 꼭 뛰어야 했습니다. 오랜 시간 숨죽이며 용기를 다지다가 마침내 단단해진 마음으로 달리기를 시작하는 그녀를 위해 저는 달려야 했습니다. 절박한 자의 사기를 꺾어버리는 일이 얼마나 잔인할 수 있는지 알기에 허리를 곧추세웠습니다. 그날 달리기 클럽에 나온 유일한 두 여자, 웬디와 저는 서로에게 달릴 용기를 주었고 16킬로미터를 나란히 달렸습니다. 내딛는 걸음이 무겁고 거칠수록 마음이 가벼워졌습니다. 회원들 중의 일부는 이미 집으로 가버린 결승점에 들어왔지만 크리스와 크리스천이 크게 환영해 주었습니다. 저희 둘은 그날의 승리자였습니다. 운동을 하다가 힘들 때면 웬디를 생각합니다. "내 인생에서 1시간, 아무것도 아니야."

사우디에 20년 넘게 살고 있던 스웨덴인 크리스천은 달리기 클럽의 최고령자였는데 언제나 노란색 셔츠, 노란색 반바지, 노란색 아식스 운동화를 신고 있어서 노란색 할아버지라고 하기도 하고 노란색 크리스천이라고도 불렀습니다. 아침 일찍 달릴 준비를 서두르는 남편을 따라 마지못해 나서면서 '오늘은 구경만 해야지' 하다가도 달리기가 시작되기도 전에 이미 몸 푸는 달리기를 하고 있는 크리스천을 보면 단단했던 고

집이 물렁해지곤 했습니다. 할아버지는 달리고 나면 또다시 곧장 몸을 푸는 달리기를 합니다. 그런 뒤에는 까르푸 슈퍼마켓 가방을 들고 근처 잔디밭에 비스듬히 드러눕습니다. 이케아의 매장에서 가져왔을 짧고 가느다란 몽당연필에 침을 묻혀가면서 손바닥보다 작은 공책에 그날의 기록을 적었습니다. 나이 70이 되는 이듬해를 손꼽아 기다리는 이유는 시니어(senior) 그룹에 아무도 없기 때문에 달리기만 하면 일등일 것이기 때문이라고 농담을 하곤 했습니다. 무릎수술을 한 이후 달리기가 예전만 못하다는 말을 믿을 수가 없을 정도로 항상 선두인 크리스천은 언제나 달리는 사람들을 격려합니다. 힘든 날도 분명 있었을 텐데 변함없이 "헤이, 헤이, 헤이"를 외쳐주는 그는 든든한 후원자였습니다.

여느 때처럼 달리기를 하고 아침밥을 먹기 위해 컴파운드의 식당에 들어서는데 크리스천이 다가왔습니다. "완, 왜 달릴 때 인상을 쓰냐? 웃어봐라, 더 잘 달릴 수 있어." 그때 알았습니다. '그랬구나, 내가 인상을 쓰고 짜증을 내면서 달리고 있었구나' 그제야 억지로 달리며 오만상을 썼을 제 모습을 깨달았습니다. 싫으면 안 달리면 될 것을, 혼자서 시간을 보낼 거리도 없이 취미 하나 만들어놓지 못해 달리기라도 하는 것이 사우디에서의 시간을 선용하는 거라는 강박만 있었습니다. 그래서 누가 등떠밀어 뛰라고 시키지도 않았는데 몸과 마음이 화해하지 못하고 몸은 뛰고 마음은 우는 심정이었던 것 같습니다. 혼자만 힘들다는 듯이 화난 얼굴로 달리면서 맞은편에서 오는 사람의 사기까지 꺾었을 제 모습을 깨달았습니다. 사람들에게 희망과 용기를 주는 것에 대해 생각해보았습니다. 한국에 두고 온 과거의 기억에서 멀어지고 싶은 것처럼 오늘 달렸던 저 누군가도 그렇게 무언가로부터 멀어지고 싶어서 달리고 있을지 모른다는 데에 생각이 미쳤습니다. 희망과 용기, 격려와 응원은 언제나 받고 싶지만 제가 먼저 줄 수도 있는 '선물'임을 알았습니다. 노란색 할아버지가 가르쳐준 행복한 달리기의 비밀이었습니다. 웬디가 준 희망을, 크리스천 할아버지가 준 응원을 예전의 저 같았던 사람에게 다시 돌려주리라 다짐했습니다.

2008년 11월 23일, 사우디에 온 지 9개월여 만에 하프 마라톤에 참가했습니다. 소아암 환자를 돕기 위한 자선 달리기입니다. 리야드에 있는 두 개의 잔디 골프장 중 하나인 디랍(Dirab) 골프 클럽에서 열렸는데 푸른 골프장 뒤로 펼쳐진 황량한 돌산과 황무지를 달리는 코스였습니다. 풀코스가 아닐지라도 초보자에게 19.2킬로미터는 사실 준비가 필요한 달리기였는데 아무런 연습 없이 남편을 따라 달리다보니 육체적으로 큰 도전이었습니다. 결승점이 가까이 다가왔을 때 눈물이 펑펑 나왔습니다. 달리기가 힘들어서 나온 눈물이었지만 포기하지 않고 끝까지 달려준 제 자신이 장하면서도 가여워서 흐른 눈물이기도 했습니다. 사우디에 와서는 뭔가 해낼 때마다 곧잘 감정적이 되곤 하였습니다. 단단한 껍질 속에 숨어있던 눈물샘이 사우디의 뜨거운 햇살에 끌려나왔는지 뜬금없는 눈물이 자주 났습니다. 2주 후 또 다른 자선단체 주관인 상콤(Sangcom) 하프 마라톤에 참가했을 땐 눈물 없이 2시간 18분 만에 완주했고 그동안 비회원으로 다녔던 리야드 러너즈 클럽에 정식으로 회원가입을 했습니다.

마라톤 릴레이를 하기도 했습니다. 42.195킬로미터를 나누어서 뛰는 풀코스 마라톤이었습니다. 저는 그렉, 실비, 모하메드와 함께 한 팀이 되었고 남편은 롭과 마이키로 한 팀을 구성했습니다. 미국인 그렉은 직장 사무실의 서랍에 권총을 넣어두고 다닌다는 말을 해서 직업을 물었더니 보안상 말할 수 없다던 미스터리 같은 인물이었지만 우연히도 실비와 마찬가지로 저와 생일 날짜가 같아서 '15th Club(Fifteenth Club)'을 만들어 같이 어울렸습니다. 예멘인 모하메드는 남편의 학교 구내매점에서 일하는 청년인데 우연한 기회에 모하메드가 한 번도 달리기를 해보지 않았지만 달리고 싶다고 말한 것을 기억한 남편이 참가비를 대신 내주고 그를 초대했습니다. 매달 고향인 예멘으로 송금하는 모하메드의 월급으로는 도저히 엄두를 못 낼 참가비이기 때문입니다. 이후에 남편은 모하메드를 한 번 더 초대했고 모하메드는 학교에서 매일 남편에게 공짜 커피를 타주었습니다. 예멘의 거리에서 갓난 아이를 눕혀놓고 구걸하던 여인네들의 슬픔을 목격한 이후로 사우디에 사는 예멘 사람들에게 유난히 정이 갑니다. 구내매점 커피이지만 예멘인 모하메드의 커피 대접은 그가 보여주는 최고의 존경이고 아름다운 마음의 표현입니다.

남편이 '2010 두바이 국제 마라톤'에 참가하자고 할 때 농담인 줄 알았습니다. 비행기를 타고 다른 나라에까지 가서 달린다는 말에 불평이 입안에서 맴돌았습니다. 두바이행 비행기를 예약하고 달리기 출발 장소 바로 옆의 비싼 호텔까지 예약하는 남편을 바라보는 마음은 내내 불편했습니다. "달리기 중독!"이라고 말하면 '중독'이라는 단어가 마음에 들지 않는 듯 묵묵부답이었습니다. 마라톤 전날 출발지점 근처의 호텔은 달리기하러 온 사람들로 붐비고 호텔 앞 이탈리안 식당도 예외가 아니어서 '마라토너를 위한 고 탄수화물 특선 메뉴'까지 준비되어 있었습니다. 남편은 마라톤 풀코스를, 저는 10킬로미터를 뛰었습니다. 국제 마라톤대회에서 뛴다는 사실만으로도 뿌듯하였고 한국에서는 그다지 작은 키가 아닌데도 에티오피아의 키 큰 장정들 틈에 끼여 있으니 비로소 키 작은 동양 여자의 현실이 화악 안겨왔습니다. 키 큰 외국인들의 긴 다리를 신기하게 바라보면서 두바이 쥬메이라 비치의 후텁지근한 습기를 헤쳐 갔습니다. 1만 달러의 상금이 걸린 국제대회인지라 선수들의 대부분이 아프리카인이었는데 에티오피아와 케냐 등지에서 무더기로 몰려온 듯 관중석은 에티오피아의 빨강, 노랑, 초록색의 국기가 카펫처럼 펼쳐졌습니다. 구경만으로도 감동이 전해지는 멋진 달리기 대회였습니다.

풀코스를 달리는 남편을 기다리면서 만난 독일 아줌마는 언제나 국제 마라톤이 열리는 장소가 자기의 휴가지라고 합니다. 자기는 달리지 않아도 살 수 있는 사람이지만 엔지니어인 남편은 달려야 사는 사람이어서 남편이 달리는 동안 쇼핑을 하면서 휴가를 즐긴다고 했습니다. 아줌마는 자기들을 보고 싶으면 마라톤 열리는 도시로 오라고 말하며 자리를 떴습니다. 오직 달리기 위해 사우디에서 비행기 타고 두바이에 오는 남편을 이해하는데 한참의 시간이 걸렸는데 독일에서 달리기 위해 두바이까지 오는 남편을 이해하는데 얼마나 많은 시간이 걸렸는지 물어보려다가 말았습니다.

과하면 부족함만 못함도 보았습니다. 각국의 국기를 휘날리는 엄청난 인파와 환호 속에서 결승점에 들어서는 한 50대 후반의 중년 여성은 얼굴과 무릎 주름은 감출 수 없었지만 탄탄해 보이는 몸매가 돋보였습니다. 관중석이 술렁거렸습니다. 자세히 보니, 그녀의 허벅지 다리 위로 누런 이물질이 흘러 내렸습니다. 그녀는 화장실을 가는 대신에 완주를 선택했던 것입니다. 이미 반무의식 상태라 자기 몸에서 어떤 일이 벌어지는지 모르는 듯했습니다. 결승점에서 우왕좌왕 헤매다 쓰러지는 그녀를 보면서 사진을 찍던 이들도 사진기를 거두고 안쓰러운 연민으로 그녀를 바라보았습니다. 무엇이 그녀를 그토록 무아지경으로 몰았을 지를 생각해보았습니다. '꿈을 이룬다'거나 '하면 된다'는 건강한 욕망이라도 자기 몸과의 협상이 필요함을 뼈저리게 깨달은 사건이었습니다. 철저한 준비가 뒷받침되어야 꿈도 이룰 수 있음을 확인했습니다.

2010년에 달리기 클럽에서 연말 결산 파티가 열렸습니다. "완 홀란드(Wan Holland)"제 이름이 호명되었습니다. 깜짝 놀라는 제게 크리스가 "너 말고 받을 사람이 없는데 왜 놀라느냐?"고 농담하면서 상패를 전달해 주었습니다. 억지로 달리기를 하던 제가 2년 만에 리야드의 달리기 클럽에서 10마일 시리즈의 우승자가 되었습니다. 단상에 나가 꽃다발을 받고보니 감개가 무량했습니다. 특별한 재능도 없고 두려움이 많은 여자도 달릴수 있었으니 누구라도 달릴 수 있음이 분명합니다. 시상식 후에 달리기 클럽에 합류한 지 얼마 안 되는 미국인 에릭이 다가오더니 뜻밖에도 제게 고맙다고 말했습니다. 처음 달리기를 하러 왔을 때 제가 열심히 응원해 주었고 그 후로도 언제나 끝까지 달리는 모습에서 용기를 얻었다고 합니다. 마음에 담은 말을 전해주기도 쉬운 일은 아닌데 말로써 표현해 주어서 고마웠습니다. 크리스천을 통해 저에게 왔던 용기와 희망이 이제 에릭을 거쳐 또 누군가의 품을 거쳐갈 것을 생각하니 기뻤습니다.

달리기를 하다가 힘이 드는 순간이면 두 아들을 생각했습니다. 아이를 두고도 한국을 떠난 모진 엄마인데, 그런 옴팡진 마음이 내 속에 있는 걸 엄연히 알면서 순진한 척 못 달린다고 하면 뻔뻔한 자기변명이라는 생각으로 달렸습니다. 아이들에 대한 애달픈 마음을 모른 척 잡아떼고 무연한 시선으로 사는 삶이었지만, 사람의 도리를 장롱 옷장의 깊숙한 서랍 속에 깔아 둔 신문지 밑에 묻고 살아내는 두 번째 결혼이었지만 '명치 끝에는 언제나 맑은 옹이가 남아있어 그 힘과 부끄러움'으로 달렸습니다. 늪처럼 깊고 자석처럼 강한 자기 연민을 떨치기 위해 저는 달려야 했습니다.

2011년 3월에 있는 풀코스 마라톤을 준비했습니다. 첫 마라톤입니다. 나이 50이 되기 전에 42.195킬로미터의 길에 나서고 싶었고 완주에 대한 확신은 없었지만 남편이 함께 뛰어주겠다고 응원해 주어서 마음이 느긋했는데 막상 마라톤 날 아침 남편이 발목 부상으로 뛰기는커녕 걸음조차 힘들어했습니다. 결국 남편은 마라톤을 포기해야 했습니다. 하루도 쉬지않고 한달을 뛰더니 결국 결승날 마라톤을 못 뛰는 남편을 보았습니다. 욕심이 과해질 때마다 절박함이 올라올 때마다 생각나는 에피소드입니다. 남편과 함께 나란히 뛰면 그럭저럭 뛰겠구나 생각했던 계획이 한순간에 사라졌습니다. 키 큰 외국인들 사이에 한국 여자 하나가 끼어 있습니다. 계획과 달리 혼자 뛰면서 어차피 인생은 혼자 가는 고독한 길임을 확인했습니다. 4시간 20분 동안 달리면서 김정완이라는 한 여자의 삶을, 또 다른 이름인 '완 홀란드'라 불리는 그 여자의 삶을 생각했습니다. 여자의 기억 속에 냉동되어 있던 일들을 하나씩 햇빛 속에 끄집어 내어 맑고 잔잔한 바람 속에서 말리다보니 42.195킬로미터가 오히려 짧았습니다. 인생이 마라톤이어서 기쁩니다. 후에 사우디에서 살았던 한국분을 만났습니다. 그녀가 사우디의 더운 날씨에 어떻게 혼자서 마라톤을 뛰었느냐고 물었습니다. "얼마나 한이 많았으면 뛰었겠어요?" 그녀가 활짝 웃어주었습니다.

여성 전용 공간,
알마나힐(Al manahil)

하루에 다른 장소에서 두 명의 여자와 마주쳤습니다. 야라는 병원에 가야 하고 파티마는 병원에 갔다오는 길이라고 합니다. 둘 다 비타민 D 결핍이라는 진단을 받고 치료 중이었습니다. 병원에서 처방약을 주는 대신에 "햇빛을 많이 쐬라"는 말만 한다고 시무룩해 있습니다. 50도에 육박하는 더운 날씨에 얼굴을 가리고, 바깥을 걸어 다니지를 않으니 햇빛이 많은들 아무 소용이 없습니다. "집 마당에서 걷거나 의자를 들고 나가 앉아서 햇빛을 쐬면 어때?" 둘 다 말을 맞춘 듯 그럴 수 없다고 합니다. 킹 파이잘 스쿨(King Faisal school)의 총무일을 보는 야라는 옆집에서 자기 집 마당을 내려보다가 자신을 볼 수 있기 때문에 안 되고, 코트라(KOTRA)에서 전화업무 담당하는 파티마는 살이 너무 쪄서 조금만 걸어도 무릎이 아파서 5분 이상 걷지를 못한다고 합니다. 햇빛의 땅, 사우디에 사는 여자들의 80% 이상이 햇빛부족에서 오는 질병을 갖고 있음이 새삼 신기했습니다. 야라는 우울증까지 겹쳐서 많이 아픈 표정이었습니다.

알마나힐은 리야드의 유일한 여성 헬스센터인데 등록비가 비싸고 보안상의 문제로 일반인은 디큐에 와서 편하게 이용하는 것이 거의 불가능합니다. 그래서인지 체육관의 전체 분위기가 조용합니다. 그런 수업에 활력을 부어주는 사우디 여성이 있었는데 젊은 아기 엄마 아이샤였습니다. 어느 날 아침 알마나힐 정반대 쪽에 있는 구석진 벤치에서 혼자 담배를 피우고 있는 아이샤를 보았습니다. 아침 8시에 봄날의 제비꽃 같이 예쁜 아이샤가 집에서 1시간 걸린다는 디큐에 와서 개인 운전기사까지 따돌리고 혼자 담배를 피우는 모습이 짠했습니다. 제 마음을 아는 양 그날 헬스센터에서 만났을 때 '완, 걱정 마. 우울하지만 괜찮아' 하며 웃으며 뒤돌아서더니 한 달간 헬스센터에 나오지 않았습니다. 마침내 아이샤가 나타났습니다. "수술 하느라 못 왔어." "무슨 수술?" 운동하고 있는 제 앞에서 웃

옷을 올려 수술 자국을 보여줍니다. 3번째 아이를 갓 낳아서 아랫배가 아주 조금 볼록 나왔던 걸로 기억하는데 복부비만제거수술을 한 아이샤는 마치 새 핸드백을 산 것처럼 경쾌하게 말했습니다. "파티복 입을 때 아랫배가 불룩한 게 싫어" 일반인의 눈에는 정말 아무 문제가 없는데 우리는 바디 이미지에 갇혀 우리의 몸을 혹사하는구나 하는 생각을 했습니다.

알마나힐 헬스센터는 디큐에 있는 두 개의 체육시설 중 하나인데 리야드의 유일한 여성복합문화공간인 알마나힐 안에 있습니다. 모든 장식이 하얀색과 부드러운 연두색인 세련된 공간입니다. 언제나 화려하고 풍성한 꽃들로 장식되어있는 이곳에 들어서서 지붕 달린 연둣빛 소파에 앉으면 여자라서 행복해진다는 한국의 광고 멘트가 절로 생각났습니다. 사우디의 유일한 여성 전용 체육관은 전통과 변화의 새로운 가치가 부대끼면서 속살을 가림 없이 드러내었습니다. 서양인 매니저는 매달 바뀌었고 시간표도 매일 바뀌었습니다.

체육관 안은 재미있는 요지경 세상이었습니다. 사우디 여성들 중에는 운동하러 올 때 무엇을 입어야 할지 몰라 목까지 올라오는 니트를 입고 그 위에 후드 잠바를 입기도 하고, 검정색 시스루 티셔츠를 입고 나타나기도 했습니다. 선글라스를 끼고 에어로빅을 하거나 웨이트 트레이닝을 하는 것은 낯설지 않은 풍경이었습니다. 운동화를 신지 않고 샤넬이나 구찌 로고가 선명한 납작한 구두를 신고 오는 경우도 많아서 바닥에 미끄러지기도 했습니다. 견디기 힘든 것은 향수냄새였습니다. 사우디 여성들은 운동을 하다가 더운 기운이 느껴지면 바로 그만 둡니다. 땀이 나니 냄새가 난다고 생각하고 땀을 닦는 대신에 겨드랑이에 향수를 뿌리러 라커룸으로 갔습니다.

체육관 수업 시간표의 귀퉁이에는 당부의 말이 적혀있습니다.

1. 선글라스 끼고 운동하지 마시오.
2. 운동 중 통화하지 마시오.
3. 운동화 신고 오시오.

당연한 상식 같은데 일부 사우디 여자에게는 배워서 기억해야 하는 지시사항이었습니다.

사우디인들은 운동을 마치면 손 하나 까딱하지 않고 그대로 자리를 뜹니다. 아령을 사용하고 나면 바닥에 조용히 내려놓는 것이 아니라 선 자세 그대로 '투욱' 매트 위로 던집니다. 매트마다 움푹움푹 아령자국이 볼썽사납습니다. 사용한 운동도구가 썼던 그대로 이리저리 사방으로 방치되어 있습니다. 필리피노 청소부들이 수강생들의 준비물을 미리 준비하고 운동이 끝나면 치웁니다. 1층에서 스트레칭 수업하는데 2층의 웨이트 트레이닝 기계가 쾅쾅 소리가 납니다. 1층에서 2층이 훤히 보이는 구조라서 소리가 더 크게 울립니다. 기계가 부서지든 말든 혼자서 되는 대로 기계를 올렸다가 힘에 부치면 손을 뗍니다. 올라갔던 무게가 꽈꽉 내려앉으면서 내는 소리가 체육관을 울립니다. 운동기구의 사용법을 모르면 물어보면 될 텐데 사우디 여자들은 몰라도 절대로 누구에게 물어보지 않고, 아무도 잘못을 교정해 주지도 않습니다.

엘립티컬 머신(Elliptical Machine)에서 운동하고 있는데 등 뒤에서 "Madam, Go to the room." 하는 에티오피아 직원의 다급한 소리가 났습니다. 뒤를 돌아보니 운동하던 몇몇 사람들이 급히 스피닝(Spinning) 교실로 뛰어들어갑니다. 영문도 모른 채 손짓하는 사우디인을 따라 들어갔습니다. 곧 바깥에서 문을 닫는 소리가 났습니다. 서너 명의 여자들과 함께 좁은 방에 갇힌 채 대화 없이 서로 멀뚱하게 쳐다보는데 짐작 가는 일이 없었습니다. 잠시 후 문이 열렸습니다. 체육관에 남자 전기기사가 왔었다고 합니다. 남자 한 명이 출현하면 운동하던 모든 여자들이 운동을 멈추고 방공호로 대피하듯 방문이 있는 구석진 방인 스피닝 교실에 숨어있어야 합니다. 남자 기사가 체육관에 들어서면 필리피노 청소원이 기사가 곁눈을 팔지 못하도록 남자를 벽에 바짝 붙입니다. 아바야로 남자를 커튼처럼 가리며 남자는 앞으로, 여자는 남자의 걸음을 옆에서 통제하면서 옆길을 막으며 빠져나갑니다.

모래바람이 세차게 분 다음날, 헬스센터 현관 로비 천장의 일부가 내려앉았습니다. 아침에 끝내야 했던 공사가 길어져서 필리피노 청소부가 운동하는 사람들에게 일일이 묻고 다녔습니다. "남자 일꾼이 있는데 괜찮으냐?" 물론 여성 경비도 있고 여성 전기기사도 상주하지만 막상 체육관에 문제가 생겨서 수리해야 할 때는 여성 인력의 전문성 결여로 남자 인력이 없으면 자체적으로 고치지 못했습니다. 고장난 운동기구는 말할 것도 없고 전기나 에어컨 혹은 간단하게는 음악 스테레오가 고장나도 남자 기술자가 필요했습니다. 이때마다 '남자 일꾼이 일하고 있으니 조심하라'는 광고가 벽에 붙어 있습니다. 러닝머신 공간은 통유리로 되어있어서 마당에서 일하는 남자 일꾼의 동작을 일일이 볼 수 있습니다. 일꾼들의 시선을 차단하기 위해 블라인드를 닫는 여자도 있고 곁눈으로 힐끔힐끔 자신을 보는 것을 즐기는 듯 블라인드를 빼꼼히 열어젖히는 여자도 있었습니다.

운동은 처녀로서의 명예를 위협하는 것이라고 교육하는 문화 속에서 태어나고 자란 사우디 여자들이지만 러시아에게는 통하지 않는 논리였습니다. 킹 사우디(King Saudi) 대학에서 경영학을 전공하는 러시아는 사우디 최초의 여성 보디빌더가 꿈이었습니다. 사우디인으로서는 보기 드물게 가녀린 몸매를 가졌지만 양팔이 비정상적일 만큼 발달해 있었습니다. 스테로이드를 복용한 건 아닌가 의심이 될 정도였습니다. 그날 할 운동의 종류와 양을 적은 메모지를 들고 다니면서 운동이 끝날 때마다 체크를 합니다. 체육관에 오는 대부분의 사우디 여성들과 달리 열심히 진지하게 운동하는 그녀에게 '꿈은 이루어진다'고 말했더니 고맙다며 활짝 웃었습니다. 사우디 최초의 여성 보디빌더(bodybuilder)로서 다른 여성들에게 영감을 주게 될 날을 기대합니다. 에어로빅은 언제나 인기 있는 수업 중의 하나입니다. 어느 날인가 평소와 다름없이 음악에 맞춰 즐겁게 에어로빅 댄스 동작을 따라하는데 청소하는 아주머니가 스피커 쪽으로 가더니 음악을 끕니다. 알마나힐을 방문 중인 공주가 기도 시간에는 고성방가는 안 된다고 방금 지시를 내렸다고 합니다.

일 년 내내 열두 달 아무 소리 없다가 갑자기 공주가 방문 중이어서 음악을 끄라고 합니다. 음악 없이 에어로빅을 해야 하는 상황이 되니 강사인 페이가 당황한 기색이 역력합니다. 그래서 음악없이 10여분 에어로빅을 했습니다. 음악 없는 에어로빅은 할 게 못되더군요. 다음 달이 되면서 음악이 복귀되었습니다.

스피닝(Spinning) 수업은 폭발적인 반응이 있는 수업이었습니다. 음악에 맞추어 좁은 스튜디오에서 하는 자전거타기인데 개설될 때는 수강생이 거의 없었습니다. 강사인 질은 20대의 영국인인데 매주 음악을 바꾸는 열정도 있었지만 장난기가 많아서 비에 관한 노래를 많이 틀었습니다. 비가 오지 않는 나라에서 듣는 'Sing in the rain'은 감칠맛이 났습니다. 미소년의 느낌이 있었던 질은 배꼽 밑에 문신이 있었는데 사우디 젊은 여자들에게 인기가 아주 많았습니다. 리나, 아이샤 그리고 저 이렇게 3명 정도였던 고정 멤버가 점점 늘더니 한 달쯤 지나자 가장 수강생이 많은 수업이 되었습니다. 스피닝 수업만 되면 무지개 색의 돌아가는 조명 외에는 스튜디오의 불을 다 끈 상태라 일말의 익명성까지 보장되어서 그런지 모두들 고래고래 소리를 쳤는데 하이라이트는 하얀 타올 아주머니였습니다. 아줌마 부대의 큰 언니인 듯한 여인이 목에 두르고 있던 하얀 타올을 흔들면 열정의 도가니였습니다. 폭발적인 에너지에 신바람이 나자 질은 질세라 스튜디오가 터져 나갈 정도의 큰 목소리로 구령을 하고 큰 언니의 하얀 타올이 흔들릴 때마다 환호성은 그칠 줄 몰랐습니다.

영국친구 쥬디쓰를 알게 된 것은 스피닝 수업이었습니다. 십대의 두 아이들과 영국에 사는 쥬디쓰는 혼자 사우디에 머물고 있는 남편 매튜를 만나러 일 년에 서너 번씩 올 때면 알마나힐의 스피닝 수업을 들으러 왔습니다. 어느 날, 쥬디쓰가 요가 강사 공부를 권했습니다. 생뚱맞게 무슨 요가 강사인가 싶어 황당했습니다.

"못해." "왜?" "할 수 없는 이유를 대봐. 말 못하잖아. 그러면 할 수 있다는 말이지."

선문답 같은 짧은 대화 이후에 쥬디쓰는 두바이에 있는 요가 지도사 과정 전화번호, 홈페이지 주소, 과정 시작 날짜까지 일목요연하게 손글씨로 적은 종이를 전해 주었습니다. 그녀에게 받은 응원은 생각지 못한 과분한 우정이었습니다.

"완, 시작해, 당장. 넌 할 수 있을 뿐만 아니라 아주 잘할 수 있어."

쥬디쓰의 권유를 시작으로 남편의 격려를 받고 마침내 네팔로 떠났습니다. 호수가 바라보이는 작은 마을인 포카라에서 혼자 머물면서 요가를 공부했고, 2년에 걸쳐 영국 런던 YMCA에서 퍼스널 트레이너(Personal Trainer) 자격증을 위한 공부를 시작했습니다. 뼈와 관절, 근육 용어는 발음도 힘들었고 해부학, 생리학, 영양학의 언저리를 공부할라치면 자연과학에 젬병인 제 모습에 절망이 되었습니다. 49세에 벌인 몸의 열정이 감당이 안 되어 매일 인터넷 무료 화상전화로 남편에게 하소연하면서 도전적인 하루를 마감했습니다. 대부분이 20대 초반의 영국인들이 수강생인 YMCA의 퍼스널 트레이너(Personal Trainer) 과정에서 드물게 동양 여자이고 한국 사람으로서는 처음이라며 주위의 많은 선생님들과 친구들이 배려해 주고 도와주었습니다.

알마니힐에 가지 않았다면 정신병원에 갔을 것이라고 말할 때 친구 사라는 농담인 줄 알고 소리 내어 웃었지만 제게는 우스갯소리가 아니었습니다. 삶에 대한 애정이 절실해서 운동을 시작했습니다. 세상 어디에 살든 삶은 크게 다르지는 않겠지만 살아갈수록 막막해지고 외로움이 깊어가는 사우디에서 삶의 균형은 때론 어렵지 않게 무너졌습니다. 손톱으로 손바닥을 할퀴어가면서 몸을 움직인 시간이 저를 구해주었습니다. 운동은 저의 심리상담사이고 저의 성전이었습니다. 영원히 사우디를 떠나는 당일 오전까지도 운동은 사우디 생활을 지탱시키는 힘이었습니다. 가입 절차가 힘들었던 공공 체육관에서도, 입회비가 터무니없이 비쌌던 알마나힐 헬스센터에서도 동양 여자는 유일하게 저 혼자였지만 운동으로 친구를 만나고 운동으로 사우디 여인들의 삶에 한발짝 더 다가가고 마침내 운동으로 제 자신이 구원받았습니다. '열사(熱沙)의 끝, 그 열렬한 고독 가운데, 옷자락을 나부끼고 호올로 서면, 운명처럼 반드시, '나'와 대면(對面)케 될' 것이라는 시인의 예언이 제게도 왔고 그것은 머리도 마음도 아닌 몸의 의지였습니다. 한 번도 진심으로 곁을 내주지 않았던 몸이 어느새 제 마음을 깨끗이 씻어주는 경험을 하였습니다. 쥬디쓰가 준 희망으로 조금 더 자란 저도 누군가에게 희망이 되고, 도움이 되고 싶다는 꿈이 그때 생겼습니다. 사우디와 영국을 오가며 영국 정부가 인정하는 퍼스널 트레이너 자격증을 취득할 수 있었던 계기가 운동을 금지한 사우디에서 시작되고 알마나힐에서 만난 사람들이 영감의 원천이 되었습니다. 알마나힐은 제게 특별한 장소입니다.

여권만으로는
떠날 수 없는 나라

　　사우디에서는 여권이 전부가 아닙니다. 외국인의 경우에는 나라 밖으로 나갈 때 정부의 허락이 필요했습니다. 사우디를 떠나는 출국(Exit) 비자와 출국한 후 일정 기간 안에 다시 들어올 수 있는 재입국(Exit & Re-Entry) 비자가 있어야 출국이 허용되었습니다. 날짜가 분명하게 명시된 출국 허가서 종이를 손에 쥐지 않고는 아무리 개인적으로 비상사태가 난다고 해도 사우디를 떠날 수 없다는 사실에 예외가 없었습니다. 공항에서 출국 허가서를 여권 뒷장에 스테이플로 찍을 때, 사우디에서 가장 중요한 서류는 여권만이 아님을 분명하게 알게 됩니다. 출국 허가서를 새로 발급받을 때마다 찍는 스테이플 자국이 늘면서 보기에 흉하고 펼칠 때마다 접힌 종이가 너덜거렸습니다. 외국 공항에 도착하면 여권 훼손으로 입국이 거부당할까봐 걱정이 되어서 눈치를 살폈고 인천공항에서는 입국심사하시는 분에게 자초지종을 설명해야 했습니다.

여행계획이 있든 없든 출국허가서와 재입국 허가서에 강박적으로 신경을 쓰는 사람은 남편도 예외가 아니어서 언제라도 떠날 수 있도록 만반의 준비를 했습니다. 주말에 이웃나라인 바레인(Bahrain)에 놀러가기로 했는데 출국허가서 유효기간이 하루만 남은 제 출국허가서를 보고 남편이 소스라치게 놀랐습니다. 재스민 혁명이라고 불리던 중동의 소요사태 때 '사우디는 괜찮다'는 주변사람들을 오히려 걱정하면서 한 달 치 비상식량을 마련해 둔 남편으로서는 당연했습니다. 일어날 것 같지는 않은 상황이지만 중동사태가 한 치 앞을 내다보기 힘들게 급하게 돌아가던 즈음이라 더욱 과민해졌습니다. 만약 다음날 비상상황이 생겨 저는 사우디를 떠나지 못하고 스폰서인 남편만 떠난다면, 저는 제 신분을 보장해 줄 스폰서가 없기에 영원히 사우디에 갇히는 상황이 생길 수도 있다며 이미 혼자서 시나리오를 쓰고 있었습니다.

한국을 방문하는 여행길에 극적인 경험도 했습니다. 딸기

타르트가 맛있는 알 코자마(Al cozama) 호텔에서 GPS 워크숍을 마치고 밤 7시쯤 공항에 도착하니 비행기가 연착되어 밤 8시 45분 비행기가 밤 11시 20분으로 연기되었습니다. 여름휴가가 끝난 금요일 오후라 공항에 외국인은 거의 볼 수가 없고 결혼식을 했는지 요란한 인도의상을 입은 한 무리의 가족들이 오락가락 지나갔습니다. 밤 10시 가까이 되어 세관을 통과하는 줄 속에서 제 앞의 남자가 내민 여권 속에 하얀 종이가 붙어있는 걸 보는 순간 정신이 아찔해졌습니다. 하얀 종이는 바로 출국허가서입니다. 당연히 출국심사대에서 저의 출국이 거절되었습니다. 짐은 이미 제 손을 떠났는데 출국허가서가 없어서 비행기를 탈 수 없습니다. 여권을 흔들며 출국장 밖으로 달려나오니 출입구에 서서 저를 배웅하던 남편이 벌써 사태를 짐작했습니다. 6월 말, 날짜도 기억합니다. 2010년 6월 28일 당시 이란 비자 때문에 이란 대사관에 매일 출근하다시피 하면서 여권을 들고 다니던 무렵입니다. 평소처럼 운동가방 안에 여권을 넣었는데 그날따라 커피 보온병을 함께 넣었던 것입니다. 아침에 집을 나서면서 커피 마실 시간이 없어서 시간될 때 마실 요량으로 가방에 쑤셔 넣었고 제대로 닫지 않은 보온병에서 새어나온 커피는 운동복을 적시는 대신에 여권의 두꺼운 표지로 스며들어 출국허가서 종이가 완전히 망가졌었습니다. 쪼글쪼글하고 커피냄새가 나는 출국허가서를 보이니 남편이 이마에 손을 갖다 대면서도 '괜찮아' 하는데 제 입에서 '정말 미안하다'는 말이 자꾸 새어 나왔습니다. 서류절차가 복잡함을 알기 때문입니다. 다행히 여권의 기본 정보 페이지는 훼손되지 않아 급행료를 물고 재발급 받은 출국허가서를 서랍에 고이 간직해놓고 정작 출국해야 하는 날에는 까맣게 잊은 것입니다.

시계를 보니 밤 10시 5분입니다. 비행기 표도 날아가고 한국에 예약해둔 호텔도 모두 날아가는 상황이라 눈앞이 그저 캄캄할 뿐입니다. 도저히 시간이 맞지 않지만 할 수 있는 노력은 다하고 싶었습니다. 남편은 이미 포기한 듯 평소와 다름없이 침착하게 고속도로를 달리고 저는 '과속을 좀 해주었으면' 하고 바랄 뿐이었습니다. 총알처럼 집에 들어가 출국허가서를 낚아채듯 들고 차에 다시 올라탔습니다. 먼 하늘에 비행기가 보일 때면 '저게 내 비행기구나.' 머릿속은 콩 볶듯 와글거리는데 길항작용인지 겉은 조용해집니다. 공항에 도착하니 밤 11시 18분입니다. 남자든 여자든 뛰지 않는 나라에서 여자 하나가 100미터 달리기 하듯 뛰어다니니 호루라기 소리가 나고 여기저기서 제지하는 경비가 몰려왔지만 비행기 티켓을 흔들고 "11시

20분"이라 외치며 발 빠르게 뛰는 한국 여자를 잡을 수 있는 경비원은 없었습니다. 게이트에 도착하니 정확하게 밤 11시 20분이었고, 비행기 사정으로 연기된 시간이 다시 연기되어서 새벽 12시 15분로 바뀌었습니다. 감사하게도 예정된 비행기를 탈 수 있었고 사우디에서는 출국허가서가 여권과 똑같이 필수임을 깨우쳤던 사건이었습니다. 연착되는 비행기가 그리도 고마울 수 있었을까요. 누군가에게는 지루해서 견딜수 없었던 한 시간이 제게는 한국행 비행기를 탈 수 있게 도와준 소중한 한 시간이었습니다.

사우디의 입국절차는 출국절차에 비할 수 없을 만큼 엄격합니다. 제가 살던 당시에는 일반인에 대한 관광비자가 아예 없었기때문에 일 없이 사우디에 입국하는 것은 허용되지 않았습니다. 취업으로 입국 비자를 얻었다고 하더라도 그것이 끝이 아니라 입국 후에도 챙겨할 서류가 많았습니다. 저의 경우 한국어, 영어, 아랍어의 3개 언어로 공증받은 결혼증명서와 함께 각종 서류의 복사본을 차 안에 비치해두고 다녔습니다. 리야드의 컴파운드를 출입할 때 이 서류들을 다 요구하기 때문입니다. 아라비안 하우스 컴파운드처럼 복사본을 용인하는 곳도 있지만 대부분의 컴파운드에서는 원본을 요구합니다. 원본에는 날짜와 함께 스폰서 회사의 이름, 책임자, 담당자 등의 사인, 도장, 때로는 스탬프를 요구했고 복사할 때는 복사한 날짜도 적어서 서너 달 이상이 지난 복사본은 인정하지 않았습니다. 꼼꼼한 남편은 매달 신분 증명과 결혼 증명 서류를 복사하고 대학 행정실의 도장을 받으러 다녔습니다. 사우디에서 문화생활을 즐길 곳은 유일하게 쇼핑몰과 서양식 식당이 있는 컴파운드였고 그곳을 드나들려면 신분조회를 위해 신원서류를 보여주어야 했기 때문입니다.

사우디에는 13개의 행정구역이 있고 인구의 60% 이상이 리야드, 마카, 동부지역에 몰려있지만 수도인 리야드는 지형적으로 사막 한가운데에 위치해 있어서 다른 도시지역에 비해 문화가 한층 단조롭습니다. 바깥에서 누릴 문화 행사가 없으니 컴파운드 안에서 자족생활이 가능하도록 다양한 편의시설이 갖추어져 있습니다. 다행히도 사우디의 많은 회사들이 집을 제공하고 있었지만 킹덤이나 아리조나 컴파운드는 대기자 명단이 길었고 버넬이나 살와 컴파운드는 미국과 영국의 보안관련 회사 전용이라 들어가고 싶어도 제한이 많았습니다. 리야드에 오래 산 외국인들에게 인기있는 컴파운드는 함라, 와디, 아라비안 하우스였고 이런 곳들은 기본적으로 일반 주택에 비해 3배

이상 비싸고 일 년 이상 선금을 미리 줘야 했습니다. 저희는 대학에서 제공한 아파트에 살아야 해서 주거선택의 자유가 없었습니다. 사우디의 문화속에서 살아남기가 디큐에 사는 외국인들, 특히 저 같은 외국인 여성, 아시아 여성에게는 사우디에서 통과해야 하는 과제였습니다.

외국인 컴파운드는 사우디 현지인의 입주를 허용하지 않아 이슬람문화의 강제적 규범에서는 자유로웠지만 그만큼 완벽하게 고립되어 있었습니다. 방문 목적이 분명해야 하고 아는 사람이 살고 있지 않는 한, 이웃 컴파운드 방문은 이루어지기 힘듭니다. 관리실에서는 방문자의 친구나 지인으로부터 연락받은 대로 그날의 방문자 리스트를 만들고 이름이 다르면 입장이 거부됩니다. 버넬 컴파운드에서 달리기 하던 날 아침 7시에 달리기 복장을 하고도 출입을 거부당하기도 했습니다. 달리기 클럽에 적힌 제 영어이름인 Wan Holland와 여권이름인 Kim Jung Wan이 달라서 되돌아가야 했던 일도 있었고, 아이리시인인 존은 은행에서 통장 개설이 거부되었습니다. 학교에서 은행으로 보낸 서류에 그의 직업은 English instructor였는데 정작 존은 은행에서 English teacher라고 쓴 서류를 제출했기 때문이었습니다.

디큐에서는 사소한 정보마저 공유되지 않았습니다. 디큐 안에 입회비가 비싼 알마나힐 말고도 공공체육관이 있다는 소식을 뒤늦게 알고 등록하러 갔는데 체육관 등록 절차가 그리 복잡할 줄 몰랐습니다. 외교관이 아닌 일반회원을 받지않기 위해 애쓰는 듯한 인상을 받았습니다. 입회서에 붙일 사진의 크기를 갖고 한 달을 오라 가라 하더니 스폰서용 서류에 도장을 찍어오라, 사인을 받아오라며 퇴짜를 놓았습니다. 결국은 등록을 포기했지만 저희는 반드시 회원 등록을 성사시키고야 말겠다는 다짐이 결연했습니다. 크기가 각각 다른 증명사진을 준비하고 서류는 원본과 복사본의 날짜까지 확인하고 비장한 마음으로 집을 나섰습니다. 창구에 선 남편이 자신 있는 태도로 어느 사진을 원하느냐며 종류별로 내미니 직원이 아무거나 덥석 잡더니 '마피 무시킬라' 합니다. 사진 크기로 트집잡더니 결국에 증명사진 크기와 아무 상관이 없다는 말입니다. 남편이 사무실 구석에 앉아있던 제게 엄지를 치켜듭니다. 그러나 문제는 또 있었습니다. 현금을 준비했는데 현금은 안 받는다고 합니다. 지난 번 방문 때 입도 벙긋하지 않던 말까지 합니다. 카드결제만 된다면서 내일 다시 오라합니다. "아니다" "집에 가서 바로 카드 들고 올 테니 기다려다오." 하룻밤에 세 번의 방문을 하는 우여곡절 끝에 드디어 공공체육관의 회원이 되었습니다. 저희들의 회원가입 소식을 들은 롭은 그렇게까지 해서 체육관에 다니고 싶은 마음은 없다고 했지만 제가 직장 없이 집에만 있기에 스타벅스 말고도 갈 곳이 필요했고 절박함이 있었기에 속 터지는 과정을 통과할 수 있었습니다.

돈 내고 체육관 등록하는데 무슨 절차가 그리 복잡한지를 아는 사람은 또 있었습니다. 캐나다 대사관의 외교관 부인인 캐롤이 대사관 차량 운전기사들의 체육관 회원 등록을 위해 물심양면으로 노력했지만 성사시키지 못했습니다. 운전기사들은 체육관을 이용하지 못한다는 공식 이메일을 마지막으로 받고, 사우디에는 절대 넘을 수 없는 벽이 있음을 확실하게 알았다고 했을 때 미국인과 프랑스인을 차등대우한다며 불평하던 실비가 떠올랐습니다. 캐나다인 캐롤과 프랑스인인 실비가 서양인에 대해 사우디가 행하는 인종차별을 운운하는 것을 듣고 있자니 한국 여자는 인종차별이라는 말의 정의가 무엇일지 가늠하기 애매했습니다. 고국을 떠나면 다 차별받는다고 느끼는 것은 아닐지 모르겠습니다.

결혼식도 서류를 미리 작성하고 시작하지만 장례식마저도 처리해야 할 서류에 치어 간단하지 않았습니다. 로저가 세상을 떠나자 아내 켈리는 스폰서인 남편 없이는 아무것도 할 수 없는 사우디의 행정과 매일 부딪히다가 3주 후에야 남편의 시신과 함께 사우디를 떠날 수 있었고 코디는 남자이지만 또 다른 문제에 부딪혀야 했습니다. 아내 라일라가 투병 중이었을 때 미국에서 의사로 있던 라일라의 오빠가 아픈 여동생을 보기 위해 사우디에 왔을 때 저녁식사에 초대받았습니다. 35년 만에 만난 오빠와 여동생은 음식을 앞에 두고 서로 눈만 껌벅거렸는데 차라리 울었으면 좋겠다는 생각이 들었습니다. 입 안에서 밥알이 한 톨 한 톨 돌아다니던, 피하고 싶은 식사였습니다. 사랑하는 사람을 두고 떠나는 일은 서로에게 슬픈 일이었습니다. 투병 중이던 라일라의 퉁퉁 부은 발목을 마사지 해주면서 암으로 돌아가신 어머니의 거친 발을 한 번도 안마해 주지 못했음이 기억났습니다. 라일라는 오빠의 방문을 받고 한 달 후 세상을 떠났지만 라일라의 사망신고가 거부되었습니다. 이까마 없이는 사망신고를 할 수 없는 규정 때문이었습니다. 라일라가 오랜 투병생활을 하다 보니 제때 이까마(외국인등록증)를 갱신하지 못했고 문제는 이까마 갱신은 본인이 와서 해야 되는데 이미 저 세상으로 간 라일라가 할 수 없는 일이기 때문입니다. 그런데도 불구하고 행정상 예외가 없다며 사망신고를 받아주지 않았습니다. '죽은 사람을 깨워서 이까마가 만기되었으니 갱신하고 가라고 해야 할 판'이라고 말하는 코디의 눈에 고인 눈물을 보았습니다. 우여곡절 끝에 라일라는 세상을 떠난 지 한 달 후에야 사우디를 떠났습니다. 30년 전 이집트를 떠나 사우디에서 27년을 살다가 결국 아이리시 남편의 고향인 더블린에 묻히는 한 여인을 보니 태어난 곳으로 돌아가는 일도 때론 쉬운 일이 아니었습니다.

사우디에
입문하다

무조건
하루에 5번

　　사우디에 온 첫해에 로리 부부와 해리 부부와 함께 하프 문 베이(Half Moon Bay)라는 휴양지에 놀러 갔습니다. 고속도로에 주유소가 많지 않기 때문에 주유소를 보자 무조건 정차했는데 사막 한가운데의 생뚱맞은 작은 건물에서 음료와 스낵을 팔았습니다. 모스크 옆에 있는 여자 화장실에 들어서는데 입구에서부터 화장실 냄새가 진동합니다. 사방이 물 범벅인 바닥이라 긴 아바야를 젖지 않게 두 손으로 걷어서 허리춤에 넣고 미끄러지지 않게 조심스럽게 걸었습니다. 사우디는 화장실에서 휴지를 쓰지 않고 호스로 나오는 물로 뒤처리를 하니 당연히 휴지통도 없습니다. 리야드 시내의 쇼핑몰

화장실에는 항상 청소부가 대기하고 있다가 한 사람이 사용하고 나면 바로 대걸레질을 해주기 때문에 화장실이 깨끗하지만 시내를 벗어나면 화장실에 대기하고 있는 청소부가 없고 관리가 안 됩니다. 쪼그리고 앉는 재래식 화장실이었는데 오물이 나와 있기도 하고 생리대나 기저귀 종이가 제대로 접혀지지도 않은 채 내용물을 다보이며 나뒹굴었습니다. 호스 대에 끼어져 있어야 할 가느다란 호스는 줄이 꼬여 뒤집힌 채 바닥에 드러누워 있어서 들어가고 싶지가 않았습니다.

전쟁터 같은 화장실과 같은 입구를 쓰는 방이 하나 있었습니다. 여자는 모스크에 가서 기도할 수 없기에 마련된 여자 기도실이었습니다. 구역질이 날 정도로 더러운 재래식 화장실 입구, 오물과 쓰레기로 가득 찬 화장실 바로 옆에 붙어 있는 작은 방. 도저히 무시할 수 없는 악취에 개의치 않고 열심히 기도하는 사람들이 그 방에 있었습니다. 형이하학적인 냄새 따위는 형이상학적인 기도에 아무런 영향을 주지 않는 듯이 기도방 앞에 벗어놓은 신발이 늘어났습니다. 문턱이 낮아 화장실 바닥의 물이 기도방의 카펫으로 슬며시 스며든 듯 카펫의 끝부분이 너덜거리며 젖어 있었습니다. 열린 문틈으로 기도방 안의 모습을 쳐다보려던 왕성한 호기심마저 견디지를 못해 아바야를 목까지 올리고 뛰쳐나왔습니다. 남자화장실도 마찬가지인지 플로리언은 선글라스가 화장실 바닥에 떨어졌는데 주우려다가 아예 선글라스를 버리고 나왔다고 합니다. 로리는 아예 화장실을 가지 않고 아침부터 참고 있다고 합니다. 일행 모두가 같은 심정이어서 아예 고속도로 길가에 차를 세우고 차례로 볼 일을 보았습니다.

디큐의 찻집, 랑데부의 야외의자에 앉아 있던 어느 저녁이었습니다. 갑자기 옆 테이블의 아바야 여인이 일어나 조용히 신발을 벗었습니다. 저희가 차 마시는 테이블 바로 옆에서 기도를 시작하였습니다. 공공장소에서 기도하는 모습이 자연스러운지 그 풍경을 유심히 쳐다보는 이도 없습니다. 어른뿐 아니라 롤러스케이트 타던 어린 꼬마도 갑자기 스케이트화를 벗었습니다. 양말을 신은 채로 저희 테이블 뒤로 걸어갔습니다. 메이드가 깔아준 매트 위에 선 꼬마가 기도를 시작했습니다. 무슬림 신자가 아닌 사람은 기도하는 사람을 쳐다보지도 말라고 하지만 거리의 밤하늘을 향해 기도하는 어린 소녀의 기도는 제 시선을 오래 사로잡았습니다. 길이든 계단 밑이든 다른 사람 밥 먹는 테이블 옆이든 그곳이 어디이든 기도는 진행되었습니다.

슈퍼에 늦게 도착하거나 쇼핑이 길어져서 기도시간 전에 간신히 계산대에 도착할 때면 1분이 소중하고 마음이 급해지는데 정작 계산원은 느긋해집니다. 기도 소리가 나면 계산도 즉시 멈추기 때문입니다. 돈만 내면 되는데, 돈을 받아주지 않으니 계산 안 된 물건을 들고 나올 수 없고, 배달이라는 말이 존재하지 않으니, 기도시간이 끝날 때까지 기다리는 일 외에는 선택권이 따로 없습니다. 바쁠 때면 계산대에 쇼핑 물건을 놔두고 그냥 집에 와버리기도 했고 기도시간에 미리 가서 닫힌 문 앞에서 기다렸다가 기도시간이 끝나자마자 슈퍼에 들어가기도 했고 일부러 기도시간에 매장 안에 갇히기도 했습니다. 기도시간이 되면 나가는 대신에 선반 뒤에 숨어 있다가 모두가 사라진 매장에서 여유 있게 시장을 보기도 했습니다. 그것도 인샬라. 슈퍼마켓마다 다르고 매장마다 달라서 대부분은 빈 매장에서 무조건 나가야 합니다. 기도시간에 걸리면 돈이 있고 시간이 있어도 물 한잔 마실 수 없는 나라에 살면서 생긴 강박증은 휴가 때조차도 따라다녔습니다. 하루에 5번 기도한다는 말을 듣고 저의 반응은 단순했습니다. "잠은 언제 자나?" 그것이 궁금했습니다. 기도시간은 고정된 시간이 아니라 해와 달의 뜨고 지는 시간에 따라 매일 1분에서 7분 정도씩 빨라지거나 느려지는데 일상생활 속에서 매번 정확한 시간에 맞추어 기도 시간을 피한다는 일이 쉽지는 않았습니다.

마카의 카바 신전을 향해 예배를 드리는 의식은 예외가 없습니다. 가게에는 코란과 기도 매트가 가지런히 놓여 있고 벽에는 마카의 방향을 표시한 스티커가 붙어있습니다. 가게 앞에 진열된 물건은 기도시간이 되면 물건을 다시 매장 안으로 넣었다가 기도 끝나면 다시 복도매장에 재진열합니다. 하루 다섯 차례의 기도는 새벽의 파지르(Fajr), 정오의 더하르(Dhuhr), 늦은 오후의 아시르(Asir), 일몰의 마그레브(Maghreb), 해지고 나서 하는 마지막 기도, 이샤야(Isha)가 있습니다. 예배시간이 되면 무왓진(Muazin, Meuezzin)이라고 불리는 사람이 모스크의 종탑에 올라가서 마카를 향해 소리 높여 외치고 이 소리는 확성기로 울려 퍼집니다. 기도시간은 샬라(Salah)라고도 부르는데 보통 30분에서 1시간 걸립니다. 하루에 5번씩 때맞춰 나라 전체에 기도소리가 울려 퍼지고 온 국민이 하던 일을 중지하고 기도로 단결되는 나라, 일상의 모든 동작을 접고 오직 기도하기 위해 삼삼오오 모스크 쪽으로 옮겨가는 발걸음의 행렬은 경이롭습니다.

디큐에 14개의 모스크가 있다는데 3년여 동안 2개 모스크 정문을 봤으니 제가 알지 못하는 12개의 모스크가 디큐 구석구석에서 기도소리를 내었을 터입니다. 세상을 삼킬 듯한 큰 소리가 디큐 하나쯤 휘두르는 것은 쉬운 일임에 틀림없습니다. 기도소리는 아잔이라고 부르는데 이슬람교들이 하루 다섯 번의 기도예배(salat)를 시작한다는 신호입니다. 일종의 찬트를 부르는데 무아진이라는 사람들이 매일 기도시간 전마다 큰소리로 낭송합니다. 개인적으로 예멘의 사나에서 들었던 아잔 소리는 오래 기억이 납니다. 숙소 근처의 모스크에서 사춘기 이전의 소년의 목소리를 썼는데 처연하게 아름다웠습니다. 아잔은 전통적으로 모스크에 있는 첨탑 꼭대기에서 육성으로 외쳤지만 지금은 스피커로 대체되어 모스크가 가까운 지역은 서로 경쟁이라도 하듯 소리를 높입니다. 아랍을 처음 여행할 때는 아잔 소리가 신기하여 녹음도 해보고 앞에 펼쳐진 풍경을 감상도 했지만 하루 5번 꼼짝없이 아잔 소리에 묶이게 되면 고통을 느낄 수도 있습니다. 특히 새벽녘에는 잠을 깨기 때문에 더욱 그렇습니다. 모스크 옆에 살았던 카알은 기도소리 때문에 노이로제에 걸렸다고 하는데 기도소리가 나면 사우디인들이 보든 말든 아잔소리를 듣지 않기 위해 양쪽 귀를 틀어막고 어린아이처럼 혼자서 '아, 아, 아' 소리를 내어 함께있는 사람들을 당황케 만들기도 했습니다.

하루 5번의 기도시간은 사우디에 사는 외국인에게는 영원히 적응이 되지않는 듯 합니다. 기도시간이 임박해서 슈퍼마켓에서 막 나오는데 쇼핑진열대 앞에서 덩치 큰 서양 남자가 소리를 지릅니다. 절규하듯이 외칩니다. 아이들과 아내와 함께 온 가족입니다. 계산대에 쇼핑한 물건이 올려져 있는 것으로 보아 물건을 올리는 것을 보면서도 아무 말 않던 계산원이 아무런 예고도 없이 "할라스, 샬라(Halas, Salah, 끝, 기도시간 시작)"하면서 순식간에 계산대를 닫아버리니 불같이 화가 난 것 같습니다. 뒷줄 사람들은 계산대가 닫힌 줄도 모르고 여전히 줄을 서서 기다리고 있습니다. "할라스(Halas)." 끝이라는 소리입니다. 기도시간(샬라)이 되려면 아직 5분 정도 남았는데도 손님들이 화가 나거나 말거나 "샬라 타임"은 모든 것을 면제해 줍니다. 계산원과 경비원들은 오히려 실실 웃으며 구경하고 있습니다. 사우디에 살면 누구나 한 번은 겪는 신고식 같은 절차라서 그런 모습을 볼 때면 쓴 미소가 납니다. '저 사람, 온 지 얼마 안 되었구나.' 가게의 모든 문이 닫히고 종업원도, 청소부도 사라진 쇼핑몰의 복도에 남아 한두 번 낙심하면서 사우디의 생활에 적응이 되어갑니다. 건물 바깥의 좁은 잔디밭에는 남자 종업원들과 여자들을 태우고 다니는 운전기사들로 빈자리 없이 꽉 찹니다.

기도하기 위해 모두가 모스크로 달려가는 것은 아니었습니다.

기도시간이 가장 번거롭게 여겨지는 때는 옷을 쇼핑할 때입니다. 사우디의 여성복 매장에는 피팅룸이 없기 때문에 주로 화장실에서 입어 보는데 대형 쇼핑몰 같은 경우에는 화장실과 같은 문을 쓰는 방에서 옷을 입어 볼 수 있도록 해두어서 편합니다. 하지만 이 경우도 쉽지만은 않습니다. 그 이유는 대부분의 화장실이 쇼핑몰의 복도 끝인데다가 남자화장실과 여자화장실이 따로 위치해있어서 어느 쪽이 여자화장실인지 먼저 알아두는 것이 중요합니다. 그렇지 않으면 긴 복도 끝과 끝을 왕복해야 하기 때문입니다. 아바야를 입고 벗는 자체도 번거롭지만 화장실에 옷 입어보러 가는 사이에 기도시간이 시작되면 가게가 문을 닫아버리기 때문에 기도시간을 미리 아는 일이 중요합니다.

기도시간은 절대적이어서 병원, 은행, 관공서는 물론 모든 건물의 일이 '정지!'되었고 건물 바깥도 마찬가지였습니다. 중고차를 사기 위해 차 시장이 있는 변두리 마을, 나심(Nashim)에 갔습니다. 중고차를 사기 전에 남편의 제안으로 주행테스트를 할 기회를 얻었습니다. 남편이 운전하고 카센터 아저씨가 동승했습니다. 남자들이 모여 차량 경매를 하는 소란한 곳을 피해 일방통행 외길로 들어서는데 앞차가 갑자기 섰습니다. 시동을 걸어둔 채로 뛰쳐나온 운전자가 앞뒤 좌우를 돌아보지도 않고 무단으로 길을 건너 모스크로 뛰어들어갑니다. 말을 붙일 겨를도 없었습니다. 남대문시장 같은 좁은 도로에서 앞차가 서버리니 돌릴 곳이 없어 후진으로 좁은 길을 빠져나오고 있었습니다. 그런데 입구에도 운전자 없는 차 한대가 가로막고 있습니다. 카센터 아저씨도 모스크에 갈 셈인지 가게에서 보자며 내리니 운전대를 잡은 남편이 난감해합니다. 모스크 앞에서 영국 남자와 한국 여자는 사우디 운전자들의 기도가 끝날 때까지 처음 가본 나심의 중고차 시장 골목을 지켜야 했습니다.

시간관념 또한 기도시간을 중심으로 돌아갑니다. '오후 3시에'라는 말 대신에 '이사야(Isya) 전에' 오라고 하면 짜증이 났습니다. 이사야가 뭔지도 모르는데 이사야가 언제인지 알아야 하니 하루 5번의 기도시간에서 자유로울 수가 없었습니다. 어느 순간이 되면 기도시간에도 적응이 되고 자연스럽게 받아들일 때가 오리라 믿어보았지만 하루 다섯 번의 기도시간은 언제나 낯설었습니다.

낯설기는 인샬라(Inshalla)와 함께 마피 무시낄라(Mafi Musikila)도 마찬가지였습니다. 모든 일은 '알라의 뜻'으로 결정된다는 '인

살라'와 `No Problem'이라는 뜻인 '마피 무시낄라'는 내용의 원초적인 순수성을 떠나 소통의 한계를 절감하게 했습니다. 잘못되어도 알라의 의지일 뿐 내 책임은 아니라고 미리 합리화를 하고 일을 시작하는 듯한 인상조차 줍니다. 상대방의 말에 귀 기울이지 않고 일방적으로 앵무새처럼 반복해서 읊조리는, 늘어진 후렴 같은 만트라와 매 순간 마주쳐야 할 때면 아무도 없는 고원에 홀로 올라가 침묵수행이라도 하고 내려오는 게 차라리 속이 편할 것 같았습니다. 인생사에서 가장 확실한 것은 미래의 불확실임을 모르는 바 아니지만, 인터넷을 설치하러 오는 일도 현관문의 벨을 고치는 일도 다음 달에 수출입 계약을 할 것도 모두 운명이었습니다.

코트라(대한 무역투자 진흥공사, KOTRA)와 만나면서 비즈니스 상담 통역을 시작했습니다. 사우디에서는 여성의 경제 활동이 제한되고 주로 간호사나 교사 외에는 취업비자가 없었습니다. 그러다보니 직장이 없이 시간을 보내고 있었지만 위기가 기회가 되어 한국에 있을 때는 미처 생각해보지 못한 일들에 도전할 수 있는 기회가 생겼습니다. 비즈니스 상담도 그 중의 하나였습니다. 사우디에 가기 전에는 전혀 상관없는 분야였던 비즈니스에 관심을 갖게 되었고 일 년에 한두 번이었지만 한국과 사우디의 비즈니스 문화를 성찰할 수 있는 의미 깊은 시간들이었습니다. 자료 전달하고 프리젠테이션 되풀이하고 첫 만남에서는 하지 않는 가격협상까지 하면서 지대한 관심을 가진 업체와 상담 후 '내일 다시 연락하자'고 하면 '인샬라' 합니다. 공든 탑이 무너지는 느낌이 확 듭니다. 상담 내용 자체가 흔들거리면서 된다는 말인지 안 된다는 말인지 멍해집니다. 상대방이 짓는 미소를 보면 더욱 오리무중이 됩니다. 책임지는 자만이 답을 할 수 있는 비즈니스의 속성을 감안한다고 하더라도 비즈니스에서는 참으로 맥 빠지는 일이었습니다.

휴대폰의 스팸 문자가 10분 간격으로 왔습니다. 어디에 도움을 요청할지 몰라 통신사에 전화했습니다. 아랍 말을 거치고 거쳐서 겨우 영어를 알아듣는 부서와 연결되었나 했더니 남자 직원들이 돌아가면서 받습니다. 흥분한 부서의 분위기가 전화선을 통해 들리고, 여자 목소리와 인사를 나누는 것만으로 사무실은 축제인듯 소란하기 그지없습니다. 여자를 성적으로만 이해하는 현실 속에 살고 있음을 스스로 재확인한 노박함을 질책하고 전화를 끊으며 씁쓸했습니다.

서양인 남편을 앞세우고 휴대폰 사무실을 방문했습니다. 대체로 사우디인들은 서양인에게 공손해서 적극적으로 문제를 해결해주기 위해 나름대로 노력하기 때문입니다. 또 공공장소에서는 여자가 나서지 않을 뿐만 아니라 아예 여자가 없습니다. 사무실에 여자 화장실이 아예 없는 이유입니다. 스팸문자를 보여주니 "마피 무시낄라." 컴퓨터 화면을 보려고 회전의자를 돌리려다가 갑자기 오른손의 손가락을 한 곳에 모아서 아래위로 흔듭니다. 잠시 기다리라는 아랍식 손짓입니다. 대화를 시작해놓고 말없이 사라집니다. 기도시간이 다 되어서 미리 가야 한다는 것입니다. 그리고 30분쯤 지나니 다른 직원이 컴퓨터에 앉습니다. 무슨 일이냐고 묻고 다시 남편은 처음부터 찾아온 이유를 설명합니다. 잠시 후 해결되었다며 악수를 청합니다. 벌써 서너 번째의 악수입니다. "땡큐" 하고 돌아서 나오는데 다시 스팸문자가 옵니다. '내일 다시 오자'는 남편의 손을 뿌리치고 이미 흥분한 저는 테이블로 곧장 되돌아갔습니다. 그 사이 담당자가 또 바뀌었습니다. 또다시 처음부터 설명해야 할 판입니다. 그에게는 처음이기 때문입니다.

　"금방 처리했다더니 해결한 게 맞느냐?" "마피 무시낄라." 동문서답의 대화에서 오는 절망감이 저의 입을 막았습니다. '네게는 무시낄라(Problem)일지 모르지만 내게는 마피 무시낄라(No problem)다'라고 하는 것 같았습니다. 소통이 그리웠습니다.

텅 빈 소통을 하면서 텅 빈 거라도 한 번 더 확인하려 했던 저의 소심함에 속이 상했습니다. 매일 매일 테러로, 전쟁으로, 기아로 죽어가는 세상에 이까짓 휴대폰 스팸문자 하나, 아무것도 아니라고 스스로 위로를 하며 사무실을 나섰습니다. 인샬라와 마피 무시낄라를 겪은 후에 저의 생각과 시선이 약간은 깊고 웅숭깊어졌기를 감히 바라보았습니다.

아바야와
도우브

　　얼굴을 가리는 니캅과 머리를 가리는 히
잡을 쓰기 시작할 때 여자는 세상에 대해 메시지를 던집니다.
첫 생리의 시작을 알리면서 여자의 인생을 시작합니다. 어린
아이들은 5~6살까지는 색깔 있는 아바야나 보통의 서양식 옷
을 입지만 대부분 초등학교에서부터 검은색 아바야를 입습니
다. 일부 사우디의 부모들은 아이의 생리와는 상관없이 무조건
검정 아바야를 입힙니다. 어린아이 옷을 입지 못하고 검정 아
바야에 일찍 갇혀버린 대여섯 살 난 여자아이의 모습은 안쓰
럽습니다. 어린아이들은 얼굴을 내놓고 다니지만 생리가 시작
된 여자아이들은 얼굴을 가립니다. 장난감 코너의 바비 인형도

검은색 아바야에서 자유로울 수 없고 교과서의 삽화에 나오는 여자어린이도 아바야를 입고 있습니다. 간호사도 아바야를 입고 얼굴을 가렸습니다. 영국인 친구 케빈은 아내 사라가 아기를 낳자마자 아이의 육아를 위해 직장을 그만 두고 전업 남편이 되었습니다. 전업 남편이 된 케빈이 에린을 데리고 첫 예방 접종을 한 후에 에린에게 트라우마가 생겼다고 했습니다. 케빈의 분석에 의하면 접종 후 에린이 하루 종일 운 이유는 주사바늘의 아픔보다는 까맣게 뒤집어 쓴 검은 물체의 접근으로 공포를 느꼈기 때문이라고 했습니다. 에린이 두 번째 예방 접종하던 날은 케빈이 병원의 각 병동에 일일이 전화해서 얼굴을 가리지 않은 필리피노 간호사에게 부탁했습니다.

아랍여인의 외출복은 아바야(Avaya)라 부르는 긴 드레스와 베일입니다. 베일은 머리와 어깨선을 가리는 목적으로 나라와 종교적 성향에 따라 부르카(Burka), 니캅(Niqab), 히잡(Hijab), 차도르(Chador), 샤일라(Shayla) 등으로 다양하게 불립니다. 사우디 여인의 기본 의상은 아바야와 함께 눈을 제외한 전신을 다 가린 니캅과 얼굴만 내어놓은 히잡이었습니다. 히잡만 쓰는 경우는 흔하지 않지만 히잡이든 니캅이든 차도르 형태의 긴 베일로 몸을 가렸습니다. 무슬림이 아닌 외국인 여성은 차도르 없이 아바야와 히잡을 써야 했는데 많은 경우 머리를 가리지 않고 다녀서 무타와의 단속 대상이 되었습니다. 니캅은 두 종류로 이마와 코밑을 가리고 코와 입을 보여주는 스타일이 있는데 이 경우는 주로 나이 많은 여자들이 착용합니다. 젊은 여성들의 니캅은 눈 부분 따로 입 부분 따로 되어있고 각각은 귀 뒤로 묶습니다. 음식이 입으로 들어가는 순간 커튼을 올리고 음식을 씹는 동안 커튼을 내립니다. 비행기에서 사우디 여인이 옆에 앉으면 성가셨습니다. 그러지 않아도 좁은 의자인데 기내식을 먹는 내내 입 부분을 가로막는 니캅을 오르내리기 때문입니다. 패밀리 섹션 안에서도 니캅에서 자유롭지 못하다보니 아이스크림을 먹을 때 커튼을 내리는 속도를 못 맞추어 아이스크림 윗부분이 댕강 떨어지는 모습이라도 지켜볼라치면 니캅을 젖혀주고 싶은 오지랖이 생기곤 했습니다.

니캅을 쓸 때 드러나는 눈 부분에는 선택이 있었습니다. 부르카처럼 눈 부분을 검은 자수 무늬 천으로 막기도 하고 얇은 천으로 아예 얼굴 전체를 한 번 더 가리기도 하지만 보여줄 수 있는 거라곤 눈뿐이니 전반적으로 눈 화장술이 굉장히 발달되어 있습니다. 양 눈을 동시에 볼 수 있는 형태이든, 눈 사이에 기둥이 있어 한 눈씩 보여주는 형태든 간에 인조 속눈썹은 한국의 네일 아트만큼 인기가 있습니다. 알마나힐에서 알게 된 리나는 인조 속눈썹을 4일마다 갈아주었는데 아랍여인 특유의 왕방울만한 눈에 총천연색의 완벽한 눈 화장과 빨간색 립스틱이 검은 베일 천 사이로 카리스마를 내뿜었습니다. 2008년에 무타와 위원회는 사우디 여자들의 눈 화장이 갈수록 요염하고 관능적임을 뒤늦게 알고 두 눈을 한꺼번에 보이지 말고 눈 사이에 경계를 쳐서 한 번에 한 눈만 보이는 베일을 쓰라고 요구하기 시작했습니다. 마스카라와 색조화장에 법의 잣대를 갖다 대고 눈금을 헤아리는 종교경찰은 참 할 일이 다양해 보입니다. 한여름 날씨에 손목을 가리는 까만 장갑과 까만 핸드백, 까만 양말과 까만 신발을 신고 마지막으로 진한 향수를 뿌리면 아바야 패션이 완성됩니다. 리나의 표현대로 화장한 눈은 말이 없어서 강한 향수를 뿌려서 자신을 알리는 것이고 그렇게 하지 않으면 누구의 눈에도 띄지 않는다고 말해줄 때 사우디 젊은 여성의 향수중독을 이해했습니다.

남편과 함께 슈퍼마켓에서 장을 보고 있었습니다. 야채 코너 바로 옆의 생선 코너에 서 있는 남편이 두리번거리는가 했는데 갑자기 전화벨이 울립니다. "어디 있어?" "야채 코너 앞에" 주변이 모두 아바야를 입고 있으니 제가 어느 아바야인지 모르겠다고 합니다. 얼른 보면 비슷한 아바야 같아 보이지만 자세히 보면 사실 디자인이 똑같은 아바야는 보기 힘듭니다. 아랍국가 중에서 가장 보수적인 스타일을 고수하는 사우디이지만 해마다 아바야 패션은 눈에 띌 정도의 변화가 있었습니다. 아바야 위로 브로치나 큰 목걸이 같은 액세서리를 하는 것이 금지되어 있습니다. 여성의 의복에 가해지는 종교의 간섭을 그들은 기꺼이 받아들입니다. 대신에 사우디 여성들은 멋을 내기 위해 다른 방법을 사용합니다. 사우디의 다이아몬드라 불리는 반짝이는 세퀸(Sequin), 자수, 크리스탈, 큐빅으로 등판과 소매 끝에 멋을 부리고 색색의 스파클(Spankle)로 장미꽃이나 기하학적인 무늬를 수놓습니다. 재질은 부드러운 실크가 선호되어 바람이 조금이라도 불라치면 아바야의 앞부분이 부드럽게 흔들리기도 하고 레이스나 리본 등을 이용해 귀여운 느낌을 주기도 합니다. 일본의 전통의상인 기모노를 접목시킨 디자인도 한때 유행했습니다. 겉은 단순하지만 안감을 분홍색 벚꽃무늬 천으로 마감해서 움직일 때마다 벚꽃이 사방에 흩날리는 디자인도 나돌아 다녔습니다. 버버리와 샤넬, 구찌, 미키 마우스와 헬로 키티의 캐릭터까지 사람들의 지갑을 열게 하니 기모노도 아바야 산업에 가세했겠지만 우리나라의 한복을 아바야에 접목하는 패션이 나올까 지레 걱정이 되었습니다.

디자인이 점차 대담해지면서 앞부분의 단추가 사라지고 가운처럼 여미게 만들어 아바야 안의 몸매를 보여주었는데 그럴 경우 형광빛 도는 핑크나 보라 등 강렬한 색상으로 테두리 선을 굵게 덧대었고 노란색이나 오렌지색의 호피무늬를 안감으로 사용하기도 했습니다. 안감을 보이게 하면서 바깥은 바깥대로 얇은 실크로 덧댄 듯한 시스루패션 또한 변화의 물결속에 있었습니다. 전형적인 아름다움뿐만 아니라 짙은 스모키 화장에 아방가르드 풍의 전위적인 펑키머리를 살짝 드러내 보이는 여인의 야성미도 등 뒤의 장미 문신과 함께 포효하고 있었습니다. 피부 색깔의 스키니 진과 빨강 하이힐을 신는 것이 첨단 유행이었고 안과 밖을 완벽히 갖춰 입는 여성도 있지만 파자마를 입고 아바야를 걸치고 다니는 여성도 적지 않아서 로리가 일하던 학교에서는 학생들에게 교실에서 아바야를 벗도록 지시했습니다. 하늘색 구름무늬의 잠옷 위에 아바야를 걸친 여학생이 늘어났기 때문입니다. 패션의 극과 극이 공존하였습니다.

히잡과 니캅으로 다 가리면 앞이 보일까 하는 저의 걱정은 기우여서, 머리 두른 히잡으로 얼굴을 감싸고 검은 색 선글라스를 씁니다. 실내에서도 선글라스를 벗지 않습니다. 눈마저 가린 아바야와의 만남은 사실 인간관계의 불공정 만남이었습니다. 한 사람은 모두를 가리고 다른 한 사람은 모두를 보여주는 만남입니다. 신앙이 독실한 여성일수록 많이 가린다는 식의 사회적 압력이 있는 것도 현실이었습니다. 아바야를 갖추어 입으면 사우디의 사회에서 최하층 단계인 메이드가 아니라는 확신을 주어 때로는 아바야가 작은 권력이 되었습니다. 사회 규범의 보호가 지나치게 당연시 되어서인지 주차장에서 차가 지나가도 멈추지 않고 길을 건너는 예가 허다했고, 화장실이든, 병원이든, 커피 주문대이든, 늦게 와서도 당연한 듯 새치기하는 아바야와 슈퍼마켓에서 계산 후에 계산대에 물건을 담아주는 사람이 없으면 담아주는 사람이 와서 담아줄 때까지 구입한 물건에 손가락 하나 까딱하지 않고 기다리는 아바야도 흔히 볼 수 있습니다. 싼 노동력으로 두세 명의 메이드를 두는 일이 가능한 사우디의 마담 지상주의 문화는 여성이 여성을 억압하는 또 하나의 다른 모습이었습니다.

사우디 남자들은 도우브(Thobe)라고 하는 하얀색의 전통의상을 입는데 목선과 앞여밈의 디자인으로 멋을 내는 긴 원피스로 안주머니가 양옆에 있습니다. 남자머리의 장신구는 따기야(Taquyah)와 슈마그(Shmagh) 그리고 이갈(Igal)이 한 세트입니다. 슈

여자들의 아바야(Avaya)와
남자들의 도우브(Thobe)

마그는 흰 바탕에 붉은 체크무늬 천이고 구트라(Ghutra)는 무늬 없는 하얀 천입니다. 사우디에서는 슈마그가 일반적이고, 특별한 때에 구트라를 착용합니다. 슈마그와 구트라 위에 따기야와 이갈을 걸칩니다. 머리카락을 고정하기 위해서 쓰는 따기야 위에 슈마그 스카프를 걸친 후 떨어지지 않게 하기 위해 이갈로 다시 한 번 더 마무리합니다. 이갈은 까만색의 둥근 링 같은 것입니다. 겨울에는 샬(Shaal)을 머리를 감싸는 스카프는 울입니다. 사막이나 산악 지방에 사는 사람들은 겨울이 시작되면 샬을 머리에 쓰는 신호로 여깁니다. 아랍권 국가의 남자들은 디시다샤(Dishdasha)나 칸두라(Kandura)로 불리는 가운을 입고 수단은 하얀 모자, 오만은 무늬 있는 모자 등으로 머리장식에 따라 제3국 노동자들의 국가가 구분되었습니다.

컴파운드에서 가끔 무늬 있는 도우브를 입고 다니는 아일랜드인 데클란은 도우브는 매우 위험한 옷이라고 우스갯소리를 했습니다. 소파에서 누워 있다가 일어나면서 무심코 다리 하나를 번쩍 들다가 치마폭이 좁은 바람에 허리를 다친 이야기를 해 주었습니다. 사막을 지나다보면 남자들이 무릎을 꿇고 볼 일을 보는 경우를 왕왕 보는데 원피스 길이가 길고 폭이 좁기 때문인 듯합니다. 사우디 바깥에서는 파랑, 노랑 등의 다양한 색상을 입기도 하지만 사우디에서는 거의가 흰색인데 고급 도우브는 백설처럼 하얀 색상에 실크재질입니다. 색깔 있는 슈마그 대신에 하얀색의 구트라를 걸치면서 하얀색 샤넬의 로고가 어깨 뒤 중앙에 오게 합니다. 대부분이 엄지발가락을 끼우는 국민 슬리퍼를 신지만 젊은 사우디인의 신발에서 프라다나 루이 비통의 로고를 보는 일은 어렵지 않습니다.

남편이 사우디에서 딱 한 번 사우디 의상을 입었는데 바로 비시트(Bishit)라고 하는 길고 헐렁한 가운입니다. 브라운 색 바탕에 소매와 가슴부분을 황금 자수로 장식한 옷으로 결혼식 같이 특별한 행사나 예의를 갖출 때 입습니다. 지금은 사망했지만 당시 투병 중이던 술탄 왕자가 미국에서 돌아왔을 때 대학에서 대대적인 환영 파티를 하면서 선물한 옷입니다. 전체 교직원에게 값비싼 옷을 맞추어 주는 대학교가 세계 어디에 또 있을지 알지 못하지만 격식 있는 자리에 입는 옷이라 그런지 귀티가 났고 남편과 롭은 무척 마음에 들어 했습니다. 품위가 있는 의상이지만 만약 여자의 아바야처럼 비시트나 도우브가 강제적인 법이라면 이 남자들이 어떻게 반응할지 자못 궁금했습니다.

외국인 남자와 달리 외국인 여자에 대한 드레스 코드는 엄했지만 다행히도 사우디인들이 입는 버키니(Burkini) 수영복을 입지 않아도 되었습니다. 사우디 여인들이 입는 버키니(Burkini)는 비키니(Bikini)와 비슷하게 들리지만 수영복 형태는 완전히 달라서 손가락과 발가락만 내놓고 온 몸을 가립니다. 재질은 라이텍스보다 신축성이 떨어지는 나일론 천이라서 보통의 수영복처럼 몸에 달라붙지는 않습니다. 목부터 발목까지 이어진 한 벌 옷이라 입고 벗기가 불편합니다. 머리까지 이어져서 머리카락을 가리는 형태가 있고 따로 수영모를 쓰는 디자인이 있습니다. 사우디들은 실내 수영장에서도 수영모를 아예 쓰지도 않지만 쓴다 해도 주로 긴 머리를 허리까지 늘어뜨리는 헤어스타일이라서 우리가 흔히 쓰는 수영모에 긴 머리가 다 들어가지 않습니다. 사우디 역사상 여성이 처음으로 출전한 런던 올림픽 경기에서 여자 유도 선수가 히잡 대신에 썼다고 비난받던 모자가 바로 버키니에 딸린 수영모와 매우 흡사합니다. 18세의 워잔 샤흐르카니(Wojdan Shaherkani)의 경기는 사우디에서 중계조차 되지 않았지만 올림픽 후에 보수주의자들이 그녀를 매춘부라고 부르며 비난한 이유는 몸에 달라붙는 의상으로 남자 앞에서 경기했기 때문이었습니다.

공공체육관에 있는 여자 수영장은 일주일에 세 번, 레이디즈 데이(Ladies day)에만 문을 열었습니다. 여자와 남자가 각각 수영장을 이용할 수 있는 날이 정해져 있고 남녀의 출입문은 진입도로마저 다릅니다. 여성은 남자 수영장의 정반대 방향 구석진 골목길에 위치한 여성 전용 쪽문을 이용합니다. 어느 날, 제가 수영장에 들어서자마자 호루라기 소리가 삑삑 나더니 '마담!' 소리가 풀장을 울렸습니다. 수영장 안전요원이 황급히 제게로 달려옵니다. 다짜고짜 제 팔목을 붙잡고 구석으로 밀치며 데리고 나갔습니다. 거의 끌려 나가면서도 영문을 몰라 "왜요, 왜?" "마담, Cover yourself." 아, 제가 수영복만 입었던 겁니다. 사우디에서는 수영장에서 수영복만 입으면 안됩니다. 허벅지를 가리기 위해 원피스 수영복의 경우 안이든 바깥에 7부 바지를 입어야하는데 제가 여름휴가 동안 사우디를 떠나있으면서 사우디의 문화를 잊어버렸던 것입니다. 사우디의 수영장에서는 무릎 위, 특히 허벅지가 보이면 바로 입장불가입니다. 운동할 때도 패인 셔츠로 가슴골을 보인다거나 딱 달라붙어서 가슴을 강조하는 것에 대해서는 아무런 제재가 없지만 바지가 무릎위로 올라오는 것은 철저히 감독합니다. 달리기용 바지도 무조건 무릎을 완전히 덮는 운동복을 입어야 합니다. 물론 아바야를 입고 운동하는 것은 허용됩니다.

알마나힐에는 헬스센터가 있지만 몸을 씻을 사우나 룸이

없고 남녀공용이지만 남자들이 주로 다니는 공공체육관에는 여성 헬스센터는 없지만 아주 작은 사우나 룸이 딸려있습니다. 4명 정도 앉으면 꽉차는 룸입니다. 수영장에 딸린 작은 사우나 룸은 거의 언제나 비어 있어서 주로 저 혼자만 이용했는데 어느 날은 안에 앉아 있던 사우디 여자와 사우나 룸에 들어서는 제가 동시에 놀랐습니다. 한국 여자는 아바야만 벗은 채 옷을 입고 옷 위에 비누칠하며 앉아있는 여자가 익숙하지 않고 사우디 여자는 벗은 몸 위로 긴 타월을 걸치고 들어서는 이상한 동양 여자가 익숙하지 않았습니다.

수영복 드레스 코드로 인한 에피소드가 남편에게도 있었습니다. 수영하러 갔던 남편이 되돌아왔습니다. 수영복 바지 길이가 짧아서 입장불가였다고 합니다. 남자에게도 수영복의 규범이 있는 줄 그때서야 알고 타미미 슈퍼에서 7부용 나일론 스포츠 바지를 사 입고 수영장에 갔던 남편이 또 그냥 되돌아왔습니다. 수영복이 너무 길어서 입장불가였습니다. 사우디에서 남자 수영복은 무릎을 가려야 하되 종아리를 덮을 정도는 아니여야 한다는 걸 아는데 일주일이 걸렸습니다. 수영복 바지 길이로 곤욕을 치른 남편에게 또 다른 난관이 닥쳤습니다. 날이 덥다보니 학교 수영장을 선생님들이 이용했는데 수영 후

샤워할 때 옷을 벗지 말라는 지시가 전체 교직원에게 전달되었습니다. 샤워장에서는 옷을 입고 샤워를 하라면 옷 위로 비누칠을 하라는 말이냐며 항의했지만 공동샤워장이므로 남의 나체를 볼 수도 있기 때문에 금한다는 2차 공문과 함께 10개의 샤워기가 있는 샤워장 한구석에 파티션을 달았다고 했습니다. 굳이 옷 벗고 샤워하고 싶은 사람을 위해 마련된 장소였습니다.

대부분의 아랍이 비슷했는데 사우디에서도 여자들은 수영을 하지 않고 목욕탕에서처럼 수영장의 얕은 바닥에 자리잡고 그냥 앉아있습니다. 수영하는 사람이 수영 레인을 따라 들어와도 자리를 비켜주지 않기 때문에 앉아 있는 아줌마들 앞에서 끼익 하고 멈춰야 합니다. 조단의 휴양지인 아카바(Aqaba)의 바다에서 수달 같기도 한 이상한 검은 물체가 여기저기 보였을 때 호기심으로 저게 뭔가 했던 순간이 있었습니다. 그 순간 아바야를 입은 여자들이 물속에서 일어났을 때 시커먼 바위가 불쑥 일어나는듯 신기했던 기억이 새로웠습니다.

수영장에서 만난 미리엄은 좋은 친구였습니다. 어릴 때 스페인에서 살았다는 사우디인 미리엄은 제 나이 또래인데 수영을 아주 잘했습니다. 어느날 "완, 너 물 무서워하지?" 제 대답을 듣기도 전에 저를 수영장 바깥으로 이끌더니 수영 레인의 끝에 섰습니다. "완, 여기서 물로 뛰어들어봐. 내가 물에 있다가 물속에서 잡아 줄 테니 뛰어들어." "못해." "아니야, 할 수 있어, 힘을 빼." 친절한 마음은 고맙지만 깊은 물속의 공포를 극복하지 못해 수영장 중간부터 시작되는 깊은 곳의 푸른색 타일만 보이면 늘 돌아서곤 하던 저에게는 힘든 요구였습니다. 물속에 들어간 미리엄이 들어오라고 재촉하는 손짓을 보내고 어느새 다가온 필리피노 안전원인 아벨라와 제니까지 "마담, 무조건 뛰어들어요." 세 사람의 성원을 차마 거절할 수 없어 물속에 풍덩 들어가자마자 허우적대니 미리엄이 곁에서 잡아주었습니다. 허둥대며 겨우 물위로 올라오니 한 번 더 하라고 합니다. 부족한 사람을 도와주려고 애쓰는 마음을 거절할 배짱이 없어 마지못해 다시 한 번 깊은 심호흡을 하고 풍덩 몸을 던졌습니다. 물속에서 힘을 빼니 물에 뜹니다. 몸에 아등바등 달라붙어있던 힘이 빠지니 편해지면서 저절로 물위로 올라왔습니다. 힘을 빼면 편해지는 것을 사우디의 여인, 미리엄이 알려주었습니다. 자신에 대한 믿음이 없어서 쉽게 두려워진다는 것도 함께 알았습니다. 그날 이후 "이제 안 무섭지?"라고 묻는 게 미리엄의 인사였습니다. 여전히 무서웠지만 물어주는 그 마음과 응원이 고마워서 무서움을 극복한 척 웃어주곤 했습니다. 두려움이 습관이 되고 습관은 성격이 되어 삶을 조율했던 시절을 지나 일 년 후, 접영을 할 수 있게 되고 혼자서 레인 끝까지 갈 수 있게 된 것은 미리엄에게서 받은 소중한 선물입니다.

수영장에 경찰이 오기도 했습니다. 수영장에 사우디 여인 모우자가 등장한 지 일주일쯤 된 때입니다. 모우자는 항상 메이드를 데리고 다녔고 메이드는 모우자의 수영이 끝날 때까지 지켜보고 있다가 모우자가 물속에서 나오면 타올을 갖다 주었습니다. 어느 날 모우자와 저뿐인 조용한 오후의 수영장이 소란스러워 수영을 멈추고 뒤돌아보니 짙은 화장의 모우자가 필리피노 안전 요원인 아벨라에게 소리를 지르며 물 밖으로 나갔습니다. 그 틈에 아벨라가 겁에 질린 모습으로 다가왔습니다. "마담이 경찰에 신고한대요." "왜?" 아벨라가 다리를 꼰 채로 앉아 수영하는 모우자를 내려다보았기 때문이라고 합니다. 아벨라는 수영장의 안전요원 중 제일 어린데 다리를 자주 꼬고 앉아있어서 풀 안에서 위로 올려다보면 자세가 좀 거만하게 보이긴 했습니다. 저를 의지하고 고자질하듯 울먹거리며 상황을 설명해주는데 제가 해줄 말은 '겁주려고 하는 말이니 걱정마라'는 위로뿐이었습니다. 하지만 경찰에 고발하겠다고 나간 모우자는 농담하거나 겁주려고 했던 게 아니었습니다. 채 20분도 안 되어 경찰이 수영장 밖에 왔고 아벨라는 이까마를 빼앗긴 채 수영장으로 들어서면서 바닥에 주저앉아 대성통곡을 하였습니다. 매니저인 할리는 보이지 않고 제니를 포함한 다른 필리피노 안전요원들과 인디언 청소부들이 아벨라를 다독여주는 모습을 보고 수영장을 나섰습니다. 사우디 앞에서 필리피노의 존재감이란 게 얼마만한 무게인지 살벌하게 보여준 사건이었습니다. 사우디에 와서 일하는 필리피노 주제에 사우디 마담 앞에서 다리를 꼬고 앉아 내려보고 있었다는 사실이 사우디의 마담 모우자에게는 모욕적이었던 것입니다. 마담 모우자가 사우디말고도 세상이 있고 다양한 인생이 있어서 잘사는 나라도 있고 못사는 나라도 있고, 나라가 가난해서 고향에 두고온 가족을 부양하기위해 어린 여성들이 낯선 나라 사우디까지 오게 된 사정을 안다면, 지구촌에서 우리가 함께 어울려 살아가는 일에 한번이라도 대화를 나눌 기회가 있었더라면 그리 행동했을까 생각하니 모우자가 도리어 안쓰러웠습니다. 사우디라는 나라가 사회구성원에게 가하는 억압이 폭력이 되어 본인도 의식하지 못하는 사이 딱딱하게 굳은 마음으로 살아가게 된다면 이것은 제도 속 사람들이 희생자인듯 합니다.

매니저인 할리는 수영장의 절대 권력자입니다. 자기 앞에 있는 전화기가 울려도 절대로 전화를 받지 않기 때문에 인디언 아줌마가 뛰어와서 전화를 받았습니다. 모든 데스크 일과 장내 정리는 필리피노와 인디언 청소부 아줌마가 하고 할리를 공주 취급했습니다. 사우디인 할리의 한마디에 그들의 생존이 걸려있음을 잘 알았습니다. 플라스틱 의자에서 턱을 천장으로 향하고 자는 여자는 할리가 처음이었는데, 수영장 자체가 좁아서 안내 데스크 옆의 작은 공간에서 요가를 하곤 했습니다. 어느 순간부터 제가 하는 요가를 따라 하기도 해서 가끔 자세도 교정해주곤 했습니다. 레이디즈 데이에만 만나지만 미운 정 고운 정이 쌓였는지, 긴 휴가가 끝나고 나타나니 안내데스크에 앉아 있다가 벌떡 뛰어나와 동생처럼 착하게 맞아주어서 조금 놀랐습니다. 할리가 '보고 싶었다'며 제 어깨를 꼭 안아주기 전부터 사실 할리는 더이상 밉상이 아니었습니다. 5살과 6살된 이복동생들을 소개시키면서 자신의 어머니가 일찍 돌아가셨다고 나지막이 말할 때 제 마음이 사르르 열렸습니다. 입장은 다르지만 세상의 어린 딸들이 혼란스러운 가족제도 안에서 겪었을 사춘기의 갈등이 읽혀졌습니다. 나이 차가 많은 이복동생들을 마치 자기 아이들처럼 아끼고 챙기는 모습이 참으로 예뺐습니다. 마음속의 자잘한 역사를 공유하면 관심 없던 사람의 기질마저 저절로 이해가 되고 마음에서 나오는 미소를 나누게 되는데 그 축복을 할리와 나눌 수 있어 감사했습니다.

땡볕이 장작불처럼 타오르는 6월이 되자 디큐의 야외 풀장이 문을 열었습니다. 개장하는 날 아침, 풀장에 아무도 없어 이상하긴 했지만 혼자 수영을 하고 있는데 갑자기 남자들이 나타났습니다. 개장시간도 모르고 이미 풀에 들어가 있는 저를 본 필리피노 직원이 풀장 청소를 마친 남자 청소부들을 일렬로 줄을 세웠습니다. 갑자기 청소부들이 나타나니 나갈 수도 없고 물속에서 목만 내밀고 있는데 그들은 그들대로 개장시간도 아닌데 갑자기 나타나 벌써 물속에 들어가있는 아시아 여자의 등장에 난감하여 하나같이 고개를 숙이고 풀장 직원의 지시에 따라 마치 굴비에 엮이듯이 줄줄이 풀장을 빠져나갔습니다.

개장시간을 넘기고 오후가 되자 야외 풀장은 여름 해변처럼 붐볐습니다. 선탠 베드에 누워 'Girls of Riyadh'를 읽고 있었습니다. 리야드에 살고 있는 20대 젊은 여성들의 사랑 이야기인데 출판되자마자 사우디에서 금서가 되어서 두바이에서 사온 책이었습니다. 미국에 사는 사우디 여성으로, 라자 알사냐(Rajaa

Alsanea)라는 81년생의 재기발랄한 젊은 여성이 쓴 이 책은 라미, 미쉘, 감라, 사딤이라는 4명의 젊은 사우디 여성들의 사랑과 연애 풍속도를 감각적으로 다룬 흥미진진한 책으로 사우디 판 '섹스 앤 더 시티(Sex and the City)'입니다. 제가 알마나힐에서 만나는 사우디 여성들의 내밀한 사랑과 연애 이야기이기도 합니다. 재미있게 책을 읽고 있는 저에게 순찰 요원이 다가왔습니다. 수영복 위에 입은 바지가 짧다며 가리라고 했습니다. 몇 달 동안 실내 수영장에서 아무런 제재를 받지 않았던 길이인데 갑자기 야외 풀장에서 경고를 받으니 어이가 없어서 반바지로 지나가는 사우디들을 가리키며 저 바지들보다는 길다고 항의했습니다. 그녀의 대답은 저를 더욱 황당하게 만들었습니다. "마담은 물속에 들어가잖아요. 물 밖에서는 짧아도 되지만 물 안에서는 안 돼요. 물 안에서는 길게 입으세요!" "뭐라고?"

순찰요원은 야외 풀장은 실내 수영장하고 달라서 풀 안과 풀 밖에서의 수영복 노출 범위가 다르다고 했습니다. 풀 바깥에서는 무릎이 보여도 되지만 풀 안에서는 무릎이 보이면 안 되었습니다. 읽던 책을 덮고 풀장을 바라보았습니다. 긴 장대를 들고 풀장에 들어가 있는 여자들을 지켜보던 순찰요원 중 한 명이 젊은 사우디 여자를 향해서 "Cover yourself!"라며 소리 지르며 물속에 들어가 있는 여자를 장대로 지목했습니다. 저처럼 바지가 짧았던 모양입니다. 그럴 때면 사우디와 필리피노의 종속적인 관계는 사라지고 누구라도 필리피노 안전요원의 명령에 절대 복종해야 합니다. 젊은 여성이 메이드를 부르자 메이드가 달려와서 긴 바지를 물속으로 '풍덩' 던졌습니다. 물속에서 건네받은 바지를 원피스 수영복 위에 덮어 입은 그녀가 '메롱' 하듯이 순찰요원을 올려다보았습니다.

일 년 내내 덥지만 50도를 오르내리는 사우디의 한여름에 잠깐 개장하는 야외 풀장은 리조트 호텔처럼 깨끗하고 넓어서 분위기가 색달랐습니다. 푸른색 타일로 파도 모양을 만든 높은 벽이 가까워지면 인위적으로 만든 파도가 넘실거리고 커다란 플라스틱 백조를 붙잡고 노는 젊은 여자들이 비명을 질러 소란스럽고 해변의 입구에는 아줌마들이 얕은 바닥에 앉아 수다가 끊이지 않았습니다.

난데없이 짐 캐리의 영화, 트루먼 쇼(The Truman Show)가 생각났습니다. 푸른 타일 벽 너머에는 여자의 운동을 금지하고 체육관에서조차 아바야를 입기를 강요하는 곳, 남녀가 함께 좁은 공간에서 하는 스쿼시를 칠 수 없는 곳, 발목과 손목을 감추어야 하는 곳, 눈동자마저도 가려야 하는 세계인데 벽을 하나

사이에 둔 야외 풀장에선 팔다리를 드러내고 가슴골을 보이고 메이드가 쉴 새 없이 발라주는 선탠오일을 번들거리며 누워있는 자유가 허용되는 곳이니 벽 하나의 용도가 이보다 더 완벽할 수 없어 보였습니다. 세상을 덮은 듯이 고독한 벽 어느 한구석에 외부세계로 향하는 문이 있을 것 같은 느낌, 문이 열리면 풀장의 물과 함께 밀려나가 "아, 그래, 쇼였어." 하고 뒤늦게 한바탕 웃음으로 마무리지을 것 같은 느낌, 그래서 제가 서있는 이쪽은 실제상황이 아닌 스튜디오에서 영화를 찍는 듯한 느낌이 들었습니다. 비현실이 현실을 대체한 듯한 상황은 지치지도 않고 저의 화두가 되었습니다.

스타벅스는
룸살롱

　　겨울 햇살이 광화문에 내려앉던 날, 혼인
신고를 한 후 눈 덮인 정동길을 걸어 미술관에 갔습니다. 미술
관 마당을 내려다보며 커피를 마실 때 남편이 난데없이 "집 앞
에 스타벅스'도' 있어" 합니다. 사우디, 그곳이 살만한 곳임을
강조하는 말이었습니다. '스타벅스 가서 책보고 커피 마시면
된다'는 말에 일상의 평범한 일이겠거니 생각하고 온 나라였
습니다. 실제 와서 보니 스타벅스'만' 있었습니다. 사우디에 도
착한 다음날 아침, 남편이 그토록 자랑하던 집 앞의 스타벅스
에 갔습니다. 입구가 싱글 섹션(Single section)과 패밀리 섹션(Family
section)으로 분리된 두 개의 다른 공간이었는데 도착한 지 하루

도 안 된 얼뜨기라 세세한 정경을 지나치고 패밀리 섹션 안에 들어서니 초록색 커튼이 사방에 나풀거립니다. "패밀리 섹션은 이렇구나." 아내가 생기고 나서야 처음 와 본 패밀리 섹션이 신기한 듯 남편이 혼잣말을 합니다.

'스타벅스가 맞아?' 커튼 하나에 테이블 하나입니다. 룸살롱이 아닌가 짧은 순간 헷갈렸습니다. 테이블마다 커튼을 쳐두어서 옆 룸에 사람이 있는지 없는지도 모르겠고 커피 마시는 일이 졸지에 숨어서 들키지 않게 조용히 해야 하는 비밀스런 일이 된 셈입니다. 옆집에 사는 테사는 제가 운이 좋다고 했습니다. 서너 달 전만 하더라도 스타벅스 커피점에 패밀리 섹션이 없었는데 저는 사우디에 오자마자 가게에 앉아서 커피를 마실 수 있기 때문이라고 합니다. 얼마 전까지도 테사의 남편은 아이들과 함께 스타벅스 안에서 차를 마시고 테사는 커피점 유리창 앞의 보도블록에 퍼져 앉아 커피를 마셨다고 합니다. 개인의 행복지수는 순전히 경험에 의한 기억에서 파생되는지 커피점의 의자에 앉아 커피를 마실 수 있다는 사실만으로 운이 좋은 여자가 되었습니다. 관련 없는 남녀가 부딪힐 일이 없도록 식당과 커피점의 입구와 공간이 철저히 분리되어 있어서 패밀리는 패밀리 섹션으로 싱글은 싱글 섹션으로 갑니다. 패밀리라고 함은 말 그대로 가족관계에 있는 사람들이고 싱글이라 함은 싱글인 남자거나 남자끼리 오는 일행을 말합니다. 여자는 싱글 섹션에 들어갈 수 없고 남자 혼자는 패밀리 섹션에 들어갈 수 없습니다. 사우디에서 '싱글인 여자'라는 말은 존재하지 않는 어휘였고 관련 없는 남녀가 한자리에서 먹고 마신다는 것은 요망한 단어들의 발칙한 조합이었습니다.

남녀가 자연스럽게 섞일 수 있는 곳이 없었습니다. 초등학교는 말할 것도 없고 대학에서도 캠퍼스가 분리되어 남자 선생님은 남학생을 가르치고 여자 선생님은 여학생을 가르쳤습니다. 미국인 필은 미국에서 은퇴 후 사우디에서 다시 직장을 구한 70세의 경제학 교수입니다. 여학생들을 위한 강의를 했을 때 필은 남학생 캠퍼스에 있는 보안 경찰의 입회하에 빈 강의실에서 혼자 강의하고 여학생들은 여학생 캠퍼스에서 남자교수의 수업을 비디오로 보았습니다. 학생들은 교수를 볼 수 있었지만 필은 보이지 않는 학생들의 질문을 받으면서 카메라만 응시한 채 강의했습니다. 어떤 상황에서도 남녀가 마주치는 기회를 만들지 않는 문화는 나이와 상관없이 지팡이를 짚고 다니는 노구의 필 교수에게도 예외 없이 적용되었습니다.

스타벅스는 타향 속 고향의 아이콘이었습니다. 유일하게 한국과 사우디를 이어주는 상징적인 공간이었습니다. 물기 없는 공기가 넘실대는 나무 없는 거리의 땡볕을 껴안는 아침이 되면 스타벅스에 출근도장 찍듯이 혼자 타박타박 걸어갔습니다. 거리의 일꾼들, 갈 곳 없어 돌아다니는 것이 하루의 일과인 운전자들의 작열하는 눈빛을 방탄복 없이 뚫고 초록색 공간의 문을 밀치면서 양산을 접을 때면 안도의 한숨이 나왔습니다. 커피를 받아 들고 카운터 앞에서 어디로 갈지 망설입니다. 커튼 앞에 서서 헛기침을 하기도 마냥 어색하고 문이 아니니 노크도 할 수 없고 화장실 앞에서 순서 기다리듯이 "누구 있어요?" 하니 뒤편에 있던 카운터의 종업원이 "없어요." 합니다. 커튼을 젖히고 의자에 앉으니 커피 맛이 반은 달아납니다. 커피는 분위기라는 말이 맞았습니다. 커튼을 걷다가 봉변을 겪는 경우도 있었습니다. 커튼 안이 하도 조용하여 비어있는 줄 알고 커튼을 젖혔다가 사우디인이 아바야 여자랑 앉아있는 모습을 보고 깜짝 놀라 커튼을 닫았는데 저보다 더 놀랐는지 황급히 커피 집을 빠져나가는 커플도 보았습니다. 커튼 안에서는 뭐든지 가능하지만 커튼 앞에서는 가까이 서 있어도 안 되니 사우디의 청춘에게 사랑이 있다면 애틋함이 절절할 것 같습니다. 눈으로만 마음을 전달해야 하는 일이 늘 쉽지는 않을 터입니다. 사우디에 온 지 6개월 만에 스타벅스의 커튼이 카페식 중간 문으로 대체되었습니다. 달라진 것은 중간 문이었지만 중간 문이 룸의 입구에 있으니 아랫부분의 넓은 공간이 밖에서 보여 안에 사람이 있는지 혹은 여자인지 남녀이면 얼마나 같이 붙어 앉았는지 최소한의 정보가 쏙쏙 입력되었습니다. 때로 고개를 숙여 신발이 있나 없나를 확인하기도 했지만 커튼보다는 중간 문이 편리했습니다.

스타벅스에서 유일하게 커튼이나 중간 문으로 가려지지 않은 곳은 주문하는 동안에 잠시 기다리는 테이블인데 출입구 바로 옆에 있습니다. 출입구는 불투명 스티커를 붙여두어 안과 밖이 서로 볼 수 없게 만들어두었습니다. 우연히 유리창 아래쪽에 어른 엄지 손톱만한 구멍을 보았습니다. 호기심에 구멍에 얼굴을 갖다대니 바깥의 야외의자가 보이고 주차장이 힐끔 보였습니다. 아바야들이 불투명 스티커를 손톱으로 긁어 실틈 같은 공간으로 바깥을 훔쳐보았던 것입니다. 스티커의 중간이 손톱으로 찢겨나간 듯 표면이 고르지 않은데 여러 개의 손톱에 오래 피멍이 들었을 것 같습니다. 엄지 손톱만한 크기가 조금씩 커지더니 어느새 손가락의 마디가 되고 마침내 아기 손바닥 크기가 되면서 야외 카페 공간이 다 드러나고 주차장에 어느 차가 주차해 있는지도 식별이 쉬워졌습니다.

그제야 스타벅스의 매장관리자도 알아차리고 작은 구멍을 막기 위해 불투명 스티커를 덧댔지만 며칠 지나면 또 다른 작은 구멍이 빼꼼하고 들어섰습니다. 억누를 수 없는 인간 본연의 욕망이 덧댄 스티커 사이사이의 접착제처럼 떨어져 나가지 못해 끈질기게도 서성입니다. 입구에 있는 자리가 왜 항상 붐볐는지 알았습니다. 바깥을 볼 수 있는 구멍을 기어이 막아버리려는 '스타벅스 종업원의 손'과 기어코 스티커에 구멍을 뚫어 바깥의 동정을 살피려는 '아바야의 손'이 숨바꼭질을 시작했습니다. 지친 스타벅스가 마침내 빨대와 설탕 등을 놓는 진열대를 유리창 앞에 설치해서 손을 뻗지 않고는 유리창의 스티커를 긁을 수 없도록 만들었습니다. 신혼부부의 첫날밤을 훔쳐보려고 창호지에 침 바른 손가락을 대어 구멍을 만들었던 한국의 옛이야기가 21세기의 스타벅스에서 사우디판으로 재현되는 현장이었습니다.

현지 커피숍인 랑데부로 가면 바깥에서만 앉아 있을 수 있고 체인점인 스타벅스에 가면 안에서만 앉아야 했기에 날씨에 따라 커피점을 정했습니다. 모래바람 부는 날은 스타벅스로, 날씨 좋은 날에는 랑데부로 갔습니다. 현지 커피점인 랑데부는 싱글 섹션만 있어서 여자는 아예 이용할 수 없는데 주인 없는 가게의 친절한 방글라데시 종업원 덕분에 광장 의자에 앉을 수 있었습니다. 남편이 방글 종업원의 고향인 치타공을 여행한 적이 있다는 이유로 더욱 친절한 웨이터였습니다. 1월부터 4월까지는 밤이 되면 쌀쌀해집니다. 냉기가 느껴지는 밤에 야외의자에 앉아 오들오들 떨면서 커피숍 안을 쳐다보았습니다. 10살 정도의 어린 사우디인들 한두 명이 TV를 보고 있을 때도 있지만 매장 안이 텅텅 비어있을 때가 많습니다. 그렇다하더라도 저는 '여자이기 때문에' 바깥에서 커피를 마셔야 합니다. 랑데부 커피점과는 정책이 다른 스타벅스는 반드시 매장 안에 들어가야 했습니다. 가끔 가게 바깥의 기둥벽 뒤 의자에 살짝 앉곤 했습니다. 주유소 앞이라 차들이 복잡하게 엉길 때면 외부에서 보이지 않아서 아주 드물게 모르는 척 해준 적도 없지는 않았지만 대부분은 네팔 웨이터가 튕기듯 뛰어나옵니다. 무타와에게 발각되면 가게는 벌금과 함께 일정기간 영업정지를 당하기 때문이라는 설명을 듣고 나면 제 기분 따라 남의 가게 앞에 앉아있는 것도 자제해야 했습니다.

랑데부이든 스타벅스이든 그나마 패밀리 섹션과 싱글 섹션을 구분해서라도 있으면 다행인데 디큐 바깥의 리야드 시내에 있는 커피점은 가게마다 달랐습니다. 집집마다 여성의 입장에 대한 허용범위가 다르니 아무데나 불쑥 들어갈 수 없었습니다. 리야드에서 가장 최신식 쇼핑몰인 리야드 갤러리는 인공호수를 만들어서 호수 양쪽으로 커피점이 나열된 백화점인데 싱글들은 커피점에 앉을 수 없습니다. 남자는 혼자든 둘이든 그곳에서 커피를 마실 수 없는 곳이라는 뜻입니다.

타할리아 스트리트는 서울의 압구정 같은 곳입니다. 신형 할리 데이비슨 오토바이와 색색의 람보르기니와 페라리가 늘어서 있고 탱크식으로 개조한 보라색과 핑크색의 하머(Hummer)를 볼 수 있는 곳입니다. 명품가게와 함께 20여 개가 넘는 커피숍이 일렬로 즐비해있는 거리에서 야외카페 공간이 가장 넓은 커피점인 'Coffee Day'에 들어가니 이른 시각인지 매장이 텅 비어있었습니다. 사우디인들은 오후 4시 이후가 되어야 슬슬 움직이기 시작하기에 보통 7시 전까지는 커피점에 사람이 거의 없습니다. 커피숍 입구에서 웨이터가 남편에게 자리를 안내하더니 따라 앉으려는 제게 "마담, 쏘리." 하면서 앉지 못하게 합니다. 패밀리 섹션이 없어서 앉을 수 없다고 합니다. 다른 커피점으로 가자고 남편이 일어서니 친절한 웨이터가 그 거리에서 패밀리 섹션이 있는 곳은 한 군데도 없다고 알려줍니다. 결국 남편과 러셀은 주차장과 가까운 야외의자에 앉고 저는 차 안으로 되돌아갔습니다. 차창으로 커피 한 잔이 배달되어 왔습니다. 주차장에 배달된 커피를 손에 드니 커피를 이렇게라도 해서 마셔야 하나 하는 불쾌함에 커피 맛이 싹 달아나는데 멀리서 재미있다는 듯이 손을 흔들던 남편이 어느새 달려와 기념이라며 사진을 찍었습니다. 사우디에 도착한 직후 저를 보고 운이 좋다고 한 테사의 말이 기억났습니다. 커피점 문 앞에 쪼그리고 앉아 마시는 커피 맛을 저도 알기 시작했습니다. 행복도 감사도 상대적이어서 모든 것이 감사할 일임을 알았습니다.

어둠이 내려앉을 즈음이면 타할리아 거리의 야외의자가 남자들로 가득 찹니다. 옹기종기 둘러앉아 커피를 마시거나 시샤 물 담배를 피우면서 시간을 보냅니다. 음주는 물론 영화 같은 오락마저 금지되어 있어서 딱히 갈 데가 없으니 커피숍이나 시샤(Shisha) 바가 리야드 안에서 즐기는 유흥 문화의 큰 부분입니다. 시샤는 물 담배로 항아리처럼 생긴 길쭉한 병에 물을 채우고 그 위의 그릇에 담배를 올린 후 달군 숯을 넣어서 담배가루를 태웁니다. 긴 파이프를 통해 태운 연기를 흡입하는데 딸기 맛, 망고 맛, 포도 맛 등 여러 가지 과일 맛을 넣어서 남녀가 공통으로 즐기지만 화학 첨가물들이 물속에서 떠돌아 유해하다는 사실은 널리 알려지지 않았습니다. 아랍에 가면 누구라도 시샤바에 가야하는건지 알 수 없을 만큼 시샤 바가 흔했습니다. 북한의 김일성대학의 취업을 포기한 로빈이 유흥문화가 없는 도시에서는 직장을 구하지 않는다던 말이 사우디에 살면서 자주 생각났습니다.

우상을 그릴 수 있다는 이유로 미술이 금지되듯 우상화시킬 수 있는 사진도 금지였습니다. 하지만 문화가 없다고 해서 문화에 대한 욕구가 사라지는 것은 아니었습니다. 사우디에서 경제적으로 누리는 여유가 사실은 예술이라든가 자유 같은 고상한 열망을 반납한 후에 얻어진 것임을 인정하면서 사우디가 채워주지 못하는 부분을 스스로 채워보려고 안간힘을 썼습니다. 한국에 두고 떠나온 형형색색의 느낌이 모조리 자유라는 단어로 기억되었고 그것은 다양성에 대한 절절한 목마름이었습니다. 기억은 가끔 왜곡되기도 하고 망각도 잘하여서 일기를 쓰듯이 매일 사진을 찍었습니다. 금지된 사진 찍기라 도시에서는 요령이 필요했습니다. 사진기를 미리 켜두고 궁중 의례복처럼 늘어진 아바야 소매 안에서 사전 작업을 한 후 휴대폰인 척하면서 아바야 바깥으로 손을 내미는 순간에 사진을 찍었고 마음 졸이며 찍은 사진들이 늘어갔습니다.

코메리칸인 티모시는 한국말은 거의 못했는데 아무 때나 불쑥 "호랑이와 곶감!"이라고 말해서 저를 웃게 했습니다. 한국 어머니가 미국말 하는 어린 아들을 앉혀놓고 한국동화를 많이 들려준 것 같아 마음이 짠했습니다. 티모시가 디큐의 입구에서 정문 모습을 찍기 위해 셔터를 누르다가 경비 군인에게 발각되어 신분증과 지갑은 물론 집 열쇠까지 빼앗기고 시기가 그랬던 것처럼 디큐의 보안 사무실에 한나절 있다가 나왔습니다. 특정한 목적이 없이 찍은 단순한 호기심 촬영이었음이 밝혀져서 다행이었지만 집으로 돌아온 티모시는 현관 입구에 주저앉았습니다. 경찰이 집안을 조사하고 간 흔적 때문이었습니다. 평소에도 어질러놓고 사는 집인데 찬장 안에 아끼는 피자판까지 다 튀어 나와 있고 소장하던 DVD 영화 제목을 확인하느라 방전체가 난장판이었던 것입니다.

지갑처럼 작은 소니 디카를 핸드폰처럼 들고 다니던 저에게도 사건이 생겼습니다. 티모시에 버금가지 못하고, 거리에서 메고 있던 카메라를 빼앗기고 감옥에서 한나절 있다가 풀려나온 라일의 경우에는 못 미치지만, 어느 날 밤, 사진촬영으로 곤욕을 치루었습니다. 시내에서 유명한 터키시 식당에 도착하니 옆가게는 이제 문을 닫는 중인데 터키시 식당문은 이미 잠겼습니다. 핸드폰의 문자서비스를 확인해보니 이샤야 기도시간인 6시 39분이 되려면 2분 남은 시간인데 이미 늦었습니다. 기도시간은 매일 정해져있지만 가게마다 조금 더 늦게 또는 조금 더 일찍 닫기 때문에 항의할 데도 없습니다. 차도 다니지 않는 밤거리를 서성이면서 기도시간이 끝나기만 기다렸습니다. 지루함에 빈 거리도 찍고 윈도우에 전시된 남자 도우브도 찍고 식당 간판도 찍었습니다. 그때 식당 문이 열리면서 식사를 마친 한 가족을 식당 바깥으로 내보내주는 걸 보았습니다. 종업원에게 우리도 들어가도 되냐고 물으니 주위를 살피더니 황급히 손짓하며 빨리 들어오라고 합니다.

주문한 음식을 기다리는데 테이블 커튼 바깥이 시끄러웠습니다. 테이블 커튼이 살짝 젖혀지면서 종업원이 제게 다가옵니다. "혹시 사진 찍은 적이 있느냐"고 물었습니다. 이유인즉슨, 아까 제가 식당 간판을 찍는 모습을 보고 한 사우디 남자가 식당 앞 주차장의 차 안에 있던 자기 부인을 찍었다며 소란을 피웠습니다. 가로등이 희미한 빈 거리의 주차장 쪽으로 사진기를 들이댄 적도 없고 검은 아바야 입고 컴컴한 차 안에 앉아 있는 여자를 본 적도 없는데 난리법석을 피우니 억울하기 짝이 없었습니다. 카메라를 꺼내 거리의 풍경 사진만이 찍혀있는 것을 보여주자 사우디인은 씩씩거리면서 식당을 나갔습니다. 종업원이 석류 주스를 가져다주며 별일 아니니 진정하라고 달래고, 서비스로 터키시 차까지 가져다주었지만 우울한 저녁을 먹는 둥 마는 둥 급히 계산을 하고 집으로 되돌아왔습니다.

음악과 공연, 산책과 야외활동, 예술과 영화 등 많은 부분에서 문화가 금지되는 사우디의 숨겨진 욕망을 간접적으로나마 해소할 수 있는 해방구가 존재한다면 바로 TV와 인터넷이었습니다. 어느 누구도 우상이 되지 못하게 막고 있어서, 가수도 없고 배우도 없고 코미디언도 없고 오락 프로그램도 없지만 사우디의 각 가정은 위성안테나를 설치해서 외국 방송을 시청했습니다. 다만 유일한 유흥문화라 할 수 있는 축제가 리야드에 하나 있었습니다. 바로 자나드리야 전통문화유산 축제(Jenad-riyah Heritage and Cultural Festival)입니다. 자나드리아 축제는 1985년에 파하드 왕이 시작한 이래 압둘라 국왕이 지금까지 26년간 직접 주관하고 왕의 친위대가 진행하는 행사인데 규모로 치자면 우리나라의 엑스포와 비슷합니다. 원래 낙타 경주에서 시작되었는데 매년 100만 명 이상이 몰려드는 축제로 시 낭송대회, 남자들의 전통 무용인 칼춤, 공예품 전시 등의 행사가 열리고 만담 비슷한 시간도 있었습니다.

자나드리아 축제는 이드 피트르나 이드 아드하와는 달리 유일하게 비종교적인 축제입니다. 이드 피트르(Eid al-Fitr)는 이슬람력 9월 라마단의 단식이 끝남과 동시에 시작되는 단식을 깨뜨리는 축제이고 이드 아드하(Eid al-Adah)는 이슬람력 12월 성지순례를 끝내고 양을 희생시켜 하나님의 제단에 바치는 축제입니다. 둘 다 종교적인 행사라서 이슬람을 믿지 않는 저희에겐 그저 노는 날일 뿐 의미가 없어서 처음에는 자나드리아 축제에도 관심이 없었는데 알마나힐에 가니 만나는 사람마다 축제에 갔다 왔는지 물었습니다. 프랑스관이 열려서 벌써 두 번째 자원봉사를 하고 왔다는 실비는 프랑스관 자랑을 요란하게 했습니다. 축제는 매년 주빈국을 정해서 각 나라의 문화를 집중 조명하는데 그해는 프랑스였고 2012년에 한국관이 생겼습니다. 당시 이명박 대통령이 방문해 한류의 힘을 보여주기도 했습니다.

여자가 구경할 수 있는 패밀리 데이(Family Day)에 길을 나섰는데 축제가 있는 자나드리아 빌리지로 가는 도중에 길을 잃었습니다. 사우디에 있는 유일한 축제라고 신문에서 연일 대서특필을 해대니 근처에 가면 큰 안내 간판 하나 정도는 있을 줄 알았는데 현수막 하나도 없었습니다. 예의 그렇듯이 리야드 시

시인은 무대를 배회하는 듯 움직이며 시를 낭송하고
남자들은 춤을 추었습니다.

내를 빠져나가면 도로 간판에 영어도 없으니 눈 뜬 장님신세라 유턴을 서너 번 한 후에 겨우 마을 입구에 들어서니 무타와가 거리마다 돌아다니고 있었습니다. 사람들이 많이 모여 있는 곳은 남자들의 칼춤이었습니다. 부드럽고 느린 검도에서부터 빠른 템포의 역동적인 춤까지 다양한 아라비아 남자들의 춤을 보는 기회가 흔치 않지만 축제 때면 빠지지 않는 행사이고 가장 인기가 있는 순서이기도 했습니다. 춤추는 남자들의 복장 또한 신기했는데 하얀 도우브 위에 다글라(Daghla)라고 불리는 자수가 아름답게 수놓아진 코트를 입은 이도 있고 검은 벨벳 조끼를 입은 사람도 보였는데 남편이 나사르에게 들었다면서 벨벳은 마카의 카바(Kaaba)를 둘러쌓던 천의 일부이고 귀한 손님이 올 때면 주는 사우디 정부의 선물에도 포함된다고 말했습니다. 나즈드(Najd) 지방에 뿌리를 두고 있는 전통 칼춤은 고대 베두인의 전통에서 시작된 것으로 전장에 나가기 전 충성서약의 개념으로 시작되었다고 합니다.

한 사람이 북을 두드리고 북소리의 리듬에 맞춰 시인이 시를 읊는 동안 칼을 찬 남자들이 두 줄로 서거나 원을 만들었습니다. 칼을 어깨에 대고 일렬횡대로 서서 어깨와 어깨를 바짝 맞대고 나란히 서서 춤동작을 만들었습니다. 시인은 무대를 배회하는 듯 움직이며 시를 낭송하고 남자들은 춤을 추었습니다. 무릎을 굽혀서 몸을 약간 앞으로 숙이면서 서서히 칼을 늘어뜨리기도 했습니다. 음악은 금지이면서 낙타 가죽으로 만든 북은 금지가 아닌지 손뼉과 함께 북으로 리듬을 맞추었습니다. 살아서는 사우디의 친구로, 사우디의 재산으로, 사우디의 여흥 문화로 한평생을 보내고, 죽어서는 가죽이 되어 귀를 즐겁게 해주니 사우디에게 낙타는 특별한 동물임에 틀림이 없었습니다.

암시장에서 만나는
빨간 장미와 크리스마스트리

사우디에서는 기독교와 관련된 발렌타인데이가 다가오면 쇼핑몰에서 사라지는 색깔이 있습니다. 바로 빨간색입니다. 악마의 색깔이라고 합니다. 빨간 장미와 선물가게에서 빨간색 하트를 가슴에 안은 곰 인형이 사라지고 화려한 란제리숍의 단골 색상인 빨강브라, 빨강팬티, 빨강레이스 가운이 사라집니다. 당일은 빨간색 차는 도로에 못 나올 정도로 빨간색은 금지의 색깔입니다. 사라지는 색만 있는 것이 아니라 사라지는 모양도 있습니다. 하트모양입니다. 남녀 간의 사랑을 의미한다는 이유로 초콜릿이든 사탕이든 어떤 식으로든 하트 모양이 나타나는 상품 역시 사라집니다. 외국인들만 오는 해시모임에는 발렌타인데이가 되면 놓치지 않고 빨간색 이벤트를 엽니다. 그럴 때면 으레 서양인들이 즐겨하듯 드레스 코드를 정해 티셔츠든 모자이든 양말이든 뭐든지 의상에 빨간색이 하나라도 있어야 해서 해시에 가면 빨간색 물결입니다. 빨간색의 서양인들이 사막에서 베두인을 지나치며 달리는 동안 리야드의 도시에서는 금지된 빨간색을 싹쓸이 하기 위해 무타와가 시내 곳곳을 순찰하며 다닙니다. 무타와가 나타나면 아바야 숍에서는 화려한 디자인의 아바야를 감추고 가장 기본적인 디자인의 아바야로 진열장이 재조정 합니다. 그리고 하나같이 아바야 가게가 한산해집니다.

슈퍼마켓 앞은 가장 좋은 데이트 장소입니다. 남자는 시종처럼 데리고 다니는 또래가 있고 여자에게는 메이드가 있습니다. 방자와 향단이의 역할이 중요한 곳입니다. 직접 상대를 골라서 접근하기도 하지만 방자와 향단을 통해 접선하기도 합니다. 여자들은 한결같이 짙은 화장을 하고 짙은 향수를 뿌리고 남자들은 반짝거리는 신형 스포츠카를 몰고 어느새 주차장을 꽉 메웁니다. 여자들은 항상 차 안이나 실내에 있어서 낯선 남자들에게 자신을 보여줄 기회가 없기 때문에, 이들은 일부러 슈퍼마켓에서 멀찌감치 주차해서 짧은 거리도 천천히 걷습니다. 아바야로 가리지만 여성의 치명적인 매력을 발산하고픈 욕구가 삐죽삐죽 대책 없이 튀어나옵니다. 젊은 사우디의 여성들이 남자들의 시선을 의식하면서 걸어 다니면 그때를 놓치지 않고 반응이 옵니다. 주차장 입구의 맥도널드에 앉아 창문으로 바깥동정을 살피던 남자들은 그 순간을 놓치지 않고 접근합니다. 여자가 수시로 히잡을 다시 고쳐 쓴다면 마음에 드는 남자를 보았고 관심이 있다는 신호입니다. 남자들이 자신이 찍어둔 여자에게 접근해서 전화번호를 받거나 교환하는 것이 사우디식의 헌팅입니다. 남자들은 차 유리창이나 범퍼에 전화번호를 쓰고 다니기도 하고 달리는 창문을 열어 전화번호를 크게 쓴 종이를 흔들기도 합니다.

젊은이들에게는 연애 이야기가 유일한 문화가 되는 듯했습니다. 무타와가 타미미 슈퍼마켓 앞의 불순한 풍경을 알아차리고 가족 없이 남자 혼자만 타고 온 차량과 남자들만 타고 있는 차량을 단속하기 시작했습니다. 더불어 여자들이 슈퍼마켓 앞에서 어슬렁거리지 못하도록 확성기로 '차 안으로 들어가라'고 소리를 지릅니다. 주차장은 이전보다 조용했지만 무타와의 상주로 타미미 슈퍼의 기도시간이 칼 같이 엄해졌습니다. TV를 켜면 하루 종일 섹스와 불륜과 폭력이 난무하는데 현실속의 일상은 남자친구나 여자친구의 존재 자체마저 부정하다보니 얼굴도 모르는 사이로 결혼하는 경우가 상상보다 많았습니다. 신혼 첫날밤에 신부의 베일을 벗겨보니 신부가 너무 못생겨 신랑이 그 자리에서 이혼을 선언하고 사기결혼이라며 신부 아버지에게 결혼 지참금 반환을 요구하였고 신부의 아버지가 그 제안을 거절하여 결국 신랑이 법정 소송을 벌였던 긴 이야기도 사우디 결혼제도의 작은 부분일 뿐이었습니다.

사우디에서 제일 높은 빌딩인 킹덤 타워에서 기도시간이 끝나기를 기다리며 로비에 앉아 있는데 제 옆의 10대 어린 아바야 여성 두 명이 각각 양 손에 휴대폰을 들고 뭔가를 확인하느라 바빴습니다. 데이트 상대를 찾고 있음이 확실해 보였습니다. 일탈을 꿈꾸는 사우디 젊은이들에게는 인터넷과 휴대전화가 탈출구여서 대개 2개는 기본으로 들고 다니는데 하나는 가족용이고 다른 하나는 친구용입니다. 두 개의 다른 전화번호를 동시에 받았는지 전화 건 남자를 찾는지 각자 바쁜 두 아바야의 모습이 신기하기도 해서 가만히 지켜보았습니다. 뜻밖에 그 중 한 명이 제게 살짝 웃으며 "이러지 않고는 남자를 만날 길이 없어요. 결혼했어요?" "응." 연신 눈은 휴대폰을 챙기면서, "어떻게 남편을 만났어요?" 미소로 답하는 저를 힐끗 보더니

"저도 곧 결혼해요. 우리 집에서 결혼하라는 사람이 있어요. 근데 얼굴도 몰라요. 정말이지 결혼하기 싫어요." "얼굴도 모르는 남자와 어떻게 결혼해? 싫으면 부모에게 말하지 그러니?" 제 얼굴을 힐끗 보더니 "여기는 사우디예요. 그런 말이 통하지가 않아요." 만지작거리던 휴대폰을 제 눈앞에 흔들면서 "이거 말고는 방법이 없어요." 새초롬하게 말하는 그녀의 눈은 다시 휴대폰에 꽂히고 어린 남자애가 우리 앞에서 쑥스럽게 서성거립니다. 상대를 확인한 그녀가 일어서자 도우브의 청년이 평행선을 그으며 따라가는데 그녀의 친구는 아직 연결이 안되는지 휴대폰을 뚫어져라 노려보고 있었습니다.

기독교에서 유래하는 축하일이 모두 금지되듯이 크리스마스도 당연히 평일입니다. 사우디에서 맞은 첫 번째 크리스마스에 영국인 믹에게 초대를 받았습니다. 크리스마스 당일은 다행히 주말인 금요일이어서 휴일 분위기가 났습니다. 한국의 아들들이 누려야 할 크리스마스 기분을 지우개로 지운 듯 모른 척하고 결혼한 지 일 년도 채 안 되는 남편과 파티에 간다니 죄책감이 현실의 신바람을 사정없이 눌렀습니다. 화선지 위 난초의 잎사귀 하나에도 마음의 흔들림이 실려가듯 사우디처럼 부부가 인간관계의 핵심인 곳에서는 더욱더 미묘한 마음을 감출 길이 없는데 남편은 사우디에서 처음 받아보는 크리스마스 초대에 부푼 마음을 숨기지 못해 제 눈치를 살폈습니다.

살와 컴파운드는 공항 근처에 있었는데 버넬 컴파운드와 함께 리야드에서 검문검색이 가장 까다로운 컴파운드 중 하나입니다. 간판 없는 컴파운드의 유일한 표지판은 '출구'와 '입구'였습니다. 2미터쯤 되는 높은 콘크리트 벽으로 둘러싸인 성문 같은 게이트를 통과해 1차 검색과 2차 검색을 마친 후 컴파운드 전용 출입카드를 맡기는데 저희는 처음이라 옆 사무실에 가서 사진을 찍은 후 카드를 발급받았습니다. 신분증을 맡기고 그날의 방문 리스트에 올린 이름을 확인한 후 방문자 명찰을 부착하고 소형 버스로 3차 검색장소로 이동했습니다. 검색대 통과에 거의 50분을 소요하고 나서 컴파운드에 들어서니 빨간색과 초록색의 크리스마스 장식이 울긋불긋했습니다. 12월의 햇살이 여전히 따가웠습니다.

캐럴송이 새어나오는 마당에 들어서니 파티는 이미 시작되어 있었습니다. 햇빛 쨍쨍 내리쬐는 날에 캐럴송을 듣던 습관이 지금까지 이어져 저는 일 년 내내 주책없이 캐럴송을 듣습니다. 서양의 가장 큰 휴일에 가족이 있는 고향에 가지 못하니 서럽기는 서양인들도 마찬가지입니다. 제각각 감히 드러내지 못하는 그리움이 있어 말하지 않아도 서로의 마음에 흐르는 실개천을 아는 듯 더 빨리 친해지고 더 빨리 취했습니다. 믹은 사우디의 곳곳을 여행하면서 찍은 풍경사진을 모두에게 선물했습니다. 아픔이 있는 사람이라 기록으로 남긴 추억이 너무 많으면 그런 식으로라도 추억과 미련 없이 이별하는 것 같아 조용히 사진을 받아들었습니다. 휠체어에 앉아 생활하는 여든 된 믹의 아버지가 영국에서 온 이후로 죽은 아내를 추모하는 음악회를 3년째 하고 있는데 작년에 초청한 피아니스트가 한국 여자였다면서 저를 갑절로 반가워해 주었습니다. 믹은 사진으로, 아버지 조지는 음악회로, 지나간 시간을 추억하는 모습이 멋졌습니다.

사우디의 건조한 일상에 갑자기 들이닥친 크리스마스 파티의 여흥은 제임스의 컴파운드에서 고조되었습니다. 암시장에서 사왔다는 크리스마스트리 밑에 놓인 선물 상자를 보니 성탄절이 더욱 실감났습니다. 저녁은 미국의 텍사스 칠리 요리 경연대회에서 일등한 레시피를 구해서 만들었다는 제임스의 요리였고 커다란 쿠킹 팬에 가득했던 칠리가 바닥을 드러내는 것을 보면서 사우디에서의 첫 크리스마스가 지나갔습니다. 사우디에 와서 처음으로 서양인 컴파운드에 들어가보니 디큐와 다르게 완전히 개방적이고 구속 없는 분위기라 그 컴파운드에 사는 사람들이 부러웠습니다.

사우디에서의 두 번째 크리스마스는 사막에서 보냈습니다. '사막에서의 캐럴송(Carols in the desert)'이라는 제목으로 파티가 있었습니다. 제임스의 피아노를 분해해서 차 뒷좌석에 싣고 케빈과 함께 덜컹거리는 사막 길을 따라갔습니다. 피아노를 놓을 바닥판까지 미리 들고 왔습니다. 피아노를 놓을 장소를 찾느라 이리저리 돌아다녔습니다. 작은 돌산에서 가로로 튀어나온 바위가 천장이 되고 천장 아래의 약간 도톰하게 자리 잡은 공간은 작은 음악회를 하기에 부족함이 없었습니다. 야외지붕처럼 걸려있는 돌판 아래쪽에 납작한 돌을 모아서 지면을 편평하게 만들고 제임스가 피아노를 재조립을 했습니다. 사막 한 가운데에서 작은 무대가 완성되고 계곡 하나가 수백 개의 촛불로 반짝였습니다.

어둠이 신호가 되어 크리스마스 파티가 시작되고 무대 위에서도 계곡 아래에서도 고요하고 거룩한 밤이 울려 퍼집니다. 잘 버텨주어서 장하다고 스스로를 토닥토닥 등 두드려주는 아름다운 시간이었습니다. 마른 계곡의 돌멩이 틈의 촛불 옆에서 부르는 캐럴송과 함께 안온하고 고즈넉한 분위기가 익어가는데 제임스가 무대 쪽에서 달려 나갑니다. 차 한 대가 모래밭에 빠졌다고 합니다. 계곡 위로 올라가보니 사우스 아프리카인 SMS의 차입니다. 캐럴송을 차 안에서 편하게 들으려고 무대 쪽으로 차를 주차하려다가 모래밭에 빠졌습니다. SMS(Sand, mud and salt)는 모래뿐 아니라 진흙 밭과 소금밭에 골고루 잘 빠져서 테이마 여행 후에 케빈이 지어준 별명이 딱 들어맞았습니다. 한밤의 캐럴송을 배경으로 한쪽에선 모래밭에 빠진 차를 끄집어내느라 바빴던 크리스마스 음악회였습니다.

이슬람이 아닌 모든 종교가 부정되는 곳이라 영국 대사관에서 예배를 보는 경험은 각별했습니다. 주말 아침에만 열리는 교회였지만 교회에 들어갈 때는 대사관 안이라 해도 건물 뒤편의 풀장 옆 홀에 갈 때까지 긴장을 풀 수 없어서 몸집 큰 마이키 뒤만 졸졸 따라다녔습니다. 갈 데가 있으면 어디라도 끼이고 싶어 혼자 마이키를 따라나선, 단 한 번의 교회 나들이었지만 제게는 사우디 전과 후를 가르는 신앙의 시작이었습니다. 미국의 켄터키 더비 데이(Kentuky Derby Day)에 먹는다는 더비케이크를 처음 알게 해준 페기와 봅이 르완다(Rwanda) 지역 선교를 위해 오지로 떠날 때 그들이 선교사임을 알았듯이 사우디에서는 기독교나 선교 같은 말은 언급조차 되지 않지만 종교 활동은 지속적으로 이루어졌고 한국 교회도 있었습니다. 중동지역에 산 이후로 다양한 인종만큼 다양한 신앙생활을 하고 있는 사람들을 만났지만 분명한 한국어 발음으로 '남묘 호랭교'를 아느냐고 물어보던 영국인을 만났을 때는 당황했고, 한국에서 입교한 그가 남묘 호랭교의 기도로 하루를 시작하는 신실한 종교인임을 알았을 때는 더욱 당황스러웠습니다. 한번은 리야드 외곽 지역에서 크리스마스 모임을 갖던 이들이 발각되어 모두 경찰에 잡혀갔다는 신문기사도 있었습니다. 사우디에서의 기독교는 이슬람에 묻혀있을 뿐 존재하고 있었습니다.

달리는
택시 문을 열다

　　뜨거운 공기가 이글거리는 거리는 목적
을 잃은 폭풍전야의 낮처럼 소리도 색깔도 없었습니다. 무특색
이 특색인 건물들 사이에서 303미터 높이의 킹덤 타워가 눈에
잘 띄어 2-3층의 낮은 건물 일색인 리야드 시내 어디서나 볼
수 있기 때문에 이정표가 될 수 없었습니다. 도시가 팽창하면
서 새로이 붙여진 도로이름과 현지인들끼리 사용하는 도로이
름이 동시에 사용되고 있는 데다가 길 이름이 길어서 쉽게 외
워지지 않았습니다. 사이드 알리 빈 모하메드 스트리트(Syed Ali
Bin Mohammed) 같은 도로를 한두 개 알고 나면 도로이름 외우기
는 포기하게 됩니다. 빈(Bin)은 아들이라는 뜻이어서 모하메드

아들인 사이드 알리 거리라는 뜻입니다. 가문을 중요하게 여기는 부족 문화의 특성이 도로이름에 남아있을 뿐 정작 필요한 건물 이름이나 도로 정보가 없으니 리야드에서 길을 안다는 것은 대단한 능력임에 틀림없었습니다. 사우디에 온 지 몇 달 안 되어 한국국제학교에 인터뷰를 하러가는 아침이었습니다. 맥도널드에서 기다리라고 해서 가게 앞에 서있던 저를 보고 픽업하러 나온 선생님이 깜짝 놀랐습니다. 제가 가게 밖에서 기다릴줄은 상상도 못했다고 합니다. 그러면서 앞으로 사우디에 살면서는 무슨일이 있어도 '절대로' 거리에 서있지 말라고 당부하셨습니다. '자칫하면 여자를 차에 넣고 바로 달린다'고 하실 때 설마 그 정도일까 싶었는데 살아보니 지당한 충고였습니다. 윤간당한 후 사막에 버려졌다가 구출된 아시아 여성을 치료해준 적이 있다는 한국인 간호사의 이야기가 아니더라도 사우디는 성범죄에서 결코 자유롭지 못한 나라 중 하나였습니다.

사우디에서는 아주 어린 나이에 운전을 시작합니다. 널려진 빈 땅이 많고 사람이 다니지 않는 사막 길이 많으니까 놀이삼아 운전을 시작하다보니 사고예방 교육도 없이 운전의 규칙이 몸에 배지 않은 운전자가 많습니다. 주차장을 빠져나오는데 운전자가 없는 차가 움직여서 호기심에서 목을 쭉 빼서 보니 12살 정도로 보이는 운전자와 조수석에 앉은 또래 친구가 안전벨트도 없이 앉아서 두 다리를 차 유리창에 올리고 핸드폰으로 게임을 하고 있습니다. 남자는 어려도 남자이기 때문에 운전할 수 있지만 엄마는 성년이어도 여자이기 때문에 운전할 수 없는 것이 사우디의 현실입니다. 뿐만 아니라 성년인 엄마는 어린아들의 보호가 있어야 여행도 하고 쇼핑도 하고 길을 나설 수 있습니다. 바로 가디언 제도입니다. 남자 가디언은 사우디가 여성에 대한 보호자의 역할을 법적으로 규정해놓은 제도인데 여자의 보호자는 가까운 남자 친족으로 어려서는 아버지이고 결혼하면 남편, 남편이 없으면 아들로 바뀝니다. 하지만 문제가 많이 생기자 사우디 정부는 가디언 제도에 융통성을 주었습니다. 45세 이상의 여성은 남자 가디언의 허락 없이 여행할 수 있다고 바뀌었습니다. 2017년에 여성의 운전이 허용되었지만 가디언 제도는 10년 전인 그때와 다를 바 없습니다.

제가 사우디에 살던 때는 여성의 운전이 금지되던 시절이어서 여성들은 남성 운전자를 고용해야 했습니다. 거리에서 택시를 잡는다는 것은 '마치 날 잡아가세요'라는 말이라는 농담이 농담이 아닌 상황이었습니다. 거리에서 택시를 잡았다하더라도 일상화된 난폭운전에 시달리게 됩니다. 라마단 때는 더합니다. 특히 마지막 기도시간이 가까워 오면 거리는 갑자기 자동차로 넘치고 그 시간에 길 위에 있다는 사실만으로 위험을 느낍니다. 외국인들은 주로 개인 기사를 이용하는데 그들 중에 불법 체류자가 많습니다. 카메룬(Cameroon)인 샘은 축구를 좋아해서 카메룬의 축구경기가 있는 날은 무조건 쉬는 사람이었는데 한국 드라마 '대장금'을 알고 있었습니다. 동생이 대장금 팬이라고 했습니다. 방글라데시인 카심은 디큐의 검문소를 지날 때면 꼭 한마디씩 합니다. "마담, 경찰이 물어보면 개인 기사라고 말해요. 불법운전인 걸 알면 잡혀가요." 카심의 운전은 거의 곡예수준이어서 늘 "슈웨이, 슈웨이!"라고 말해야 했습니다. 슈웨이는 '천천히'라는 아랍말입니다. 그러면 한국말을 조금 할 줄 아는 카심은 "노? 빨리 빨리?"

리야드에 도착한 지 얼마되지 않아 벨트맨의 아내인 애나를 따라 시장 구경을 갔습니다. 저만 따라가는 줄 알았더니 애나의 이웃까지 동승하여 아줌마 네 명에 어린아이 둘이었습니다. 아줌마 세 명이 하나같이 운전기사 옆 좌석을 비워두고 뒷좌석으로 갑니다. 앞좌석이 위험해서 앉지 않는 것 같아 "제가 앉을까요?"했더니 "앞좌석에 아무도 못 앉아요."란 답이 돌아왔습니다. 사우디는 세계에서 유일하게 여성의 운전을 금지하는 동시에 여자가 택시 앞좌석에 앉을 수도 없는 나라였습니다. 여자가 조수석에 앉을 때는 '남편이 운전할 때만' 이라고 합니다. 관련 없는 남자 택시기사와 여자승객이 함께 앉을 수 없기 때문입니다. 결국 4살 난 남자아이를 안전벨트도 없는 앞좌석에 앉히고 저와 애나, 처음 보는 아줌마 두 명 그리고 5살 난 여자아이까지 여자는 모조리 뒷좌석에 밀어붙이니 성인 여자 4명과 아이가 포개졌습니다.

사우디에 오니 남편 혼자 살던 집에는 인터넷도 없고 TV도 없어서 무작정 한국 대사관에 갔을 때 친절하게 인터넷을 사용하라며 자신의 의자를 내준 정 선생님이 리야드의 도로를 설명하면서 "도로의 비행기 그림만 기억해요. 비행기만 따라가면 디큐가 나와요." 그 한마디가 리야드에 사는 저의 길 정보의 전부였던 때였고 리야드를 떠날 때까지 그 정보에서 별로 진전이 없었습니다. 브리티시 스쿨(British school)에 인터뷰를 하고 오는 길이었습니다. 학교는 그라나다 쇼핑몰 뒤쪽에 있는데 생각보다 인터뷰가 일찍 끝나고 남편 퇴근시간인 3시까지 기다리기가 지루해 택시를 타기로 했습니다. "디큐 아느냐?"

"예스, 마담. 노 프로블럼." 택시를 타기 전에 택시 운전사와 통화할 수 있게 해달라는 부탁대로 남편에게 전화했지만 휴대폰이 꺼져있어서 그냥 '출발'이라는 문자만 보냈습니다. 리야드의 토박이인 양 연기를 하면서 택시에 올라탔지만 사실 사우디에 온 첫 해인 데다가 거리를 돌아다닌 적이 없어서 디큐가 동쪽인지 서쪽인지도 몰랐습니다.

택시가 고속도로를 빠져나오면서 운전사가 백미러로 제 눈치를 보는 일이 잦아졌습니다. 창가로 바깥풍경을 보다가 순간 이상한 느낌이 듭니다. "디큐 가는 길이 맞느냐?"고 하니 디큐가 어딘지 모른다고 합니다. 모른다면서 씽씽 달리는 차 안에서 어떻게 할지 대책이 서지 않았습니다. 남편에게 전화하니 통화가 안 됩니다. 아는 전화번호라곤 없고 마음이 급해지면서 차에서 내려야 한다는 생각만 또렷해졌습니다. 막상 달리는 고속도로에서 차문을 열려니 두려워서 고속도로를 빠져나오기만 기다렸습니다. 코너를 돌면서 속도가 떨어질 때 달리는 차문을 열어젖히자 차가 급히 멈추었고 그 순간 재빨리 차에서 내렸습니다. 고속도로 출구 쪽이라 여전히 차들은 바람처럼 씽씽 달리는데 지나가는 차를 향해 손을 들 수도 없었습니다. 도로 위의 운전자가 모두 공범자만 같았습니다. 그때 어디선가 경찰차가 나타났습니다. 기적 같은 일이었습니다. 머리를 가리지 않은 자그마한 아시아 여자가 아바야를 펄럭이며 고속도로 한가운데 서 있으니 멀리서도 눈에 띄었는지, 길 가는 운전자가 이상한 여자가 길에 서있다고 신고를 했는지 지금도 알 수 없지만 택시기사는 경찰과 아랍어로 말을 주고받으면서 '마피 무시낄라'만 연발합니다. 경찰이 다가오면서 "마피 잉글리시(Mafi English)." 제가 대답했습니다. "마피 아라빅(Mafi Arabic)." 영어 못하고 아랍어 못한다는 소리입니다. 이미 경찰에게 상황을 이야기할 기력도 상실한 터라 말할 기운도 없어서 대답할 때 목구멍까지 떨려왔습니다.

경찰이 호위하는 가운데 디큐 입구에 도착하니 장총을 들고 다가오는 군인들마저 오래된 친구 같이 친근하게 느껴졌습니다. '여기서부터는 내 영역이다.' 내내 잡고 있던 택시의 손잡이를 밀치고 내리니 마른 눈물이 온몸으로 주르륵 흘렀습니다. 손가락 하나의 무게만 얹혀도 바닥에 주저앉을 듯이 다리가 후들거렸습니다. 그 사건 이후 사우디를 떠날 때까지 남편 없이는 바깥 외출을 하지 않았습니다.

사우디 여자들은 차뿐만 아니라 자전거도 탈 수 없습니다. 알마나힐 헬스센터에서 운동을 마치고 나오니 젊은 사우디 여인들이 입구에 세워둔 제 자전거에 우르르 몰려있었습니다. 자전거를 처음 본 모양인지 마냥 신기해합니다. 그중에 한 명이 타봐도 되느냐고 해서 그러라고 했더니 안장에 어떻게 앉는지를 몰랐습니다. 안장을 잡아주는 친구의 어깨를 양쪽으로 붙잡고 기우뚱기우뚱 겨우 앉아 휴대폰으로 사진을 찍습니다. 아마도 다른 친구들에게 자전거에 올라탄 모습을 보여주려고 했던 것 같습니다. 그녀의 친구들이 줄줄이 휴대폰을 꺼내 사진을 찍습니다.

사우디 최초의 여성 영화감독인 하이파 만수르(HaifaaAl-Mansour)가 처음 만든 영화인 와즈다(Wadjda)는 리야드의 한 소녀가 매일 아침 학교 가는 길에 지나치는 가게 안의 초록색 자전거를 갖고 싶은 꿈에서 시작된 영화입니다. 2014년 여름휴가 차온 한국에서 "와즈다"를 보았습니다. 부산의 "아랍 영화제(Arab Film Festival)"에서 상영된 영화의 마지막은 "이 영화 이후 사우디 여성들은 자전거를 탈 수 있게 되었다"는 자막이 있었습니다. 진실 없는 문구에 잠시 멍해졌습니다. 사우디 여자에게 자전거는 영화 속 이야기일 뿐, 결코 현실 속에서 일어날 수 없는 일이기 때문입니다. 두려운 것은 사우디에 대한 사우디 바깥에 사는 사람들의 막연한 환상이었습니다. 진실을 알고 싶지 않아

오해가 있듯이 진실을 외면한 채 진실을 왜곡하는 일을 바라보는 마음은 착잡했습니다.

시내에서 가끔 교통경찰이 지나가는 차를 세웁니다. 남장한 여성 운전자를 가려내기 위해서입니다. 남자 캠퍼스 주차장에서 시험 치러 들어간 남자 친구를 기다리며 차를 운행하다가 나무를 들이박고 접촉사고를 내서 잡힌 경우도 있었다고 합니다. 그 같은 경우 미혼 여성이 외간 남자 친구와 함께 있었다는 사실이 명백하여 죄가 두 배로 무거워집니다. 운전의 목적이 사람을 살리는 일이라 하여도 예외가 없습니다. 제다에서 큰 홍수가 났을 때 딸이 아픈 아버지를 대신해서 운전하여 온 가족이 생명을 건졌던 경우에도, 가족 여행 중에 운전하던 아버지의 당뇨증세가 심각해져 고속도로에서 오도 가도 못할 때 아버지를 병원으로 모시기 위해 대신 운전했던 경우에도 딸들은 단지 운전했다는 이유로 경찰에 잡혀갔습니다. 케빈은 리야드에서 여성 운전자를 보았다고 합니다. 좌회전할 때 무리하게 끼어드는 차가 있었는데, 보통 때는 절대 안 끼워주지만 같은 하머(Hummer) 차라 끼워주었다고 합니다. 끼어드는 차의 창문이 손 뼘만큼 살짝 내려가면서 틈새로 빨간 매니큐어 바른 하얀 손을 흔드는 것을 옆자리의 사라도 보았는데 여자의 자그마한 손이 틀림없었다고 합니다. 여성의 운전이 불법인데도 불구하고 리야드 시내를 운전하고 다닌다면, 운전자는 막강한 권력을 가진 공주 중 하나일 거라며 이야기하는 내내 흥분했습니다.

여성의 운전을 허용해달라는 캠페인이 전 세계의 관심을 모은 계기는 마날 알 샤리프(Manal al Sharif)라는 여성으로부터 시작되었습니다. 자신이 직접 운전하는 모습을 비디오로 찍어 유튜브에 올려서 세계의 이목을 모으면서 사우디 여성에 대한 운전 허용 토론회를 개최하고 국제면허증 취득 센터 설립을 요구하는 탄원서를 사우디 여성 128명의 이름으로 국왕에게 전달하기도 했지만, 그로인해 그녀는 감옥에 갇혀야 했습니다. 지난 연말 자동차를 운전한 30대 여성 1명에 10대의 회초리를 때리도록 하는 판결이 내려졌습니다. 역사상 최초로 여성이 차기 국회 및 지방의회에 후보로 나설 수 있으며, 투표도 할 수 있다는 압둘라 국왕의 발표가 여운이 사라지기도 전에 이전의 보수적 입장에 쐐기라도 박듯이 운전한 여성에게 내려진 태형 소식이었습니다. 국제사회가 반대운동을 벌이고 있는 형벌인 태형이 여전히 존재한다는 사실과 운전했다는 이유로 여성을 내리칠 수 있는 권력의 회초리 아래에서 여성의 권리는 무력

하기만 합니다. 이런 시기를 지나 2017년에 여성의 운전이 허용된 소식은 너무나 기쁜 소식입니다. 여성들이 운전을 배우고 면허를 따고 여성 택시기사가 생겼다는 소식을 전해들었습니다. 한 사람의 작은 용기가 세상을 바꾼 것입니다.

헤나 염색 수염의
종교경찰, 무타와

　　사우디에 사는 동안 여성으로서의 저의 일상에 깊이 관여된 단어가 두 가지 있다면 그것은 아바야와 무타와(Muttawa)였습니다. 무타와는 정부가 인정하는 권한을 가진 종교경찰로 경찰 위의 경찰이라 부를 만큼 막강한 권력을 행사합니다. 무타와의 정식 명칭은 미풍양속 집행위원회(CPVPV, Committee for the Promotion of Virtue and the Preventions of Vice)입니다. 쇼핑몰에서 한 사우디인이 종교경찰인 무타와의 칼에 찔렸습니다. 무타와가 쇼핑 중인 아내에게 눈을 가리라고 경고했고 같이 있던 남편은 아내가 히잡과 니캅으로 얼굴을 다 가린 상태인데 눈마저 가리라고 윽박지르자 무타와에게 강하게 항의했습니다. 무타와는 옷 속에서 칼을 꺼내 남편의 등을 찔렀고 피로 범벅이 된 그녀의 남편은 곧바로 병원으로 실려 갔습니다. 칼이 폐를 관통하였던 큰 사건이었지만 무타와 위원회는 사과하지 않았습니다. 사건의 시작은 니캅의 뚫린 눈 부분으로 살짝 보이는 여자의 눈빛이 유혹적이라는 이유였습니다. 얼굴을 가린 여자의 눈빛이 유혹적인데서 시작된 칼부림은 까뮈의 소설 '이방인(The Stranger)'에서 아랍인을 권총으로 쏴 죽인 뒤 법정에서 햇빛이 너무 눈부셔서 그랬다고 진술하는 뫼르소(Meursault)를 연상시킵니다. 그 사건이 난지 5개월 후 법원은 칼로 사람을 찌른 종교경찰에게는 무죄를, 종교경찰의 권위에 대항한 남편에게는 징역 9개월과 태형 350대를 선고했습니다. 종교적 가치라는 이름으로 행해지는 무타와의 칼부림이 섬뜩하였습니다.

무타와는 주로 헤나로 염색한 오렌지색 수염을 길렀는데 일반인들과 달리 도우브의 길이가 발목까지 옵니다. 그들이 휘저으며 들고다니는 짧은 막대기는 얼굴과 몸을 제대로 가리지 않은 여자의 다리를 내리치거나 지목할 때 씁니다. 보통의 사우디인과는 달리 슈마그를 고정시키는 이갈(Igal)을 하지 않고, 머리에 하얀색 바탕에 빨간 체크무늬가 있는 슈마그(Shumagh)를 스카프처럼 길게 늘어뜨리고 다닙니다. 단속 장소는 주로 쇼핑몰입니다. 외국인이 자주 이용하는 사하라(Sahara), 그라나다(Granada), 리야드 갤러리(Riyadh Gallery) 쇼핑몰에는 무타와가 상주합니다. 쇼핑몰 안을 휘젓고 다니면서 여자들이 아바야를 제대로 입어 몸을 완전히 가렸는지 점검합니다. "Cover your hair! Cover yourself!" 때로는 징징 우는 소리처럼 들리기도 했고, 때로는 파리 떼가 앵앵거리며 허공을 날아다니는 소리 같기도 했습니다.

패밀리 섹션(Family Section) 안까지 들어와서 아바야 복장 검사를 하던 날, 하필이면 가방에 넣어둔 비상용 스카프가 없었습니다. 후드 달린 아바야를 입은 사라가 얼른 머리를 가리고 스카프가 없던 저는 그냥 지나쳐주기를 기대하면서 조용히 목을 꺾고 고개를 숙이고 있었습니다. 테이블이 벽쪽에 붙어있어서 반 쯤은 가려져있는데도 굳이 다가온 무타와와 눈빛이 마주쳤습니다. 오렌지색 헤나 염색을 한 무타와는 저를 보더니 마치 물 만난 생선처럼 흥분해서 들고 다니는 막대기를 일자로 쭉 뻗어 제 얼굴을 가리켰습니다. 그 와중에도 여자 얼굴은 절대 보지 않겠다는 듯이 자기 얼굴은 돌린 채 소리를 질렀습니다. 남편이 모자를 벗어 제 머리에 씌워주니 그제서야 무타와는 사라졌습니다.

무타와에게 맨날 당하기만 한 것은 아니었습니다. 자나드리아 축제에 간 날, 입구에 서 있던 사우디인이 "Cover your face!!"라고 무례한 태도로 소리를 쳤는데 순간적으로 발끈해져서 "Don't look at women's face."라고 맞받아쳤습니다. 갑자기 어디서 생겼는지도 모르는 용기는 났지만 뒤따라와서 소매를 붙잡을까 봐 앞만 보고 서둘러 걷는 제 가슴이 두근두근 떨렸습니다. 옆에서 같이 걷던 남편도 저만큼 가슴이 콩닥거렸다고 했습니다. 무타와에게 처음이자 마지막으로 대들었지만 사실 공무방해로 잡혀갈 수도 있었던 위험한 순간이었습니다.

이슬람교에서는 남자가 여자의 눈을 정면으로 보면 안 되고 반드시 아래로 내려서 보아야 합니다. 사실 그날의 제 용기는 케빈과 로리에게서 배운 겁니다. 사라가 히잡을 쓰지 않았다고 무타와가 소리칠 때 케빈이 "내 아내에게 소리지르지 마라. 그리고 한마디 더, 너는 왜 남의 아내 얼굴을 쳐다보느냐? 외간 여자의 얼굴을 보는 것은 금지 아니냐?"고 함께 맞소리를 질렀더니 무타와가 꽁지를 내리고 사라지더라는 이야기와 로리가 친구와 쇼핑하는데 그녀의 십자가 목걸이를 본 무타와가 다가와서 목걸이를 벗으라는 말에 "나는 네 문화를 존중해서 아바야를 입었는데 너는 왜 나의 문화를 존중하지 않느냐?"는 말을 해서 주위 친구들의 박수를 받았다는 이야기들을 듣고서 위급 상황에서 꼭 한 번 써먹어야겠다고 다짐했었습니다.

쇼핑몰뿐 아니라 도로도 무타와의 단속대상입니다. 부적절한 관계로 의심되는 남녀가 함께 탄 차량을 추격하는 일도 빈번해서 비극적인 사고로 이어지는 일이 비일비재합니다. 부부가 탄 차량을 추격해서 부부가 아니라며 경찰서로 끌고 갔고 부부의 가족이 결혼증명서를 들고 와서야 풀려났다는 일과, 열어 둔 차창으로 새어나온 음악소리를 듣고 무리한 추격전을 벌이다가 결국 운전자가 사망한 일도 있었습니다. 불법인 음악을 틀었기 때문에 무타와의 단속에 걸린 것입니다. 무타와는 매일 신문에 등장했고 무타와가 관련된 기사는 제게 소설보다 재미있었습니다. 추격전은 무타와뿐 아니라 할 일 없는 사우디인까지 합세하여 '그날의 이벤트'가 됩니다. 일반인들의 추격전이 많아지면서 소소한 교통사고과 교통체증이 생기자 무타와 위원회가 직접 나서서 '일반인의 추격전을 금지하며 의심이 드는 차량 발견 시에는 직접 추격하지 말고 무타와가 추적하도록 도우라'는 공식 성명까지 낼 정도였습니다. 운전하는 경찰을 대동해서 다니면서 차 지붕에 달린 확성기로 끊임없는 경고를 날립니다. "기도시간이 다가오니 어서 문을 닫으시오."

리야드의 대형 공구상인 사코(SACO)에서 쇼핑을 하던 중 수영장 플라스틱 튜브 판매대 앞에 발이 멈췄습니다. 설명이 적힌 광고그림에 먹칠한 자국이 눈에 거슬렸습니다. '아이들이 놀 게 없어서 가게에 와서 저런 걸로 장난했구나' 하며 지나치려는데 그곳 진열대뿐만이 아니었습니다. 매장에 있는 다른 제품에도 검은 매직이 난무했습니다. 수입된 제품의 포장 광고에 있는 여자 얼굴을 검은 매직펜으로 싹 지워두었습니다. 지우는 사람도 이력이 난 듯 한결같이 거칠게 지워져있습니다. 아빠 얼굴, 아들 얼굴, 그리고 엄마의 몸통만 보이는 상품이 매장을 채웠습니다. 얼굴 없는 엄마는 목 부분까지만 보이는데 먹칠한 엄마 얼굴의 상품을 구입하는 아이들은 어떻게 받아들일까 궁금했습니다.

쇼핑몰 진열장의 여자 마네킹 역시 얼굴이 없거나 때로 얼굴에 핸드백이 뒤집어 씌워져있습니다. 예술작품이라기보다는 그저 얼굴을 가리기 위한 용도로 보입니다. 의류광고의 사진 속 여자는 얼굴 대신 동그라미를 그려 넣거나 목을 잘라냅니다. 그나마 나은 것은 얼굴의 형태는 그대로 두고 이목구비를 흐릿하게 지운 사진입니다. 카탈로그 속의 파티복은 드레스

색깔에 상관없이 무조건 검은색이나 피부색으로 가슴 파진 부분부터 목 부분까지를 덮어버려서 얼핏 보면 구별이 안 됩니다. 그래서 한때는 디자인이 다 똑같은 줄로 알고 있었습니다. 사우디에 중동 1호점을 냈던 가구 · 생활용품업체 이케아(IKEA)가 사우디용으로 따로 카탈로그를 만들었고 여자모델의 사진을 모두 지워 화제를 모았습니다. 가족문화를 이념으로 한다는 이케아의 사업 목표와 배치되었기 때문입니다. 위성수신 TV로는 최신 포르노를 볼 수 있는 나라에서 까만 매직펜을 들고 다니며 여자 얼굴을 먹칠로 지우는 무타와의 미풍단속 효과에 대해 알 수는 없지만, 현실 속의 여자뿐 아니라 종이 속의 여자마저도 사우디살이가 쉽지 않아 보입니다.

사우디에 도착했던 첫 해, 스타벅스 커피점과 함께 야라라는 여성이 화제였습니다. 비즈니스우먼인 미국 여성이 스타벅스에서 커피를 마시는 도중 경찰에 체포되었기 때문입니다. 제다에서 리야드로 출장 온 야라는 갑작스런 정전으로 회의 진행이 안되자 근처의 스타벅스에 갔고 그녀가 랩탑을 여는 동시에 무타와가 들이닥쳤습니다. 남편 아닌 남자와 함께 있었다는 이유였습니다. 세 아이의 엄마인 그녀는 직장업무를 지속하기 위해 함께 왔을 뿐이라고 항의했지만 무타와에게는 변명이었을 뿐입니다. 외출할 때면 한 순간도 무타와의 풍기단속에서 자유로울 수 없고 무타와의 단속은 한계가 없어 보였습니다.

리야드에서 국제도서박람회(Riyadh International Book Fair)가 열렸습니다. 이슬람 관련 서적을 열람하는 곳 이외에는 도서관이 없는 도시이지만 도서박람회에 대한 광고가 연일 영자 신문인 'Arab News'와 'Saudi Gazzett'에 났습니다. 차일피일 미루다가 패밀리 데이를 놓치는 바람에 남편이 혼자 다녀왔는데 저자 사인회에서 희한한 광경이 벌어졌다고 했습니다. 여성작가와 마주치고 말을 나누는 일은 상상할 수 없기에 벌어지는 일이었습니다. 독자가 책을 무타와에게 건네주면 여성작가는 무타와에게서 건네받은 책에 사인해서 다시 무타와를 통해 독자에게 전달하는 방식으로 저자 사인회가 진행되면서 엄청난 시간 지체가 있었다고 합니다. 게다가 외국에서 온 여성작가들과 그녀들의 드레스 코드를 지적하는 무타와 측 간에 시비가 붙어서 행사 자체가 아예 중단되었답니다. 외국 여성작가들이 아바야를 입었지만 차림새가 야하다는 무타와의 판단 때문이었습니다. 예상보다 일찍 돌아온 남편은 "완, 오늘 정말 좋은 구경을 놓쳤다"며 약을 올렸습니다.

2011년 제가 사우디를 떠날 때까지 사우디는 엄격한 남녀

분리법 때문에 여성들이 남성 고객들을 상대로 물건을 판매하지 못했고, 여자의 브라와 팬티 역시 예외가 아니어서 남자에게서 속옷을 사야 했습니다. 남자에게서 브라를 사는 일은 나이와 상관없이 쑥스러운 일이어서 제대로 고르지도 못하고 서둘러 가게를 빠져나올 때면 금지된 물건을 몰래 사는 느낌이 들기까지 했습니다. 중동 여인들의 속옷 가게는 유난히 요란한 형광색이 많고 디자인 또한 대담하고 화려해서 같은 여성이지만 일반 아바야 여성들이 과연 저 속옷을 입을까 하는 의구심마저 들게 합니다. 얼굴이 붉어질 정도로 현란한 속옷 사이로 낯선 아랍 남자가 빤히 지켜보는 중에 브라를 고르는 일이 식탁 매트 고르는 것만큼 간단하지도, 편하지도 않았습니다. 사우디인들이 가디언을 데리고 다니듯 저 역시 남편을 데리고 속옷가게에 갔습니다. 남편이 가게 입구에 서서 기다리는 동안 브라를 고릅니다. 아바야 위로 한번 대보고 싶은데 분위기가 그런 분위기가 아니라서 브라 사기를 포기하고 가게를 빠져나오면 남편이 안타까운 심정으로 뒤따라오며 말합니다. "완, 큰 거, 작은 거 두 개 다 사!"

사우디 전체에서 여자가 여자 속옷을 파는 곳은 딱 한 군데 있었습니다. 바로 리야드 시내에 있는 킹덤 센터(Kingdom Center)

의 3층입니다. 킹덤 센터는 병따개 모양을 한 독특한 건물로 리야드에서 가장 높은 빌딩이라 리야드 어느 지역에서나 보이는 77층의 건물입니다. 막상 킹덤 센터에 가보니, 여성들이 아바야 없이 자유롭게 쇼핑하거나 얼굴을 드러내고 친구들과 차 마시는 공간일 거라는 당초의 기대가 여지없이 깨졌습니다. 군복 같은 유니폼을 입은 여자 경찰이 코너 코너를 지키고 있어서 오히려 부담스럽기만 했습니다.

속옷뿐 아니라 화장품 가게에서도 쑥스럽긴 마찬가지입니다. 혼자 들어간 화장품 가게에서 립스틱을 고르는데 달라붙는 셔츠에 짙은 눈썹의 남자가 말을 건넵니다. 놀라 뒷걸음치며 돌아서려는데 다시 보니 화장품 판매 사원이었습니다. 매장에 가득 남자들이 있는 것은 알았지만, 막상 제 곁에 바싹 붙어 다니는 립스틱 파는 남자는 당황스러울 정도의 충격이었습니다. 쇼핑 바구니를 팔에 끼고 따라다닙니다. "찾는 색상이 있어요?" "아니요." "마담, 이 색깔은 어때요?" "노 땡스." "그럼 무슨 색?" 끈질기게 쫓아다니며 유행 색을 설명하는 종업원을 견딜 수 없어 잰 걸음으로 매장을 빠져나왔습니다. 여자 모델 사진에 먹칠을 하고 마네킹마저 목을 없앤 쇼핑몰에, 히잡과 니캅만으로도 부족하여 그 긴 아바야 위에 또다시 베일을 덮어 쓰고 선글라스를 쓴 여자들이 남자에게서 브라를 사고 팬티를 삽니다. 여자 속옷을 여자가 팔게 해달라는 지속적인 캠페인의 결과로 마침내 2014년 경부터 일부 도시의 제한된 장소에 한하여 여자 속옷은 여자가 판매할 수 있도록 법을 수정했습니다. 이 캠페인을 오랜세월 동안 주도했던 리임 아사드(Reem Asaad)는 2013년 '세계에서 가장 영향력 있는 아랍인 500'에 1위로 선정되었습니다.

밤새
도망가다

　　　　　　필리피노 가정부가 밤사이 도망을 갔습
니다. 복도 건너편의 집에 필리피노 가정부가 둘이었는데 어린
가정부가 현금과 시계를 챙겨 사라져서 경찰에 신고하고 오
는 길이라는 옆집 운전기사가 남편에게 미주알고주알 알려줍
니다. 3살, 5살 딸 둘이 있는 집인데, 주인 여자가 막내 가정부
를 구타하기 일쑤였다고 합니다. 자기 키만한 검은 쓰레기 봉
지를 어깨에 메고 힘에 겨워 뒤뚱대며 지나가는 필리피노 가
정부를 두어 번 본 적이 있습니다. 가끔 쓰레기 봉지를 복도 중
간 기둥 뒤에 던져두고 가기도 했는데, 그렇게 해서 인디언 청
소부들이 복도 청소를 할 때까지 방치되면 고양이가 달려들어

복도가 난장판이 되기도 했습니다. 운전기사는 사실 자기도 도망가고 싶지만 집주인이 여권을 갖고 있어서 그러지 못한다고 합니다. 이미 도망간 필리피노 가정부가 여권을 소지하고 있었는지 모르지만 아마도 불법체류자로 사우디 어딘가에 남아있을 겁니다. 여권 없이 도망 나온 가정부들을 상대로 한 거대 인신매매단이 중동 전역에 존재한다는 사실은 낯선 뉴스가 아닙니다. 디큐 외부에는 성적으로 학대당하고 폭행당한 아시아 가정부를 위한 쉼터가 비밀리에 운영됩니다. 여성에 대한 폭행과 학대의 사례는 신문기사만 봐도 끝이 없었습니다. 입술을 잘린 인도네시아 가정부에서부터 주인이 박은 24개의 못을 몸에 안고 귀국해야했던 스리랑카 가정부, 17년 동안 임금을 못 받고 폭행당한 에티오피아 가정부의 사진을 싣는 신문이 잔인해보일 지경이었습니다. 여성의 인권이 있기나 한건지 답답해집니다. 사우디에서 메이드로 일하는 많은 아시아 여성들의 지난한 삶이 고향에 있는 가족을 부양하기 위한 절박함이라는 것을 알게되면 가족을 챙기는 그들의 순수하고 거룩한 희생 앞에서 숙연해집니다.

사우디에서 근로자들은 사우디에 입국하는 즉시 여권은 '스폰서(Sponsor)'에게 맡기고 대신 '이까마(Iqama)'라고 부르는 일 년

짜리 체류증명서를 소지합니다. 계약 기간 동안 여권을 회수함으로써 도망가지 못하게 막습니다. 이까마 번호는 사우디에서 어디를 가든 따라 다니는 번호입니다. 스폰서가 근로자의 여권을 가지고 있어서 이까마의 연장이나 갱신 또한 전적으로 스폰서에게 달려있습니다. 이까마를 여권과 바꾸기 전에는 마음대로 사우디를 떠날 수도 없습니다. 저의 스폰서는 남편이고 남편의 스폰서는 남편의 직장이어서 제 서류에 관한 것은 결국 남편 학교의 승인이 있어야 했습니다. 스폰서의 한마디가 노동자의 일생을 좌지우지할 만큼 강력한 이유는 재취업 허가서 때문입니다. 재취업 허가서는 계약 종료에 아무런 이의가 없다는 서류여서 이 서류를 받지 못하면 이후에 사우디에 재취업 할 수 없습니다. 음란문자 전송사건으로 해고당한 벨트맨은 제다에 직장을 구했지만 재취업 허가서가 없어서 결국 사우디를 떠나야 했습니다.

코트라(KOTRA) 상담 때 보면 사우디의 비즈니스맨들은 주로 두 명이 한 팀이 되어 오는데 한 사람은 사우디인이고 한 사람은 인디아나 레바논 사람입니다. 사우디인은 일꾼들을 세계 각국에서 데려와 적재적소에 배치하고 관리하는 일을 하고, 노동이나 실제 업무는 외국인의 일이었습니다. 사우디제이션(Saudization)이라고 불리는 고용의무제를 통해 일정한 수의 사우디인을 고용해야 하는 할당제가 있기 때문입니다. 많은 사우디인들이 2개 혹은 서너개의 직장을 오갑니다. 굳이 직장에 다니지않아도 스폰서 자리를 빌려주고 월급을 받기 때문에 한 달에 한두번은 해당 사무실에 나타나곤 합니다. 그럼에도 불구하고 정부는 사우디인 고용 할당량을 못 채우고 외국인을 주로 고용하는 기업에게 벌금을 내리겠다는 정책을 발표하기도 했습니다. 사우디제이션을 지키지 않는 외국 사업체가 많았던 이유는 사우디인에게 비싼 인건비를 주어야하는데 제대로 된 일자리에는 들어갈 실력을 갖춘 이가 드물고 단순한 일을 시키기에는 월급이 아까웠기 때문입니다.

사우디는 약 3백만의 외국 가정부가 일하는데 거의 아시아, 아프리카와 다른 아랍권 나라에서 온 어린 딸들입니다. 메이드는 유모도 되었다가 식모도 되었다가 하녀도 됩니다. 푸드 코트에서 10대 후반이나 20대 초반의 어린 가정부들에게 일 인분의 음식을 시켜주지 않아 아이들이 먹다 남긴 음식을 먹는 것을 보면 보는 이가 민망해집니다. 만약 사막 한가운데 한 집 두 집 있는 동네인줄 모르고 직업소개소를 통해 사우디로 온 경우라면 문제는 더욱 심각합니다. 일단 들어가면 계약서가 있다하더라도 그곳을 빠져 나오기가 쉽지 않기 때문입니다.

삶이 척박하기는 사우디에 사는 남자들도 마찬가지입니다. 한국 학교의 버스 운전기사인 이브라힘도 8년 전에 한 번 고국에 갔었고 그때 데려온 막내아들과 학교 건물 입구의 컨테이너 집에서 살았습니다. 이브라힘의 희망은 한국 학교 버스 기사 자리를 아들에게 물려주고 고향으로 돌아가는 일인데 전교생이 10명 안팎인 학교의 학생이 더 적어져서 버스운행을 못하게 될까봐 늘 고민이었습니다. 가장으로서의 책임감이 한 남자의 인생을 지배하는 것입니다. 인내의 세월을 보내면서 매달 월급을 송금하며 고향의 가족을 부양하는 모습은 우리나라의 70년대에 서독으로 간 광부와 간호사들의 치열했던 삶을 떠오르게 합니다. 외국 노동자의 설움과 고달픔이 동전의 양면처럼 따라 다녔습니다. 집 앞에서 자주 마주치는 청소부는 까맣게 타들어간 얼굴을 하고 물기 빠진 듯한 왜소한 몸으로 슈퍼 앞 도로를 청소합니다. 디큐의 경우 청소부의 유니폼 색깔로 일꾼들의 활동영역과 신분을 알 수 있습니다. 노란 유니폼을 입은 슈퍼 앞의 깡마른 청소부를 보면 가난이 떠밀어낸 그의 청춘이 안쓰러웠습니다. 가끔 신호등 앞에서 차가 설 때면, 앞차의 짐칸에 쪼그리고 앉아있는 일꾼들과 눈길이 마주칩니다. 의자도 없고 지붕도 없는 트럭 뒷칸에 짐이 되어 쪼그린 채 앉아서 자고 있습니다. 낙타를 싣고 가듯 철망을 두른 차에 싣고 가기도 합니다.

사우디를 벗어나기 위해 몸부림치는 사람이 있고 사우디에 가기 위해 꿈을 꾸는 사람도 있습니다. 네팔의 포크라(Pokrah)라는 지방에서 한 달을 머물렀을 때, 숙소의 네팔 종업원은 틈만 나면 제게 와서 사우디로 데려가 달라고 했습니다. 사우디에 살고 있다는 이유만으로 아무 배경도 없는 낯선 한국 아줌마를 붙잡고 사우디에 보내달라며 애걸복걸했습니다. 사우디는 나라에 따라 비자비를 달리 책정하는데 네팔 같이 가난한 나라는 비자비가 비쌌습니다. 스무 살쯤 되어 보이는 네팔 종업원은 제 앞에서 주먹으로 자기 가슴을 콩콩 치곤 했습니다. 그런 모습을 쳐다보고 있자면 제 가슴도 음식을 먹다 체한 듯 답답했지만 동시에 제 처지에 감사하기도 했습니다. 나는 사우디를 떠나고 싶어 애절한데 이 젊은 네팔 청년은 사우디, 그곳으로 떠나고 싶어 애절했습니다. 사우디에만 가면 가난에서 벗어난다는 확신이 청년에게 있었습니다. 그의 하소연을 들을 때면 사우디를 떠나고 싶어 몸부림치는 제 마음을 바라보았습니다. 남편을 따라 온 사우디이지만 내 삶에 필요한 것을 넘치게 가지고 있다는 생각에 마음이 겸손해졌습니다.

리야드에서 제일 큰 병원인 KFMC(King Fahd Medical City)에 인터뷰를 하고 오는 길에 들른 실비가 잔뜩 흥분하여 사우디가 미국인과 프랑스인을 차별한다는 요지의 장광설을 늘어놓았습니다. 실비는 16년 경력의 프랑스 간호사인데 2년 경력의 미국 간호사보다 월급이 적은 사우디의 현실을 알고 분개했습니다. 저는 사우디에 도착해서 프린스 술탄 대학과 인터뷰를 하던 날부터 디큐의 킹 파이잘 스쿨과 계약을 하고도 일을 하지 못했던 경험으로 이미 인종차별을 겪었는데 새삼 서양 여자가 인종차별을 이야기하니 동양 여자인 제가 할 말이 없었습니다.

중국인 리사는 알마나힐에서 요가를 가르치는데 제가 헬스센터에 다니는 유일한 동양 여자라서 그런지 이런저런 이야기를 주절주절 늘어놓곤 했습니다. 서양 강사들보다 월급이 적고, 외부 출강 같은 궂은 일은 모두 맡는다면서, 수업 중 요가 자세를 지적했다가 건방지게 말했다는 이유로 항의를 받은 후에는 사우디 수강생에게는 수업에 필요한 말 외에는 절대 하지 않는다고 했습니다. 그제야 선글라스를 쓰고 요가를 하든 요가 중에 전화 통화를 하든 상관 않고, 녹음테이프를 틀듯 일사천리로 수업을 끝내던 일련의 행동이 이해되었습니다. 사우디에서 아시아 여성으로 일하면서 느낀 고충을 통해 터득한 그녀의 생존법이었습니다.

테사는 호주에서 자라 호주 남자와 결혼했지만 방글라데시 여자입니다. 테사는 미국인 동료에게 왕따를 당해 힘든 시간을 보냈는데 복도에서 마주칠 때면 그간의 사정을 보고하는듯 살갑게 말을 붙이기도 했지만 어떤 때는 쳐다만 보고 지나가기도 해서 적응하기 힘든 여자였습니다. 어느 해 여름 남편과 세 아이를 집에 두고 탄자니아로 봉사활동을 간다고 했습니다. 3살, 10살, 12살의 자기 아이 셋을 남편 데이비드에게 맡기고, 여름 두 달을 탄자니아 고아촌에서 자원봉사를 하기 위해 떠나는 그녀를 보면서 사람마다 사는 방식이 다르고 결혼생활의 무늬가 다름을 알았습니다. 휴가 후 만난 테사는 탄자니아에서 강도사건으로 옆방에서 잠자던 동료를 잃은 충격에서 벗어나지 못하다가 곧 호주로 떠났습니다.

대사관 동네에 살면서 서양인 남편을 두고 있으니, 주변이 모두 서양인이었습니다. 서양인이 대접받는 사우디에서 인종차별 문제가 제게는 큰 의미라서 때로는 그들과 겉도는 대화를 할 때도 있었습니다. 아시아 여자는 창녀 아니면 가정부라는 단순 등식에 고착된 현지인들이 꽤 많아 서양 친구들과 쇼핑을 하거나 식당에 들어서면 저의 까칠한 성격은 괜스레 더욱 예민해져서 혹시라도 하녀취급을 받을까봐 언제나 남편 뒤가 아니라 옆에 섰습니다. 외국인이라서 조심스럽고 여자라서 조심스럽고 무엇보다 아시아 여자라서 더욱 조심스러웠습니다.

테니스장에 가기 위해 집 앞 도로에 자전거를 세우고 로리를 기다리고 있었습니다. 맞은편 도로를 달려오던 차가 갑자기 핸들을 꺾더니 약 30센티미터 간격을 두고 요란한 소음을 내면서 제 자전거 앞에 차를 세웠습니다. 유리창을 내린 사우디인이 삿대질을 하면서 왜 아바야를 안 입었느냐며 밑도 끝도 없이 악을 씁니다. 갑자기 일어난 일에 황당하고 부들부들 떨려서 아무 말 못하고 있는데 로리가 자전거를 타고 오며 손짓을 했습니다. 로리의 금발을 보았는지, 로리의 소매 없는 티셔츠에 짧은 반바지를 보았는지 미친 차는 횡하고 돌아섭니다. 다가온 로리에게 상황을 이야기하는데 설움이 복받칩니다. 동양 여자가 사우디에서 살아가는 방법을 체념적으로 받아들일 때 우울 하나가 입안에서 계피 향처럼 알싸하게 퍼졌습니다.

동양 여자를 대하는 태도는 그녀가 누구와 함께 있느냐에 따라서도 달라졌습니다. 혼자 공공체육관 정문으로 들어서면 무조건 세우고 검문을 합니다. 회원증 없이 혼자 갔다가 쫓겨

난 이후로 로리와 같이 다녔는데 언제나 짧은 반바지를 입는 로리가 체육관에 들어서자 저를 내쫓았던 같은 경비가 저를 보고 웰컴이라며 먼저 인사를 건넸습니다. 로리가 경비에게 저를 가리켜 친구라고 소개하니 떨떠름한 표정으로 통과시켜 주었습니다. 지극히 사소한 사건들이 누적되면서 서양사람들 속에서 혼자 아시아 여자인 제가 심난해졌습니다. 여자가 지나가면 바닷물이 갈라지듯 길가에서 일하던 청소부들이 동작을 멈추고 쳐다보는 것도 어색하고 같은 도로를 오가는 운전자들이 유리창을 연 채 느린 속도로 따라오는 것도 부담스러웠습니다만 할 일 없이 거리를 왔다 갔다 하는 남자들의 폭풍 흡입 눈빛은 굴욕스러웠습니다. 뚫어져라 쳐다보는 눈빛은 눈에서만 나오는 빛이 아니었습니다. 온몸을 흐르고 흘러서 눈에서 집결되는 인간 본능의 강한 욕망이고 절박한 욕구입니다. 뜨거운 햇살을 받은 종이가 타서 뚫어지듯이 쳐다봅니다. 눈빛일 뿐이지만 수치감을 느꼈습니다. 그들이 내뿜는 눈빛이 몸을 훑고 그림자가 되어 쫓아옵니다. 일생 동안 마음대로 볼 수 있는 여자의 얼굴은 엄마와 아내의 얼굴뿐이라는 그들은 때로 사생결단의 눈빛을 보냅니다. 햇살에 비친 깨진 유리조각처럼 날카롭게 반짝이는 남자들의 눈빛은 사우디에 사는 내내 불편했습니다.

눈빛도 폭력이 됨을 알려주었습니다. 거머리 같은 눈빛은 이쪽에서 철저히 무시해야만 저를 놓아줍니다. 소통하고 이해하여야 할 인간관계가 사람을 무시해야 살아남으니 사람과의 관계가 살벌해집니다. 큰 글씨로 명찰을 달 수 있으면 달고 싶은 심정이었습니다. '필리피노도 아님, 차이니즈도 아님, 메이드 아님, 결혼했음, 그리고 나이 많음, 너희들 엄마 나이임.'

집 앞으로 가는 샛길에 상주하는 나이 어린 경찰은 자전거를 타고 지나가는 제 뒤로 외칩니다. "Babe, I love you, honey." 그런 소리를 듣고 있자면 사우디 말고는 살 곳이 없는 제가 한심해집니다. '경찰이 희롱하면 어디에 가서 신고를 해야 하는가'에 생각이 미치면 절망스럽기까지 했습니다. 외국인인 나는 이곳을 떠나면 그만이지만 이 제도속에 태어나 자라고 살아가는 수많은 사우디 여성들은 이 모멸감을 어찌 견딜까하는 지점에 이르면 더욱 절망스러웠습니다.

욕망의 다리를
건너다

       다맘을 거쳐 다리 하나만 건너면 나타나는 이웃 나라인 바레인(Bahrain)으로 가는 국경의 도로는 주말이면 주차장으로 바뀝니다. 국경 입구에서 차가 밀려 1시간 이상 기다리는 일은 보통입니다. 열 대 중 아홉 대는 사우디 남자들만 탄 차입니다. 8-10시간씩 차를 몰고 국경까지 와서 다시 길게는 서너 시간씩 기다려 바레인으로 가는 이유는 사우디인이 원하는 것, 사우디에 사는 외국인이 원하는 것들이 그곳에 있기 때문입니다. 술과 그 이상의 유흥이 있음을 누구도 부정하지 못합니다. 바레인에 간다고 하면 첫 마디는 의미심장한 미소로 시작됩니다. "호텔이 어디야?" 관광을 하러 가는 것이 아니라 식당과 술집을 순례하러 가는 곳이 바레인임을 누구나 알기 때문입니다. 바레인의 수도인 마나마(Manama)의 호텔에서 아는 사람을 만나는 일은 드물지 않습니다.

술에 대한 정책은 중동국가라도 나라마다 조금씩 다릅니다. 바레인, 카타르와 유에이이처럼 공공장소에서의 음주는 불법이지만 호텔이나 골프 클럽에서 마음껏 술을 마실 수 있는 중동국가들도 있고 예멘, 쿠웨이트, 리비야, 이란 그리고 사우디처럼 어떤 경우에도 술을 금지하는 나라가 있습니다. 사우디에서 술은 공식적으로 존재하지 않지만 비공식적으로 암암리에 유통되는 술을 마실 수 있습니다. 하지만 사우디의 공식 입장은 너무도 강력합니다. 음주 및 밀주와 관련하여 추방되는 경우가 왕왕 있습니다. 약국에서도 알코올 대신에 알코올을 묻힌 솜을 팔 정도로 알코올의 사용은 병원에서부터 철저하게 관리됩니다.

대부분의 외국인들은 가정에서 와인을 만들어 마시는데 주요 재료는 이스트와 설탕 그리고 과일 주스라서 슈퍼에서 언제나 구입이 가능합니다. 슈퍼에 가서 포도 주스와 이스트를 사고 포도주를 담을 큰 병을 샀습니다. 계산대에 물건들을 올리니 물건을 비닐봉지에 넣어주던 종업원이 "설탕도 필요하실 겁니다." 남편과 저는 '아니, 어떻게 알았지?' 들킨 눈빛을 교환하고 있는데, 종업원은 벌써 설탕 2킬로그램 짜리를 들고 뛰어옵니다. 카운터에서 물건 집어주는 인디언 종업원이 밀주에 필요한 준비물을 훤히 꿰뚫고 있었습니다. 주스로 발효시키는 홈 메이드 와인에 도전하였습니다. 보통은 포도 주스를 쓰는데 비법을 전수해 준 애나는 사과 주스를 사용했습니다. 만드는 방법은 꽤 단순했는데 보관이 중요하다 해서 술병에 담요를 두르고 시킨 대로 했지만 며칠 후 보니 곰팡이가 피어있어서 썩은 줄 알고 다 버렸습니다.

만들어 파는 술을 시디끼(Siddiqi), 줄여서 시드(Sid)라 부릅니다. 시드는 증류된 알코올로 보통 콜라나 토닉 워터에 타 마십니다. 강도에 차이가 있지만 보통의 경우 서양에서 파는 일반 주류와 비교하면 엄청 셉니다. 사우디에서의 첫 크리스마스 때 시드를 마시고 삼 일 정도 두통에 시달렸는데 정말 끔찍한 경험이었습니다. 술을 많이 마셔서가 아니라 제조자가 다른 두 종류의 시드를 믹과 제임스 집에서 각각 마셨기 때문입니다. 집에서 만든 술을 두고 러시안 룰렛 게임이라고 표현하기도 합니다. 이집 저집에서 마구잡이로 만든 와인을 먹고 머리가 깨질 듯 아프고 심하면 토하기도 한다고 합니다. 시드의 품질을 감별하는 기술도 있어서 푸른빛이 나면 안 좋다는 이야기, 한국 교민분이 자동차 워셔액 넣는 곳에 물대신 술을 비닐봉지에 넣어 사막에 가서 마셨다는 이야기, 영국에서 만난 아이리시 이안이 사우디에 있을 때 컴퓨터 프린터에 넣는 잉크의 성분을 술에 넣어 마셨다는 이야기들이 그저 해보는 농담이려니 했는데 사우디에 살아보니 전혀 과장된 이야기가 아니었습니다.

일급 호텔의 칵테일마저 과일 칵테일뿐이고 그나마 살와 컴파운드 안에 두 개의 펍이 있었고, 아리조나 등의 컴파운드에도 시간제한은 있지만 술을 팔았습니다. 비공식적으로 사우디의 알코올 소비는 계속 증가되고 있어 술 암시장도 형성되어 있습니다. 사우디 동부지역에서 밀매현장이 적발되어 대서특필되기도 했습니다. 외국인이 컴파운드에서 술을 마시거나 술을 만드는 행위는 일일이 알 수 없어 묵인되지만 컴파운드 바깥에서 밀주를 만드는 행위는 엄격하게 처벌됩니다. 사우디에 살면서 추방당한 경우를 몇 차례 보았는데 모두 술과 관련되었습니다. 워런은 대사관에서 열린 파티에서 대사관을 배경으로 십자가가 새겨진 티셔츠를 입고 술 마시는 사진을 찍어 페이스 북에 올렸다가 경찰에 소환되었습니다. 결정적인 추방 원인이 술 취한 모습인지 티셔츠의 십자가인지는 분명하지 않지만, 직장에서도 해고당하고 일주일 만에 차를 팔고 집을 정리해서 가족과 함께 사우디를 떠나야 했습니다. 친구들만 보는 페이스 북에 사우디의 검열관이 어떻게 접근했는지는 아무도 모릅니다. 그 사건 이후 해시는 더욱 민감해져서 앞으로 해시에서 찍은 사진은 어떠한 경우에라도 해시 운영단의 승낙 없이 페이스북에 올리지 말라는 이메일을 전체 멤버에게 보냈습니다. 루이자는 직장에서 필리피노 간호조무사가 담근 와인을 가끔씩 사다 마셨는데 어느 날 그녀가 잡히면서 고객명단에 있던 루이자에게 추방령이 떨어졌고 결국 사우디를 떠나야 했습니다.

바레인에 처음 갔을 때 시기가 잘 안다는 지역의 호텔에 머물렀습니다. 빌딩마다 술집이었습니다. 사우디에서 5년째 살고 있는 시기가 바레인에서 아는 곳이라곤 그 지역뿐이라고 했던 이유를 알았습니다. 필리피노 밴드의 연주가 있다는 호텔 직원의 광고에서 시작된 호기심은 결국 하룻밤에 3개의 나이트클럽 탐방으로 끝났습니다. 첫 번째 바는 필리피노 여성밴드가 연주하던 게이 바였습니다. 사우디인이 확실한 게이들이 화기애애하게 앉아있으니 보는 제가 송구스러워서 얼른 사라지고 싶었습니다. 일부 서양인과 사우디인들은 사우디를 게이들의 천국이라고 합니다. 쇼핑몰에서는 성인 남자가 손을 잡고 다니는 모습을 쉽게 볼 수 있습니다. 사우디에서 말하는 형제애인지 게이 친구인지는 알기 어렵지만, 젊은 남자 둘이 혹은 젊은 여자 둘이 손잡고 다니는 것에 대해서는 특별한 편견이 없습니다. 무타와의 관심은 오직 남녀가 손잡고 다니는 것입니다. 사우디에서 공식적으로 게이는 없습니다만, 아브하에서 동성애를 했다는 이유로 두 명의 청년이 공개 참수되었고 그 현장을 찍은 사진이 한동안 인터넷을 달구었습니다.

게이 바 다음으로 들어간 서양식 펍도 제가 잘못 들어온 게 확실했습니다. 사우디인보다도 서양인들이 더 많이 득실거려서 등굣길의 만원버스 같은데 손님보다 더 많은 여종업원이 지나가면서 호객하고 있었습니다. 20대 초반에서 30대 초반의 젊은 아시아 여성들이 그렇게 많이 한 자리에서 일하는 건 중동만이 아니라 세상 어디에서도 처음 본 것 같습니다. 지난한 삶이 만들어냈을 그녀들의 예사롭지 않은 눈빛과 마주칠 때마다 무안해서 남편을 앞세워 허둥지둥 빠져 나왔습니다. 난잡하고 천박함이 음표가 되어 만든 리듬이 사람 목소리보다 더 큰 곳, 아방궁을 연상시키던 곳을 피해 세 번째로 간 곳은 아랍식 나이트클럽이었습니다.

넓지 않은 작은 방인데 좁은 무대를 향해 30여 명이 빽빽하게 앉아 있었습니다. 어두컴컴한 무대에 화려한 의상을 입고 짙은 화장을 한 여성에게만 내리쬐는 조명이 연극무대 같기도 해서 무희를 더욱 환상적으로 만들고 처연한 표정의 장난감 같기도 했습니다. 북으로 치는 남자의 장단과 음악에 맞춰 뮤직박스의 인형처럼 답답한 춤을 춥니다. 무희의 춤은 손가락의 놀림이 많을 뿐 그저 조용히 어깨만 돌리는 단순한 춤인데 아랍 남자들은 손이 아플 정도로 박수를 치면서 흥을 돋구었습니다. 무희가 살짝 등을 돌려 깊게 파진 등뒤의 맨살을 보여주니 그때까지 조용하던 남자들이 일제히 들고 일어나 광분하기 시작했습니다. 깊게 파진 등 부분의 스팽클이 움직일 때마다 색색의 빛이 반짝입니다. 핵심은 맨살의 등이었습니다. 의자에서 일어나 박수치던 사우디인들이 더러는 무대 쪽으로 튕기듯 달려 나가 칭얼대는 아기처럼 무희의 옷자락을 만졌습니다. 속살이 드러난 무희의 손가락이 꼬이고 조명 불빛 아래에서 드레스의 스팽클이 사정없이 흔들리면서 바레인 여행도 정점으로 향했습니다. 어디를 가도 여자 손님은 저뿐이었습니다. 남편과 함께 작정을 하고 다닌 술집 순례였습니다.

사우디에서는 돼지고기의 유통이 불법이고 돼지고기는 금지된 음식입니다. 아랍의 먹거리가 다 그렇듯 사우디 사람들도 고기를 즐기는데 주로 닭고기와 양고기에 의존하고 소고기를 먹긴 하지만 대중적이지는 않습니다. 모든 육류는 이슬람 방식으로 도축되어야 하고 이를 할랄(Halal) 제품이라 부릅니다. 빵이나 과자 등에 넣는 젤라틴도 돼지고기에서 추출된 경우는 인정이 안 되어서 우뭇가사리에서 추출한 한천을 이용한다는데 사우디에서도 인기 있는 한국의 초코파이 역시 소에서 추출한 젤라틴을 사용한 할랄 제품입니다. 리야드에서 10가구 남짓 모여 사는 작은 컴파운드에 외국인 가족이 베이컨을 구웠다가 체포되기도 했습니다. 베이컨 냄새가 지나치게 강했던지 옆집에서 경찰에 신고해서 가족들은 경찰에 잡혀가고, 뒤늦게 소식을 들은 컴파운드 집주인이 달려와 가족의 살림도구를 집 밖으로 다 들어냈다는 이야기를 전해 들으면 돼지에 대한 증오심마저 느껴집니다. 2009년에는 교육부에서 학교에서 쓰이는 모든 자료에 돼지의 그림을 제거하라고 지시했습니다.

캠핑의 별미는 바비큐 파티입니다. 각자가 사온 장작으로 불을 피우고 캠핑의자를 들고 나와서 옹기종기 앉습니다. 언젠가 닭고기, 소고기, 양고기, 돼지고기가 불판에 고루고루 섞여

있었는데 터키시 무슬림인인 노라가 마음이 상했습니다. 양고기 옆에 돼지고기가 눈치 없이 살을 맞대고 있었기 때문입니다. 둘의 사이를 떼어서 따로 구워 달라고 조심스럽게 요청했습니다. 돼지고기가 양고기와 함께 같은 불판에 놓여있는 것도 마음에 마뜩찮지만 겨우 참고 있는데 이 사람 저 사람이 고기를 뒤적이면서 양고기가 돼지고기 바로 옆에 있으니 그녀의 마음이 무척 상했던 것입니다. 바비큐의 불판 위에서까지 적용되는 종교와 문화의 힘을 실감하는 순간이었습니다.

바레인에 여행 간 외국인들이 떠나기 전에 반드시 들르는 곳은 돼지고기 파는 곳인데 호텔 지역에 서양인이 주로 오는 슈퍼마켓 깊숙한 곳에 있습니다. 슈퍼마켓 안쪽인데도 매장 끝벽 뒤에 숨어있듯이 있습니다. 좁은 공간이 빨간 전등으로 밝혀져 있어 밤무대의 불빛을 연상시킵니다. 고기 파는 집의 인테리어 분위기가 야릇했습니다. 'Non-Muslim only'라고 적힌 아주 작고 비밀스런 문을 열면 돼지고기의 천국입니다. 함께 여행한 후 리야드로 돌아오는 아침에 흐뭇하게 주차장으로 들어서는 이드리안과 눈이 마주쳤습니다. 덩치 큰 그가 양손을 들어올리고 고개를 옆으로 기울이며 눈을 찡긋 합니다. "이거 때문에 왔거든." 양손에 든 아이스박스에 들어있는 것이 돼지고기임은 말할 나위가 없었습니다. 사우디로 돌아오는 검문검색에서 술과 돼지고기가 비밀리에 입수되는지 검사하지만 일관성이 없어서 어떤 때는 가방 안의 물건을 다 끄집어내서 마당에 펼치기도 하고 어떤 때는 힐끗 쳐다보면서 형식적으로 검사하기도 합니다. 사우디에서는 욕망조차 길을 헤매는 듯합니다. 술도 돼지고기도 안 먹는 사람들이 사우디를 떠나면 괜시레 펍을 기웃거리게 되고 베이컨을 탐하게 됩니다. 오늘도 사우디를 빠져나가는 국경의 검문소는 붐빌 것입니다. 금지된 땅을 떠나 금지된 것을 찾아 떠나는 사람들로 욕망의 다리는 주차장이 되고 바다 건너 파라다이스를 향해 엑셀을 더욱 세게 밟을 것입니다.

라마단,
완전히 정확한 시간

　　사우디에서 처음 알게 된 라마단은 한 달 정도 계속되는데 인간의 기본 욕구를 금지하면서 자비와 선행을 베풀고 공동의 유대감과 결속력을 다지는 기간입니다. 해가 뜸과 동시에 금식하고 해가 지는 시각에 금식을 마칩니다. 금식의 예외 경우로는 어린이, 임산부, 생리 중인 여성, 환자들이지만 건강이 허락되면 7살부터 금식할 수 있다고 합니다. 6살 된 사우디 꼬마의 기사가 대서특필된 해가 떠오릅니다. 30여 일 동안 집안 어른들과 똑같이 지키는 금식을 칭찬하는 엄마, 아빠, 삼촌 등의 인터뷰는 또래 꼬마들의 단식을 부추기는 듯했습니다.

중동에서 맞은 첫 번째 라마단은 시리아에서 시작했습니다. 시리아의 알렙포(Aleppo)에서 머문 작은 호텔은 꿰다 놓은 보리 자루처럼 아주 복잡한 상가 골목의 뜬금없는 곳에 위치했는데 호텔 옆 식당에 가니 식당 안은 꽉 차있고 식당 바깥에는 긴 줄이었습니다. 그때까지 라마단인줄 눈치를 못 채고 장사가 잘되는 식당에 왔다며 들뜨기까지 했습니다. 겨우 테이블을 하나 잡고 옆을 보니 모두 주문만 해둔 빈 테이블이었습니다. 잠시 후 테이블에 음식에 얹히자마자 사람들이 마파람에 게 눈 감추듯 먹고 일어나고 새로운 사람들이 밀어닥치는데 저희가 식탁에 너무 오래 앉아 있는 것 같아 미안하기까지 했습니다. 알렙포 성에 가니 건물 안의 돌멩이 잔해들을 바깥으로 치우는 작업이 한창이었습니다. 흔한 수레 하나 없이 그냥 양손으로 돌덩어리 하나씩 들고 나오고 있습니다. 저걸 어느 천 년에 다 옮기는지 보는 사람이 걱정이 됩니다. 햇볕 뜨거운 대낮에 라마단에도 일을 하면서 물도 못 마신다면 몸이 어떻게 버틸지를 생각하니 물통 들고 관광하는 제 모습이 염치없었습니다. 어깨에 짊어진 큰 돌덩이 하나가 나타날 때마다 까맣게 탄 비실거리는 몸이 따라 나오는 듯했습니다. 성문 앞의 돌멩이마저도 사진을 찍어대는 관광객들을 위해 돌같이 굳은 맨발을 바닥에 붙인 채 기다리는 청년의 메마른 눈빛에서 인간에 대한 연민이 먹먹하게 전해졌습니다.

알렙포(Aleppo)에서 라카티아(Latakia)로 가는 날 아침이었습니다. 남편은 제 배낭 옆구리에 튀어나온 물병을 굳이 빼내서 가방 안에 쿡 쑤셔 박으며 어린이나 환자, 임산부 외에는 공공장소에서 물을 마시지 않는다며 계속 주의를 주었습니다. 아침 10시쯤인데도 한여름의 햇살이 따갑습니다. 금식 중이라 그런지 모두들 휑하고 졸린 눈빛이라 아침을 든든하게 먹고 나온 게 미안해질 정도였습니다. 매표소도 없는 터미널에서 묻고 물어 겨우 라카티아행 버스에 자리를 잡았습니다. 15인용 정도의 미니버스 앞뒤에서 얼쩡거리는 사람은 많은데 운전기사 자리는 계속 비어 있었고 승객을 완전히 채워야만 떠난다는 사실을 뒤늦게 알고 터미널 입구만 바라보면서 느릿느릿 한 30분을 더 기다려야 했습니다.

라마단의 땡볕은 심해지고 물이 마시고 싶은데 화장실에 가서 마시려 해도 잠시 버스에서 내린 사이에 자리를 뺏길까 망설였습니다. 고민하는 저를 보던 남편은 마뜩찮은 표정으로 '고개 숙여서 한 모금만 마시라'고 합니다. 창가에 몸을 붙이고 남편의 가방으로 제 등을 덮은 사이에 깊숙이 고개를 숙여 '홀짝'하고 한 모금 마시고 바로 앉으니 앞에 앉았던 남자가 뒤를 돌아 저를 빤히 쳐다보고 있었습니다. 마침내 차가 움직이고 터미널을 빠져나오자마자 여기저기서 부시럭부시럭 소리가 납니다. 가방에서 빵이며 과자가 봉지 봉지 나오고 물병과 주스팩이 나옵니다. 제 눈을 의심했습니다. 어른이고 아이고 여자고 남자고 먹기 시작합니다. 운전기사 옆 조수석에 앉은 사람은 양손에 들고 게걸스럽게 먹다가 눈이 마주치니 쑥스러운 듯 피식 웃으면서 저더러도 먹으라며 손짓까지 합니다. 운전기사도 한 봉지 가득 먹을거리를 옆에 두고 담배를 피우며 운전 중입니다. 순간 저와 남편도 동시에 웃음이 터졌습니다. "사람 사는 데는 다 똑같구나." 라마단이 되면 저는 시리아의 작은 버스 안 풍경을 떠올립니다.

두 번째 라마단은 레바논이었습니다. 사우디에서 시리아로 올 때 주말이 끝나는 금요일에 출발했는데 시리아에 왔더니 시리아는 금요일부터 주말이었습니다. 한 주에 주말을 두 번 보내고 레바논으로 오니 이 나라는 토요일부터 주말입니다. 한 주에 주말을 세 번 보내며 맞이하는 트리폴리(Tripoli)의 거리에 휴일의 여유는 없고 휴일의 적막함만 남았습니다. 반쯤 부서져 내리는 건물들이 흉하게 방치되어 있는 거리에 숙소를 정했는데 간밤에 쾅 하고 소리가 나서 잠이 깼습니다. 집 앞에서 타이어가 터졌나 했더니 숙소 근처에서 폭탄이 터졌다고 합니다. 숙소에 같이 머물던 독일인 빈센트와 버스 정류소로 서둘러 뛰었습니다. 트리폴리에 있을 이유가 없었습니다. 버스 정류소는 복잡했지만 겨우 자리를 차지하여 베이루트(Beirut)에 무사히 도착하니 안도의 한숨이 나왔습니다. 베이루트는 라마단의 풍경이 한결 느슨했습니다. 카페에 앉으니 라마단을 느낄 수 없습니다. 마실 사람은 마시고 금식할 사람은 금식하는 자유로운 분위기였습니다. 라마단이라도 사우디나 시리아에서 느끼기 힘든 자유가 있었고 지역에 따라 기독교인들의 수도 많아서 상대적으로 중동에서는 이슬람 문화의 영향을 덜 받는 지역임을 깨달았습니다.

베이루트에서는 찾아볼 사람이 있었습니다. 라마단 휴가를 이용하여 티모시가 베이루트에서 다리연장 수술을 했습니다. 사우디에서 레바논까지 날아와 멀쩡한 다리를 망치로 부러뜨려 피 묻은 침대에 누어있으리라곤 상상을 못했습니다. 다리를 연장하는 수술도 처음 알았습니다. 허벅지에서 무릎으로 내려오는 부분의 다리뼈를 일부러 부러뜨려서 부러진 틈을 이용해서 나사를 꽂았습니다. 나사를 꽂은 주변의 상처 위로 새살이 돋아나게 해서 인위적으로 다리를 길게 만드는 수술입니다. 티모시가 머물던 작은 호텔에 방문했을 때 간호사가 오기 전이라 갈지 못한 침대보 위로 마른 피가 여기저기 얼룩져 있었습니다. 양 다리의 허벅지에 2개의 나사가 보였습니다. 침대보의 핏자국만으로도 끔찍해서 앉지도 않고 서서 고개를 돌리는데 대화 도중에 티모시가 나사를 조이기 시작했습니다. 일그러지는 표정을 하면서도 '괜찮다'며 저희가 방문한 1시간 내내 나사 조이는 기구를 들고 있었습니다. 티모시는 빨리 회복해서 예전 여자 친구에게 커진 자기 키를 보여주고 싶다며 신이 났는데 저희는 둘 다 마음이 어수선해져서 울적해진 기분을 달래러 바닷가로 나섰습니다. 베이루트의 저녁 바닷가에 해가 지고 있었습니다. 여기저기 캠핑의자에 앉아 가족들이 시간을 보내는 정경이 평화로웠습니다. 트럭 앞 바구니에 무화과를 파는 시장풍경이 새로웠습니다. 라마단 기간 중 술과 모든 음식을 50% 할인해주는 특별행사가 곳곳에 있었습니다. 유감스럽게도 그곳에서 음주를 부추기는 라마단은 느꼈지만 금식으로 신앙을 다지는 라마단은 느낄 수 없었습니다.

세 번째 라마단의 기억은 사우디입니다. 시리아, 레바논, 사우디, 유에이이가 모두 이슬람의 기본적인 규율을 지키는 테두리에 있었지만 사우디는 거의 모든 면에서 규율이 더 엄격했습니다. 한 달 전부터 신문마다 라마단 특집기사가 납니다. 라마단 기간 동안 지켜야 하는 일, 금기사항 등을 자세히 소개합니다. 외국인에게는 종교를 강압하지 않는다고 말하면서도 라마단 기간 중에 공공장소에서 먹고 마시고 담배 피우는 행위가 발각될 경우에는 직장의 근로계약 위반으로 해고하고 추방당할 것이라고 경고합니다. 호텔이나 대형 식당에서는 라마단 뷔페가 한 달 동안 매일 열리는데 불규칙한 식사시간과 과식으로 인해 소화불량으로 병원을 찾는 환자가 배로 늘어납니다.

하루의 단식을 마무리하면서 먹는 저녁 식사를 이프타(iftar)라고 하는데 식당에서는 굶은 후에 먹는 음식이 소화장애를 가져올 것을 염려해서 미리 대추 3알을 주기도 하고 스프를 주기도 합니다. 여느 때처럼 미리 식당에 가서 주문을 해두었습니다. 매장의 TV를 보면서 이프타 시간이 되기만 기다리고 있었습니다. 너무 일찍 식당에 도착해서인지 식당 안에는 한 커플이 있을 뿐 조용합니다. 마침내 기다리던 스프가 왔습니다. 확성기에서는 여전히 기도소리가 쩡쩡 울립니다. 기도가 익숙하지 않으면 기도가 끝나가는 건지 시작하는 건지 잘 모릅니다. 기도방송 중에 잠시 쉼이 있습니다. 기도가 완전히 끝난 게 아니고 잠시 침묵하는 순간인데 기도소리가 더 이상 나지 않기에 먹었다가 제지당했을 때 쑥스러운 기억이 있어서 먹기 전에 꼭 물어봅니다. "먹어도 되요?" 김 나는 스프를 앞에 두고 정지된 그림처럼 있던 식당에서 서빙하던 종업원이 다가와서 먹어도 된다고 알려줍니다. 스프를 두 스푼째 떠먹는데 갑자기 등 뒤에서 "안돼! 먹으면 안돼!!"

놀란 남편과 저의 입 밖으로 스프가 동시에 튀어 나왔습니다. 매니저가 매장 안으로 들어서면서 큰 소리를 지릅니다. 테이블 위에 떨어진 스프 국물을 보았는지 알 수 없지만 곧장 부엌으로 들어가 요리사를 닦달하는 소리가 거의 난동 수준으로 소란했습니다. 기도시간이 완전히 끝나기 전에 스프를 내놓았다며 고래고래 소리치는 매니저의 붉으락푸르락하는 얼굴이 보기에 안쓰럽기까지 했습니다. 미처 닫지 못한 문틈으로 부엌 안이 들여다보였는데 매니저가 두 명의 요리사에게 손가락을 높이 세우며 고함지르고 요리사들은 고개를 푸욱 숙이고 듣고 있었습니다. 주방음식 재료에는 이미 침이 튀었을 것이고 무엇보다 한껏 주눅 든 요리사가 만들어 준 요리를 먹어야 하나 싶어서 어이가 없었습니다. 기도시간이 드디어 '완전히' 끝났습니다. 이제 진짜로 먹어도 좋다고 종업원이 다가와서 말하는데 먹다만 스프를 보니 입맛이 달아났습니다. 손님들은 황당한데 매니저는 아직도 화가 안 풀리는지 씩씩거리면서 커피인지 뭔지를 한 잔 들고 에스컬레이터로 내려갔습니다. '완전하게 정확한 시간'이 중요하다는 것을 깨우쳐준 라마단 저녁식사였습니다. 한 달 동안의 라마단이 끝나면 조용하던 디큐가 활기가 넘칩니다. 메리 크리스마스나 해피 크리스마스 같은 뜻으로 라마단 카림(Ramadan Kareem) 혹은 이드 무바락(Eid Mubarak)의 문구가 사방에 널립니다. 이드 알 피트르(Edi al fitr)는 한 달간의 라마단이 끝나면서 시작되는 2주간의 휴가입니다. 쇼핑몰마다 들뜬 분위기가 느껴지고 리야드의 젊은 청춘들이 디큐로 몰려옵니다. 타할리아 스트리트의 밤거리도 아름답지만 디큐의 가로등에 걸린 개성 있는 모양의 전등불로 디큐의 밤은 예쁜 동화 속 나라입니다. 대추야자나무를 층층이 색색의 전구알로 장식하고 찻잔 모양, 단검처럼 생긴 잠비야 모양, 달, 별 등 수십 가지의 다양한 모양의 전등이 밤을 밝힙니다. 마치 불빛사이로 팅거벨이 날아다니면서 사람들 마음에 희망을 하나씩 심어주고 떠나는 듯합니다. 일주일간 킨디 광장(Kindy square)에 야외 쇼 무대가 설치되고 남자들은 춤을 추고 여자들이 구경합니다. 예멘에서 보고 자나드리아 축제에서도 칼춤을 구경했지만 밤에 보는 칼춤은 또 다른 멋이 있었습니다. 노래하는 시인과 칼을 든 남자들이 함께 만들어내는 춤동작이 절도가 있으면서도 역동성이 있었습니다. 날선 칼이 밤무대의 조명에 비칠 때 아름답게 느껴지는 것도 드문 경험이었습니다. 무대를 중심으로 한 쪽은 패밀리 섹션이고 다른 쪽은 싱글 섹션이지만 이성과 가까이 서서 보려는 움직임은 여자든 남자든 마찬가지여서 가만히 앉아서 구경하는 사람들보다 움직이는 사람이 더 많습니다. 쉴 새 없이 의자 사이를 헤치고 왔다 갔다 하는 관중들로 붐비고 그 와중에 무타와는 남녀가 혹시라도 마주칠까 노심초사하여 더 바쁘게 움직였습니다.

어린 왕자를
찾아 떠나는
사막 여행

해시시 말고
해시

　　사우디 바깥을 여행하다보면 서양인을
많이 만나는데 가장 자주 듣는 질문은 주말이면 뭐 하느냐는
것이었습니다. 그때마다 해시(Hash)에 간다고 하면 짓궂게 되묻
습니다. "해시시(Hashishi 마리화나) 하러 간다고?" "아니, 해시시 말
고 해시." 해시는 사우디에 사는 이방인들이 함께하는 사교달
리기 모임입니다. 해시는 세계 각 나라마다 있는 모임으로 리
야드의 해시는 Riyadh Third Herd HHH라는 긴 명칭을 갖는
데 대문자의 숫자를 합해서 약자로 R3H4로 부릅니다. HHH
는 Hash House Harrier를 줄여 부르는 말입니다. 해시는 드러
난 단체가 아닙니다. 사우디에서는 10인 이상의 대규모 집회

를 금하고 있는 데다가, 모임의 구성원은 외국인 일색이고 입회 절차나 모임장소를 엄청나게 조심하기에 사우디에 막 입성한 저희가 쉽게 해시에 접근할 수 없었습니다. 수소문 끝에 사우디에 온 지 8개월 만에 리야드의 해시와 연락이 닿았습니다. 사우디에 노출되면 해시 모임 자체가 없어질 수 있기에 보안이 중요한 사안입니다. 마데인 샬레에서 프랑스인들이 테러공격을 당한 후부터 안전에 극도의 신경을 쓴다고 했습니다. 이메일을 통해 해시 장소에 대한 지도를 받지만 사막 한가운데에서도 외진 곳의 지도는 알뜰하지도 살뜰하지도 못해 초행일 때는 난감합니다. 지도에 장소 이름이 있을 뿐 자세한 루트가 없습니다. 해시에 갈 때면 늘 영국계 중국인 마틴과 함께 다녔습니다. 마틴은 사막은 좋아하지만 사막에서의 운전을 싫어했는데 영국서 태어나 영국인 가정에 입양된 중국인이었습니다. 태어나서 한 번도 안 가본 고국, 중국을 60이 되기 전에 가보고 싶다는 그는 다정한 사람이어서 동행이 언제나 즐거웠습니다.

해시 장소의 비밀은 길바닥에 깔린 하얀 밀가루입니다. 도로가 끝나는 지점에 밀가루로 동그라미 안에 들어간 HHH 로고를 만들어 둡니다. 길을 알리는 표시입니다. 오프로드에 들어서면서 길이 나눠지는 지점에 화살표 모양으로 뿌려두기도

하고 일자로 뿌려서 길을 유도합니다. 밀가루를 충분히 뿌려두어 찾기가 쉬운 곳이 있는가 하면 밀가루를 아끼는 듯 찔끔찔끔 뿌려놓아서 밀가루인지 그 지역 모래 색깔인지 애매할 때도 많았습니다. 모임 장소는 쉽게 모습을 드러내지 않아 때로 '길 잃은 거 같은데..' 하는 순간에 나타납니다. 놀랍게도 돌멩이 하나가 이정표가 되고 지형 자체가 이정표가 되는 사막에서 차들이 주차되어 있는 곳이 바로 해시 모임 장소입니다.

프랑스인이 많은 목요일 그룹과 영국인이 많은 금요일 그룹이 있는데 해시 자체가 안전한 루트를 고르다보니 어떤 장소는 연달아 모임이 있지만 두 그룹은 절대 같은 곳에서 마주치지 않았습니다. 저희는 금요일 그룹이었습니다. 금요일 오후 3시가 가까워오면 사륜구동 차들이 하나씩 모래바람에 실려 도착합니다. 사우디살이에 바람 빠진 각자의 풍선에 한 주간의 바람을 채우기 위해 모여듭니다. 원형으로 주차한 차들의 중앙에 밀가루로 큰 동그라미를 그려놓고 그 안에 HHH라고 뿌려놓은 밀가루가 보입니다. 그곳을 서클(Circle)이라고 부릅니다. 운영위원장인 존이 서클 안에 들어서서 해시를 시작한다고 선포합니다. 1시간 정도 의식 절차가 있습니다. 해시에 처음 오는 사람들을 소개하는 신고식에서 신입이 자기소개를 끝내면 존이 짓궂게 하는 질문이 있습니다. "어떻게 해서 여기 사우디의 리야드까지 오게 되었는가?" 저도 그것이 참 궁금했습니다. 아무도 진심을 털어놓지는 않지만 스스로에게 물어보기는 할 것 같습니다. 제가 그랬듯이. 제 마음속 사연이 무거워 보여도 하늘아래에 나란히 서면 고만고만한 이야기라는 사실에 위무 받습니다.

멤버가 되려면 해시에 5번 참여하고 1번은 해어(Hare)를 해야 합니다. 해어는 미리 도착해서 트랙을 답사하고, 참가하는 사람들을 위한 걷기와 달리기 코스 등의 트랙을 정하고 길목마다 밀가루를 뿌려놓습니다. 정식 멤버가 되면 낙타그림이 있는 해시 티셔츠를 입고 맥주를 원샷 하고 마지막 한 방울을 머리에 붓습니다. 벌칙시간이 가장 기다려지는 시간입니다. 지난주에 화제나 가십이 되었던 사람들 혹은 중간지점에 물통을 미리 가져다 놓지 않았다든가 운동화를 신지 않고 슬리퍼를 신었다든가 또는 새 신발을 신었다든가 등등 존이 만들어내면 다 벌칙 감이었습니다. 지명 받은 멤버들이 차례대로 플라스틱 의자에 앉습니다. 벌칙을 주는 사람도 당하는 사람도 구경을 하는 사람들도 다 같이 즐거운 웃음판입니다. 물뿌리개 총으로 물세례를 하기도 하고 화장실 양변기 의자의 플라스틱 커버를

목에 덮어 씌워서 물을 뿌리기도 합니다. 멤버에게 뿌리는 무지개 벌칙의 인기가 많았습니다. 빨간색, 노란색, 초록색의 색색의 물이 담긴 물통이 허공에 올라가는 순간의 침묵이 끝나고 그림처럼 뿌려지면 앉아있던 사람들이 빛의 속도로 일어나서 물줄기를 피합니다. 늦게 일어나 피하지 못한 사람은 물에 흠뻑 젖지만 짱짱한 햇볕 아래에서는 상큼하기만 합니다.

　무채색의 자연에서 벌이는 색색의 물 퍼붓기 의식이 고조에 달하고 서로 박수와 환호를 보내면서 해시가 본격적으로 시작됩니다. 달리는 팀이든 걷는 팀이든 트랙을 따라가다가 중간지점에서 한번 만납니다. 워터 포인트(Water Point)라고 부르는 곳입니다. 탈수를 막고 중간 점검을 위해 잠시 멈추는 곳입니다. 막막한 들판에서 불어오는 바람을 맞으며 한숨을 돌립니다. 해어들이 미리 준비해둔 커다란 물통이 두세 개 있고 아이스박스에는 계절에 따라 얼음에 담겨진 수박과 오렌지를 준비해둡니다. 해시가 끝나면 등록 테이블에 가서 본인 이름 옆에 돌아왔음을 확인하는 사인을 합니다. 만일의 경우 사라지거나 예상치 못하게 다쳐서 연락이 안 될 수도 있기 때문에 무사 안전을 확인하는 절차입니다. 해시가 끝나면 쏜살같이 떠나는 사람들도 있고 주차장에서 얼쩡거리며 가져온 음식을 나누고 교제하기

무채색의 자연에서 벌이는 색색의 물 퍼붓기 의식이 고조에 달하고
모두에게 서로 박수와 환호를 보내면서 해시가 본격적으로 시작됩니다.

도 합니다. 매주 다른 케이크를 구워오는 기러기 아빠인 토니의 케이크를 한 번쯤 먹으면 해시의 친구가 됩니다.

해시는 보다 많은 사람들을 수용하기 위해서 힘든 곳, 쉬운 곳 등의 다양한 수준의 장소를 선택하고 장소의 특징에 따라 별명이 있었습니다. 레드 샌즈(Red Sands)는 붉은빛 도는 오렌지 색깔의 부드러운 모래가 모래산에서 모래산으로 끝없이 이어집니다. 붉은 색의 색깔과 어우러진 고운 모래밭에 드러눕기도 하고 모래를 타고 내려가기도 합니다. 발이 푹푹 빠지면서 걷는 재미 또한 좋습니다. 마음의 번잡함이 모래알처럼 작아지면서 부드러운 바람과 함께 평화를 가져다줍니다. 모래언덕에도 주인이 있는지 철조망을 쳐두었는데 철망에 난 작은 구멍으로 고개 숙이며 한 사람만 통과할 수 있는 작은 울타리 앞에 섭니다. 해시에 모인 100여 명의 사람들이 모여 난민들이 움직이듯 순례의 행렬을 만듭니다. 언덕에 올라갈 때면 한 발자국 오르고 두 발자국 미끄러집니다. 바람이 간지럼이라도 태운 듯 언덕의 표면은 물결모양입니다. 고운 모래알은 한 손 가득 모으면 어느새 손가락 틈새로 흘러내리는 모양만 보여주곤 형체 없이 흩어졌습니다. 주차장으로 돌아오는데 제임스가 사람들에게 물었습니다. "이거 누구 거냐?" 제가 갖고 갔던 자동차

마음의 번잡함이 모래알처럼 작아지면서
부드러운 바람과 함께 평화를 가져다줍니다.

보조 열쇠였습니다. 열쇠를 잃어버린 줄도 몰랐지만 넓은 모래 언덕에서 열쇠를 주워 온 제임스가 더욱 신기하고 놀라웠습니다. 가끔 근심도 제 몰래 생겼다가 제가 눈치채기 전에 해결되어 버리면 좋겠다는 생각이 들었던 주말이었습니다.

붉은 사막에 다녀오면 신발도 양말도 모두 붉은 모래입니다. 제 속의 아집과 자기연민도, 부정적인 감정도 함께 털어지기를 바라며 신발을 바닥에 탁탁 쳐댔습니다. 저는 모래 한 알도 삼키지 못하는데 언덕은 모든 모래를 품고 불평불만마저도 감싸주는 것 같아 이곳이 좋았고 사우디를 떠날 때 마지막으로 붉은 사막에 들러 사우디의 모래와 작별하였습니다.

카멜 트랙(Camel track)은 옛날에 아랍의 무역상들이 낙타에 물건을 싣고 마카나 제다에서 리야드를 거쳐 동부지방으로 가던 길이라고 합니다. 바위가 험한 고원 아래로 나 있었던 낙타 길은 하나씩 없어져서 지금은 3개가 남았습니다. 마카나 제다의 길은 해발 400미터인데 비해 리야드는 해발 700미터 위라서 낙타가 오르면서 힘들었을 길을 이제 낙타대신 사람들이 올라갑니다. 오후 3-4시라 해도 사막에서 맞는 햇살은 더 따갑습니다. 낙타길이라 사람이 다닐 수 있는 길이 아니기에 스스로 길을 만들어 오르거나 앞사람을 따라가다 보면 쉽게 지칩니다.

블루 비틀(Blue Beetle)은 사막 한가운데 녹슨 푸른색의 폭스바겐이 놓여있어서 붙여진 이름입니다. 그 폭스바겐에게도 출시되는 첫날의 반짝임이 있었을 텐데 모든 영화가 사라지고 녹이 비집고 들어가지 않은 곳이 없는 고물입니다. 블루 비틀은 괴물같이 달라붙는 아귀 같은 파리 떼로 악명이 높은 곳입니다. 파리 떼의 공격이라는 영화라도 찍어야 할 정도입니다. 차문을 닫는 순간 쳐들어온 파리 떼가 차 안에 득실대도 그 장소를 벗어날 때까지 창문을 열지 못합니다. 수십 마리가 다시 들어오기 때문입니다. 여기에 가는 날은 해시 후 남는 사람이 아무도 없습니다. 일단 자리를 뜬 후 10분쯤 가다보면 나타나는 공터에서 차를 세우고 차 안을 정리한 후에 파리떼를 떼어냅니다. 차 안에 숨어있는 파리가 없는지 한 번 더 샅샅이 뒤진 후에 도시로 돌아옵니다. 그렇게 최악의 조건이지만 또 갑니다. 왜냐하면 해시 모임의 첫 번째 원칙이 안전이라서 사막에서 새로운 장소를 고르고 선정한다는 일이 쉽지 않기 때문입니다. 모두들 직업이 있고 주말에만 만나기 때문에 새로운 곳을 찾기가 여의치 않아 이미 알고 있는 곳만 가다보니까 몇 달에 한 번씩은 어쩔 수 없이 같은 장소에 가고 또 갑니다.

리틀 아프리카(Little Africa)는 풀 하나, 나무 하나 없는 사막이라 해서 붙여진 이름입니다. 거기서 바분을 처음 보았습니다. 처음 바분을 본 날 제가 바분에게 다가가려하자 연신 바분 사진을 찍어대던 사라가 외쳤습니다. "완, 가지마!" 바분은 힘이 세고 공격적이지만 음식이 필요할 때는 사람에게 아주 친절하게 접근합니다. 주로 무리로 다니면서 사람들이 들고 오는 음식냄새를 맡고 사람에게 접근합니다. 사우스 아프리카에서 바분이 엄마가 보는 앞에서 아이의 뇌를 꺼내 먹은 사건을 사라에게서 들으니 바분이 소름끼치게 끔찍했습니다.

알 아마리야(Al Amariyah)는 해질 무렵이 아름답습니다. 영국인 일카는 남편의 직장 동료인데 부부가 독실한 무슬림입니다. 주말에 리야드에서 마카까지 갔다 오는 커플입니다. 마카 고속도로가 생기기 전에 7시간 걸렸던 곳을 금요일 아침기도를 위해 매주 갔습니다. 일카의 아내 아이린은 터키가 고향이지만 영국에서 자랐는데 언제나 아바야를 입고 머리를 가리고 다녔습니다. 사실 일카가 저희에게 리야드에 해시가 있다고 연락처를 알려주었는데, 세상살이가 먼저 알았다고 먼저 시작하는 것은 아니어서 저희가 먼저 해시 회원이 되고 일카 부부를 해시로 안내하는 일을 맡았습니다. 정작 일카와 아이린이 해시모임에 참석한 것은 일 년 후였습니다. 그들과 해시에 가려고만 하면 가는 도중에 문제가 생겼습니다. 멀쩡하던 일카의 차 브레이크가 고장 나서 멈춰버린다거나, 해시 가기 전에 만나기로 한 식당을 못 찾아서 못 간다거나, 갑자기 일카의 아내 아이린이 복통이 생겼고 일카가 조용하면 우리 차가 갑자기 고장 나서 못 갔습니다. 일카 부부 입장에서 보면 마치 무슬림이 아닌 서양인들이 모인 곳에 가지말라는 계시라도 받은 듯했습니다. 한번은 모든 것이 완벽하게 순조로웠습니다. 성공적으로 해시 장소를 찾아 무사히 알 아마리야(Al Amariyah) 입구에 도착했습니다. 우리 차도 멀쩡하고 일카 차도 멀쩡하고 해시의 하얀 밀가루 앞에 섰으니 밀가루의 흔적만 쫓아가면 되는 거였습니다. 그때 갑자기 일카 차가 비상등을 켜며 저희 차 옆으로 왔습니다. 저희를 따라오는데 너무 몰입해서 기름 넣는 것을 깜박했다는 겁니다. 기름 비상등이 켜졌습니다. 사막 입구에서 기름이 없으면 더 이상 전진할 수 없습니다. 사막을 벗어나기까지는 주유소가 없기 때문입니다. 결국 일카는 눈앞의 밀가루 사인 HHH를 보고 돌아가야 했습니다. 마침내 일 년 후 일카 부부는 레드 샌즈(Red sands)에 무사히 도착해서 해시 모임에 참석했습니다. 유달리 감회가 새로웠는데 그것이 일카와 아이린의 처음이자 마지막인 해시 나들이였습니다. 얼마 지나지 않아 그

성 패트릭스 데이(St. Patricks Day)
스티커 중에서 제일 멋지고 상태가 좋은 걸 가져왔다면서
남편과 제 팔뚝에 꽃잎이 3개인 클로버 모양의
샴록(Shamrock)을 붙여 주었습니다.

들이 사우디를 떠났기 때문입니다.

스코티시 하이트(Scottish Height)는 모래 용암이 흐르는 모양새의 산입니다. 스코틀랜드 사람이 발견했다 해서 붙여진 이름인데 성 패트릭스 데이(St. Patricks Day)에는 그곳으로 갑니다. 성 패트릭스 데이는 아일랜드에 기독교를 전파한 성인을 기념하는 날인데 외국에서는 많은 나라들이 축제로 치는 날입니다. 초록색이 그날의 색깔이 되어 초록색 티셔츠, 초록색 끈 등이 곳곳에 보이고 해어(Hare)들마저 팔뚝에 초록색 스티커를 붙이는 등 사막은 온통 축제분위기입니다. 스코티시 하이트에 가면 스코틀랜드 출신인 케빈은 유난히 더 설치고 다녔습니다. 분주하게 움직이는 사람들 사이로 어디선가 케빈이 이마에 초록색 스티커를 붙인 채 뛰어왔습니다. "완, 이거 해." 스티커 중에서 제일 멋지고 상태가 좋은 걸 가져왔다면서 남편과 제 팔뚝에 꽃잎이 3개인 클로버 모양의 샴록(Shamrock)을 붙여 주었습니다. 삶의 기쁨이라는 것도 사실 소소한 것에서 나오는 것이어서 작은 돼지 피글렛이 아기 곰 푸우에게 말하듯이 제가 좋아하는 것들도 그렇게 작은 것들이었습니다.

써드 에어포트(Third Airport)로 가는 길은 다른 해시 장소와 달리 8차선의 넓은 도로가 딱 끊기는 지점에서 오프로드로 들어갑니다. 리야드에 세 번째 공항이 생기는가보다 하고 추측하면서 붙여진 이름이라고 합니다. 도로와 사막의 경계선에 황량한 사막이 끝을 모른 채 펼쳐져 있습니다. 완성되지 않은 길입니다. 사막로드의 끝에서 사막으로 들어가는 길이 험합니다. 급한 경사길 도로가 움푹 패이거나 도로 귀퉁이가 떨어져 외길이 되거나 가로로 갈라지는 등 위험해서 썩 내키지가 않는 장소였지만 첫 번째 코너를 돌자마자 보이는 언덕에서 바라보는 석양은 너무나 아름다워서 언제나 석양을 찍으려는 차량으로 비탈길이 북적거립니다.

　사막에서 가장 힘든 것은 모래폭풍이었습니다. 해시에 갈 때 제가 꼭 챙기는 필수품은 눈물 약이었습니다. 건조한 눈알에 모래 가루까지 느껴지면 마치 마른 김에 기름을 바르듯 모래 가루가 눈알 구석구석에 착착 달라붙는 느낌입니다. 안약을 뿌려서 억지 눈물을 내어 눈알에 스며든 모래가루를 쓸어내릴 때면 사우디라는 나라가 고약하게만 느껴졌습니다. 언제나 방심하고 있다가 모래를 뒤집어씁니다. 캠핑의자들은 이미 세찬 바람에 다리가 다 부서졌고, 입안에서 모래가 씹힐 때면 '말이 씨가 된다'는 말을 생각하곤 했습니다. 한국에 있을 때 이혼했다는 사실을 직장동료들에게도 알리지 않고 남이 알까 전전긍

궁했습니다. 이혼했다고 솔직하게 말했다면 직장에서 적어도 한 명의 말동무는 있었을 텐데… 이혼을 해도 상황과 여건이 불안하였습니다. 새벽이면 아이들이 있던 집으로 갔습니다. 아이들 아침밥을 챙겨주고 작은 아이를 학교에 데려다주고 출근하던 시절이었습니다. 그때는 매달 살아내고 나면 지친만큼 오기가 생겨서 '사막 한가운데 던져 봐라, 그래도 살 걸.' 이런 쓸쓸한 독백으로 사막을 떠올리며 의지를 다졌던 시절이 있었는데 어느새 시간이 흘러 제 주문대로 사막에 떨어져 살고 있는 듯했습니다.

해시에 갈 때면 언제나 대추를 들고 갔습니다. 사우디 대추는 자연적으로 나오는 당분이 많아 대추를 손에 쥐면 손이 찐득찐득합니다. 그 찐득거림이 낯설어서 "뭔 대추가 이래?" 하던 시절에 맨체스터 압둘라가 대추를 들고 학교 파티에 나타나면 '사우디 대추는 이상해' 하면서 놀려댔는데 이제는 '이상한 대추'가 입맛에 맞아서 요리에도 넣고 간식으로도 집어먹다보니 식탁에 붙박이로 얹어 놓고 삽니다. 여행을 할 때면 대추를 싸들고 가고 대추 앙금으로 과자까지 만들어 먹습니다.

해시 모임에서 많은 사람들을 만났습니다. 전처 사이에 난 딸을 런던 히드로 공항에서 3시간 동안 만나기 위해 영국행 비행기를 타던 폴, 송별 파티 2달 후에 다시 리야드로 돌아와 숙소를 구하러 다니던 데니스, 추방령이 내린 날 잠시 외출한 사이에 학교직원에 의해 바깥복도에 버려진 짐을 들고 공항으로 실려간 말콤, 직장에 돌아오니 본인 짐만 싸들고 캐나다로 떠나버린 에드워드의 아내, 휴가 간다고 고향에 간 지 4년째 연락 없이 돌아오지 않는 아내를 기다리는 대니. 시간을 두고 만난 우정도 아니지만 같은 시간대에 같은 공간에 있다는 동질감으로 사우디에서 처음 만난 까무잡잡한 동양 여자에게 속사정을 털어놓게 만든 곳, 그곳이 바로 사막이었습니다. 음예 공간의 시기가 누구에게나 있었습니다. 사람 살아가는 이야기는 삶이 허약함을 여과 없이 보여주기도 했지만 세상의 끝이라 느껴지는 지점에서 뜻밖에도 세상과 소통할 수 있는 자신감을 주었습니다.

그런 곳 하나
갖고 싶다

　　　　　　　은발의 숏커트가 잘 어울리는 스웨덴인
커스틴이 파라잔(Farasan) 섬에 여행갈 사람을 모았습니다. 파라
잔 섬은 홍해(Red Sea)에 널려있는 84개의 섬을 통칭하는 곳으로
바다새의 보존지인데 사우디의 남서쪽 끄트머리에 있는 지잔
(Jijan)에서 가깝습니다. 사우디에 있는 7개의 항구 중의 하나인
지잔은 사우디에서 가장 낙후된 지역 중 하나였지만 최근에
해상터미널 건설공사를 시작하는 등 더이상 문명과 멀지 않지
만 예멘과의 국경에 위치해 있어서 불안과 걱정이 있었습니다.
몇 년 전에 사우디의 배 한 척이 예멘으로 잡혀가기도 해서 두
나라 간의 신경전이 벌어지는 분쟁 지역이기도 했습니다. 지잔

에서 택시를 나눠타고 파라잔 섬 선착장에 도착하니 섬까지 하루에 두 번 무료로 왕복하는 통통배가 떠있었습니다. 통통배로 2시간 정도 걸리는 거리에 섬이 있었는데 일행 15명이 타니 배가 터질 듯 기우뚱해졌습니다. 두 줄로 길게 자리를 잡고 앉으니 다른 줄의 사람들과 무릎이 서로 맞닿습니다. 배가 흔들릴 때마다 수학여행 가는 10대들처럼 소리를 지르면서 한밤의 뱃길을 헤쳐 갔습니다.

하와이산 꽃이 사정없이 피어난 화려한 꽃무늬 남방셔츠를 입은 현지 소년을 따라 바다 가운데 배를 세워놓고 스노클링을 시작하기로 하였습니다. 한 사람씩 모두들 뛰어내리고 나니 배 위가 썰렁합니다. 여행 전날 다리를 다쳐 목발 짚고 따라 온 스텔라와 저만 남았습니다. 기다려주던 남편마저 이미 눈앞에서 사라졌는데 저는 뛰어내리지를 못해 한 발을 내려서 물만 적시고 다시 배 위로 올라왔습니다. 바다에 자유롭게 떠다니며 저 멀리 보이는 섬으로 가는 일행을 보면서 마음이 설렜지만 자주 그랬듯이 마지막 2%가 부족해서 두려움과 함께 배 위에서 서성였습니다.

깁스 한 다리를 뱃전에 올리고 책만 읽던 스텔라가 답답한 듯 "완, 일단 뛰어내려". 용기를 주는데도 두려움은 조금도 줄

어들지 않아 제자리에 다시 앉는데 갑자기 등 뒤에서 '풍덩' 합니다. 스텔라의 육중한 몸이 바다에 푹 빠졌습니다. 튕기는 물에 배 앞에 바싹 다가와 있던 바위까지 흥건합니다. 60이 넘은 여자가 목발을 들고 바다에 풍덩 다이빙하는 모습은 상상을 못했기에 멀리 튕겨나가는 물방울만큼 놀라 머릿속까지 물에 젖은 듯했습니다. 제게 용기를 주기 위해 바다 속으로 뛰어든 것입니다. 한 손에 목발을 잡은채 스텔라가 제게 손을 내밉니다.

그러자 이번에는 근처에서 답답해하던 커스틴이 웃으며 다가와 구명대를 제 목에 걸어주었습니다. 배주변을 한바퀴 돌자고 합니다. 두 여인의 응원에 힘입어 마침내 저도 물속으로 살며시 입수했습니다. 아직도 남아있는 두려움 때문에 충분히 즐길 수는 없었지만 망망대해에 몸을 담그는 느낌을 어렴풋이 알게되었습니다. 60대의 두 여자가 햇살 아래 바다에서 깔깔거리는 모습을 보니 제 마음에도 여유가 드리워지고 자신감이 감겨들었습니다. 스텔라와 사막여행을 두어 번 같이 갔지만 그때마다 하도 줄담배를 피워 대서 일부러 피해 다녔습니다. 내 뿜는 담배연기에만 신경을 쓴 치졸함과 여자는 아는 여자의 마음을 외면한 편협한 이기심에 부끄러웠습니다. 담배연기 뒷편에 있었을 그녀의 이야기를 외면했습니다. 하고 싶은 이야기가 넘치는데 말할 데가 없어 혼자 삭이는 아픔이 있는지도 모르는데 보이는 것으로만 판단했던 저의 편협함과 완고함이 그 기회에 말랑말랑해지기를 바랬습니다. 너무도 멋진 여자들의 응원이었습니다. 그것은 함께하면 우리 안에 숨어있던 힘이 살아나는 연대의 힘이기도 했습니다. 구명조끼를 입은 채 스노클링을 시작했습니다. 예쁜 산호초가 어찌나 많은지 처음으로 보는 바닷속은 비할 데 없이 아름다웠습니다. 색깔만큼 앙증맞은 작은 물고기 사이로 떠돌아다니는 첫 스노클링이 황홀했습니다.

작은 해변에 도착해 바다 속에서 걸어 나오는데 첫눈에 순수하고 매력적인 섬임을 단박에 알았습니다. 구석구석이 환상적인 장소입니다. 가만히 바라만 보아도 벅찬 행복이 몸과 마음에 골고루 스며듭니다. 세월의 흔적 같은 주름살이 바위에도 새겨졌습니다. 기기묘묘한 바위형태에 감탄하면서 "여기가 사우디 맞아?" 하는 일행들의 소리가 저의 감탄이기도 했습니다. 세월이 남기고 간 추억을 닮은 듯한 이상한 형태의 바위 위에 올라가 바다 쪽을 보니 초록과 푸른색의 조화로운 어울림과 맑은 물빛이 환상적입니다. 바닷가의 언덕에서 홍해를 내려다보니 한국에서 지나온 시간이 꿈결같이 아득했습니다. 지나간 세상에서의 일처럼 느껴지고 이곳이 저의 현실이라는 생각에 감히 행복해졌습니다. 언덕 위에서 보니 바다색이 결결이 나뉘고 결사이의 적요함은 그리움의 색깔 같습니다. 쪽빛 바다를 보았습니다. 세상의 모든 초록을 알지 못하지만 바위가 햇살을 모으고 바람이 햇살을 부서주는 그날 오전의 파라잔 섬의 초록은 제 안의 초록이었습니다. 물속에 몸을 담그고 나오면 그대로 연둣빛 물이 들 것 같았습니다. 말이 필요 없는 아름다움이란 아마도 말로는 표현하기에 턱없이 부족하기 때문일 거라는 걸 알았습니다.

일 년에 한 번은 파라잔 섬에 가야 자신이 살아 있음을 느낀다던 커스틴의 말에 온전히 공감했습니다. "그랬구나, 자연의 아름다움이 여기저기에서 입을 꼭 다문 채 세월을 견디고 있었구나." 팍팍한 삶과 외로운 모래바람이 전부인 줄 알았던 사우디, 세상의 순결한 아름다움은 어디에나 있는데 제 마음이 보지 못했음을 알았습니다. 아름다워서 차마 이름을 붙이지 못하는지 세상의 많은 아름다움처럼 이 장소도 이름이 없다고 합니다. 이름 모를 작은 바닷가. 자연이 혼자서도 잘 지내고 있는 맑고 단아한 해변이었습니다. 해변가에 앉았습니다. 밀려드는 물살 때문에 제몸이 이리저리 밀리느라 중심을 잡지 못해 손바닥을 쫙 펴서 바다의 바닥을 짚었습니다. 코스모스 같은 꽃무늬가 새겨진 조개 같지 않은 조개가 제 손 안에 안깁니다. 꽃무늬 조개껍질이었습니다. 보물찾기가 따로 없습니다. 물 안에서 잡히는 느낌만으로도 좋아서 건지고 또 건지다가 급기야 카메라 끈을 놓쳤습니다. 카메라를 잡아야 했는데 꽃조개를 잡았습니다. 물에 젖은 카메라를 손목에 두르고 두 손 가득 꽃조개를 안고 물 밖으로 나오면서도 즐겁기만 한 오후였습니다.

호텔로 돌아가는 도중에 10마리 정도가 넘는 돌고래를 보면서 탄성을 지르고 흥겨워하는 사이 날이 어둑해집니다. 길목에 위치한 작은 해변에서 일몰을 보기로 하고 배에서 내렸는데 백사장에 어울리지 않게 생뚱맞다시피한 언덕바위가 나타나자 남편이 올라갔습니다. 이름을 불러보아도 대답이 없어 저마저 궁금해져 올라갔더니 수천 개의 소라 껍데기들이 널려있습니다. 소라껍질 밭에 석양을 배경으로 거무스레한 기운이 감돌아 약간의 귀기까지 느껴졌습니다. 소라를 밟지 않고는 한 걸음도 옮길 수 없습니다. 파라잔 섬을 여행한 한국분을 리야드를 떠난 후에 만난 적이 있습니다. 파라잔섬에서의 그녀의 추억은 살아있는 소라였습니다. 어른 손만 한 크기의 소라를 잡아서 삶아 먹었다는 이야기를 들려줄 때 같은 섬에 갔지만 한 사람은 살아있는 소라를 질릴 때까지 먹었고 다른 한 사람은 산 것은 구경도 못한 채 남이 먹고 갖다버린 소라밭에서 흥분했음을 뒤늦게 알았습니다. 소라에 대한 우리의 기억도 다르고 84개의 섬 중에서 우리가 밟았던 섬도 달랐지만 다행히 투명한 바다의 기억은 같아서 처음 만나는 사이에도 스스럼없이 친해질 수 있었습니다.

삭막하고 황량한 겉모습 속에 감추어진 사우디의 아름다운 자연과 사람마다 고향 같은 장소를 갖고 있음도 알았습니다. 커스틴에게는 파라잔의 섬이었고 제임스에게는 샤크 투스(Shark Tooth, 상어 이빨) 사막이었습니다. 상어 이빨을 찾으러 가자고 말했을 때 바닷속 상어의 이빨이 모래밭에 있는 줄은 몰랐습니다. "사막에 상어 이빨이 있다고요?" 동화 같은 이야기를 나누면서 모래와 바람과 별이 있는 사막이니 어린 왕자가 품고 있는 수많은 이야기들이 퍼져 있을 거라 상상하면서 제임스를 따라나섰습니다. 약속한 장소에 도착하니 상어 이빨 찾으러 가는 차가 3대 더 있었습니다. 선두 차량인 제임스가 분위기를 돋웁니다. "가자, 상어 이빨 찾으러!"

예의 무채색의 길을 따라 가니 완만한 곡선이 이룬 언덕모양이 착한 물결처럼 부드럽습니다. 티타임을 가졌는데 누군가가 만들어 온 머핀이 그때까지 따끈해서 더욱 행복한 시간이었습니다. 상어 이빨을 찾아 티 테이블을 떠나 일부러 서로 멀찌감치 서서 찾았습니다. 모두들 믿는 둥 마는 둥 이리저리 다니는데 제임스가 상어 이빨을 찾았습니다. 뾰족한 송곳니 같은 이빨을 들고 다가왔습니다. '어디냐'고 물으니 '저기.' 제시는 바다 생물의 흔적이 있는 깨어진 조그만 돌멩이를 찾았는데 바다생물이 누워있던 자리가 선명하게 찍혀있었습니다. 상어이빨을 찾아 사막으로 피크닉을 갔습니다. 제임스가 알려준 지점을 찾지 못해 티 테이블 쪽으로 발길을 옮기려는데 뭔가 하얀색이 모래밭에서 살짝 보였습니다. 아, 제가 누런 모래밭에서 하얀 상어 이빨을 찾았습니다. 상아질은 치근이 눈부시게 하얗습니다. 수천 년 전에 살았던 이름 모를 상어가 저를 위해서도 이빨 하나를 남겨놓고 갔습니다. 같은 고향에서 왔는지 그 옆에서 하나 더 찾았습니다. 제 눈에 상어 이빨이 보일 줄은 몰랐습니다. 옛날 옛적 깊은 바다에 살았던 상어가 긴 세월 동안 몸통도 지느러미도 꼬리도 다 잃어버렸지만 이빨만은 살았습니다. 사막이 되어버린 옛 바다이지만 고향을 떠나지 못해 화석이 되어버린 상어 이빨을 생각합니다. 떠날 수 없어 남겨진 상어가 바람에 쓸리고 모래에 긁히고 햇살에 바삭거리면서 변해가는 세상을 지켜보고 있습니다. 상어 이빨이 지나온 지난하고 신산한 삶에 비하면 우리의 삶이 참 가소롭습니다. 세상이 바뀌고 천지가 개벽하는데도 끄떡없이 살아내는 상어이빨이 이정표도 없이 모래사이에 얌전하게 숨어있었습니다. 상어 이빨 2개를 들고 티 테이블에 앉고 보니 모두가 상어 이빨을 찾은 건 아니었습니다.

제임스는 상어 이빨을 잘 찾지만 사실 저는 달팽이 화석을 잘 찾았습니다. 해시 모임 때 낙타 똥을 보고 "저게 뭘까" 할 정도로 무지했지만 어느 순간부터 남편이 별명을 지어줬습니다. "스네일 아이즈(Snail eyes)." 이상하게도 여러 사람이 같이 있어도 제 눈에만 달팽이가 쏘옥 쏙 들어왔습니다. 달팽이 화석은 새소리도 없고 꽃향기도 없고 맑은 바람도 없는 사막을 돌아다니다 만나는 짜릿한 물증입니다. 남편 역시 잘 찾는 게 있어서 별명을 지어주었습니다. "갤로퍼 아이즈(Galloper eyes)." 어느 도시를 가든, 달리는 도로이든, 주차장이든 간에 현대 갤로퍼를 찾아내기 때문입니다. 사막 여행에 갤로퍼만한 차가 없다며 급경사를 오를 때마다 마치 살아있는 말에게 '이랴' 기합 소리를 넣는 듯 "갤로퍼!"라고 소리 질렀습니다. 사막에서 주워온 화석들을 파티오에 늘어놓고 하염없이 쳐다보면 수천 년을 지나온 지층에 비할 바는 아니지만 제 삶에도 지층 한 개는 생겼을 것 같습니다. 세월의 더께가 내려앉은 화석의 고르지 못한 표면에 남아있는 모래처럼 제 안에서도 저렇게 악착같이 달라붙는 집착과 고집이 있으리라 짐작하면서 시간과 함께 떠나가는 것들에 대한 감사, 가주는 것들에 대한 고마움에 나른한 행복감이 밀려들었습니다.

다 죽이고 올 때까지
기다리다

　　　　　　　　남편이 아끼는 현대 갤로퍼가 섰습니다.
8대의 차가 함께 떠난 여행인데 차에서 부글부글 소리가 나기
시작하더니 리야드를 막 벗어나면서 차가 더이상 움직이지 않
았습니다. 2009년 이드 휴가에 와바 크레타(Wabar Crater)에 가는
길이었습니다. 차량점검을 하지 못한 불찰입니다. 아쉽지만 여
행을 포기하고 일행을 떠나보냈고 고속도로 갓길에 쪼그리고
앉았습니다. 예기치 못한 상황에 놓이니 사우디에서 아는 유일
한 사우디 친구 압둘라가 생각났습니다. 영국에서 함께 공부한
인연으로 친구가 된 맨체스터의 압둘라는 영국에서 12년째 박
사과정을 하고 있는데 당시에 휴가차 리야드에 와있었습니다.

벌써 영국으로 떠나지 않았을까 반신반의했지만 다행히 압둘라가 리야드에 있었습니다. 사막 한가운데인데도 다행히 전화가 연결되었습니다. 전화 상태가 안 좋아 남편이 같은 말을 거듭 되풀이했습니다. "지금 양을 죽이고 있는 중이라 남은 양 2마리 더 죽이고 출발하겠다고 해." 전해주는 남편이나 전해 듣는 저나 감이 오지 않습니다. '압둘라가 푸줏간을 했나?' 평소에도 소설 같던 압둘라의 일상이 더욱 흥미로워지면서 별별 상상을 다 해보았습니다. 어쨌든 맨체스터의 압둘라가 올 때까지 기다리는 방법 밖에 없었습니다.

와바 크레타는 엠프티 쿼터(Empty Quarter)에 있는 분화구인데 코란에 나온 우바(Uba)라는 도시가 과연 실제 도시였는지 상상이었는지를 캐내기 위해 평생을 바친 영국의 탐험가가 우연히 발견한 분화구입니다. 자신의 질문에 대한 답은 얻지 못했지만 세상 사람에게는 처음인 곳을 발굴해내었습니다. 와바 크레타에서 발견된 운석이 리야드의 국립박물관 현관 입구에 바위처럼 버티고 있어서 박물관에 갈 때마다 와바 크레타를 생각했기에 못 다한 여행에의 아쉬움이 더욱 컸습니다. 공기 중에 떠돌 우주의 이야기가 있을 분화구를 볼 생각에 들떴는데 갤로퍼가 멈추니 더 이상 나아갈 수 없습니다.

고속도로를 쌩쌩 달려가는 차들 틈으로 서양 남자 하나와 동양 여자 하나가 울타리를 친 모래 사막밭 앞에서 커피 물을 끓입니다. 모래바람을 탄 커피를 마시는 동안 얼추 한 시간이 지나갔습니다. 입속의 모래알갱이가 혓바닥에서 가슴으로 내려와 마음까지 설겅거리게 만들었습니다. 마침내 압둘라가 도착했습니다. "다 죽이고 왔다"고 합니다. 하지순례가 끝나면 희생제물로 양을 잡아 이웃들이 모여서 음식을 나눠먹고 서로 축하하는데 압둘라 집에서도 9마리를 잡았다고 했습니다. 닭 잡는 것도 아니고 직접 양을 잡았다니 듣기 거북했지만 그제서야 저희의 휴가가 이드 아드하(Eid Adha)였음을 알게 되었습니다. 희생제라고 불리는 이슬람 최고의 명절인 줄도 모르고 여행을 간다는 생각에 들떴다가 낙심한 모습까지 보이고 나니 잠시 민망해졌습니다. 견인차를 몰고 주변을 맴돌며 가격협상을 하던 수단인 운전사가 안보입니다. 압둘라가 흥정을 하는 과정에서 견인차가 두 번 바뀌는 진통을 겪은 후에 마침내 견인차에 올라탔습니다. 갤로퍼를 뒤에 싣고 견인차의 앞좌석에 앉아 고속도로 오르막길을 느릿느릿 올라와 집으로 오는 길이 처량했습니다. 디큐 검문소에 들어서니 놀란 군인들이 총을 들고 뛰쳐나왔습니다. 며칠 뒤 압둘라와 전화통화하면서 수단 운전사가 감옥에 갔다고 전해주는데 잠시 우두망찰했습니다. 바가지요금을 불렀기에 경찰에 신고했다고 합니다. 죄가 크든 않든 사우디에게 잘못 보이면 노동자들의 인권은 아예 존재하지 않습니다.

와바 크레타 여행은 사륜구동차 운전자들의 모임인 리야드 로버즈 클럽(Riyadh Rovers Club)에서 주관한 캠핑이었습니다. 해시가 주로 리야드 근교의 하루 캠핑이라면 리야드 로버즈 클럽은 주로 리야드 외곽뿐 아니라 사우디 전체를 여행하다보니 휴가에 맞춰 짧게는 당일 여행, 길게는 일주일씩 캠핑을 다녔습니다. 해시와 마찬가지로 이곳 역시 사우디 회원을 받지 않습니다. 한 달에 한 번 모임을 통해 지난 달 여행을 다녀온 사람들이 차례로 나와서 여행지에 대한 정보와 함께 개선할 점 등을 이야기해줍니다. 사진과 함께 설명을 듣다보면 다음 여행에 직접이든 간접이든 도움이 됩니다. 여행 다녀 온 사람들의 이야기를 모아 샌드래더(Sandladder)라는 잡지를 매달 발행하고 모래밭에 빠질 경우에 대비한 모래밭에서의 샌드 드라이빙 레슨(Sand driving lesson)도 주기적으로 열었습니다. 모래밭의 언덕 위에서 갤로퍼의 뒷바퀴가 바닥에 떴을 때 운전석에서 당황하고 있는 남편을 도울 생각보다는 먼저 신나서 열광하던 케빈이었

모래밭에 빠질 경우에 대비한 모래밭에서의
샌드 드라이빙 레슨(Sand driving lesson)

지만, 케빈이 이끌어 준 단 한 번의 과외수업으로 남편도 모래밭 운전을 잘하게 되었습니다. 암벽 사이에 사는 생쥐인 길보아를 보고 놀라지 않았던 것도 로버즈 클럽의 강좌 덕분이었고 꼬리만 보았지만 덥이라는 야생 동물에 대해서도 알게 되었습니다. 사우디에만 사는 야생동물인 덥은 생김새는 도마뱀인데 가느다란 다른 신체부위와 달리 꼬리 부분이 포동하게 생겼습니다. 베두인들은 덥을 잡아 꼬리만 먹는다고 했습니다. 캠핑 중에 보았던 동물과 곤충, 식물 등의 사진을 보여주고 설명해주니까 실제 보았을 때 덜 긴장하게 되어 좋았습니다. 모두가 자원봉사이고 자신이 좋아서 하는 일의 결과물입니다.

가장 많은 사람들의 관심이 있었던 강좌는 사우디에서 발견한 금광의 존재였고 가장 제 관심을 끌었던 행사는 GPS(위치 추적 장치) 강의였습니다. 여자라 사우디에서는 운전을 할 수 없지만 길치인 남편과 사는 사람이라 GPS 사용법을 아는 것만으로 안심이 될 듯해서 등록했는데 제프리가 얼마나 철저히 준비했는지 듣는 회원 모두가 외부 강의용으로 손색이 없다고 입을 모았습니다. 도시에서 사용하는 내비게이션은 사막에서 사용하는 기계와 달랐습니다. 다른 사람의 루트를 컴퓨터 파일로 저장한 후 컴퓨터상에서 내비게이션에 입력하는 일인데 질문을 너무 많이 했는지 강의를 마치고 난 제프리가 웃으면서 이제 그만 와도 되겠다고 했습니다. 돈을 받는 것도 아닌데도 주말에 자신의 시간을 바쳐서 소중한 정보와 지식을 나누어주는 제프리를 보면서 남과 함께 나눌 때 자신의 지식이 더욱 강화되는 모습을 지켜보았습니다. 남보다 많이 안다는 것은 결국 남을 위해 베풀 기회도 많다는 것임을 확인했습니다.

사막여행을 갈 때는 언제나 두 대 이상이 함께 움직입니다. 선두 차량이 콘보이(convoy) 순서를 정해주고 앞차는 뒷차의 안전을 지킵니다. 사막의 유랑민인 베두인들이 자기들의 집이라 할 수 있는 사막에 외국인들이 모여 있는 것을 탐탁지 않게 생각할 수도 있고 때로 불안해서 공격을 할 수도 있기에 사막에서 안전문제는 언제나 제일의 관심입니다. 사막으로 갈 때는 주유소가 보이면 무조건 멈춥니다. 달린 거리만큼 가스를 채워넣는 일과 함께 바비큐에 필요한 장작나무를 삽니다. 주유소에 붙은 작은 캠핑가게는 구경할 게 많습니다. 캠핑 관련 용품부터 선글라스, 민속 공예품, 사막 코트, 아바야에 이르기까지 거의가 중국산입니다. 삼발이를 사서 군밤을 구워먹기도 했습니다. 군밤 까먹기는 한국 여자 머리에서 나온 외로운 아이디어이고 보통의 경우 바비큐는 케빈의 마시멜로로 끝이 납니다.

긴 막대기에 마시멜로를 끼워서 타지 않게 살짝 그을리는데 첫 번째 마시멜로는 언제나 사라에게 장미꽃을 헌상하듯 두 손을 모아 바칩니다. 사라가 맛있다는 사인으로 엄지를 치켜들면 그때부터 본격적으로 호떡장사처럼 바빠지지만 노련한 기술 덕에 타지 않게 구워 쳐다보고 있던 모두의 손에 하나씩 안겨줍니다.

차를 멈추면 그곳이 캠핑장이 되었습니다. 때로는 한 그루 나무가, 때로는 솟아있는 언덕이, 때로는 버려진 타이어 하나가 이정표가 됩니다. 메마른 사막에 펼쳐지는 긴 테이블 위에 테이블보가 깔리고 바닥에 아라비안 문양의 빨간 카펫이 깔립니다. 각자 와인글라스를 들고 나오는데 유리잔 하나가 주는 여유 또한 사랑스러웠습니다. 준비해온 음식을 테이블 위에 진열하고 사막 한가운데에 뷔페장이 차려지면 사막 바깥의 긴장이 풀리는 듯했습니다. 가끔은 한뼘만한 그늘을 사람들에게 내어주고 무연히 서있는 나무도 만납니다. 황폐한 사막에서 오래 살아온 질기고 질긴 나무, 오래 혼자였던 나무. 이파리 대신 가시를 내밀고 숨어있는 생명의 나무입니다. 버석버석 소리가 날 것 같은 가시, 닿으면 찔릴 것 같은 가지를 눈으로 만져봅니다. 립톤 티나무도 만듭니다. 찻물을 우려내고 난 립톤 티백(Lipton teabag)을 매달아 둔 나무를 말합니다. 옷만 남기고 사막 속으로 주인이 사라졌는지 난데없이 남자의 낡은 티셔츠가 나뭇가지에 걸려 있기도 했는데 아트가 그 옆에 다리 하나 부러졌던 캠핑의자를 들고 와서 매달았습니다. 화석이 되어가던 나무가 갑자기 살아나고 즉석에서 만들어진 전위예술 앞에 모두 모여 '치즈'를 외치면서 사막과 친구가 되어갔습니다. 창백한 가지를 내뻗어 티백을 매달고 앙상한 이파리로 부러진 캠핑의자를 받치면서 사람들에게 마지막 그늘까지 내어준 '아낌없이 주는 나무'가 사막에 있었습니다.

　해시의 캠핑이 늘 조용한 평화로 끝나는 것은 아닙니다. 광란의 캠핑 중 하나가 레바니즈(Lebanese) 댄싱 파티입니다. 중동에서는 이집트와 모로코의 음식도 유명하지만 아랍의 대표 음식은 레바논 음식이고 아랍의 대표춤은 레바니즈 댄싱으로 레바논을 특화시킨 듯한 용어들이 있었습니다. 춤추는 캠핑인데 하늘에서만 보이는 구석진 사막에 널찍한 카펫을 대여섯 개 깔아서 대형 무대를 만들고 구석에서 디제이가 노트북을 이용해서 음악을 틉니다. 대부분이 옛날 음악들이라 팝송을 많이 모르는 제 귀에도 낯익습니다. 파티복이거나 댄스복으로 갈아입은 사람들이 하나둘씩 무대로 나섭니다. 쭈뼛거리며 카펫 위에 서는 사람도 있지만 시간이 흐르면서 무대는 각종의 춤 전시장이 됩니다. 디스코가 탱고가 되다가 스코티시 민속춤이 나오다가 살사가 되고 블루스가 되면서 정체 모를 춤들이 마구 쏟아집니다. 쿵쾅쿵쾅 사막이 떠나갈 것처럼 소란스럽습니다. 자정이 넘어 하나둘씩 텐트로 돌아가기 시작하면 남아있던 사람들이 라인 댄스(Line dance)를 추면서 그날의 일정이 마무리됩니다. 라인 댄스는 연습 없이도 옆 사람만 따라하면 되는데 마지막 노래는 언제나 YMCA 노래였습니다. 양팔로 알파벳 모양을 만들고 고함지르듯 내뿜는 소리가 사막에 울려 퍼집니다. 사우디들이 떠난 사막에 이방인들이 모여서 이방이라는 단어를 잊은 채 사막이 고향인 듯 웃고 노래하고 춤추고 마시면서 그렇게 사막의 밤은 깊어갔습니다.

동굴 여행을 주관한 제임스에게서 장문의 이메일이 왔습니다. 46°59′49.38″ E 24°29′9.02″ N. 당일 여행지침서입니다. 알카지(Al Karj)에 있는 동굴인데 아인 히트(Ain Hit)라고도 부르는 곳입니다. 사람의 눈동자처럼 생긴 동굴 입구가 2단계에 걸쳐 있습니다. 동굴의 첫 번째 입구는 넓게 열린 공간이라 대부분의 사람들이 주저 없이 내려가지만 두 번째 입구는 조그마한 방문을 지나야 하기 때문에 실제로 들어가는 사람들은 극소수입니다. 동굴 입구는 사람들이 버린 쓰레기로 가득 차 있고 입구의 바위에는 빨간색 페인트로 낙서가 지저분합니다. 몸을 반쯤 숙여서 계속 들어가면 발을 내디딜 때마다 갇혀있던 먼지 하나하나가 일제히 살아나 숨 쉽니다. 이미 먼지의 심장 가까이에 가 있는 듯한 기분에 온몸이 움츠러들었습니다. 미끄러지지 않기 위해 발길을 요리조리 움직이다보면 마침내 동굴의 두 번째 입구가 보입니다. 케빈이 앞장서고 남편이 뒤이어 헤드 토쳐(head torture)와 로프(rope)를 들고 구멍 속으로 사라지자 그들이 사라진 구멍에서 먼지가 어둠을 타고 나옵니다. 사람들의 웅성거리는 소리가 잠자고 있는 박쥐를 깨울 것만 같고 뛰쳐나와 제 앞을 지나갈 것만 같은 곳이었습니다.

동굴 안에 있는 웅덩이에서 제임스가 수영을 했다고 했습니다. 나이 60에 피아노를 배워서 여자 친구인 제시에게 피아노 레슨을 해주고 일주일에 두 번은 살사 춤을 추어야만 살아있음을 느낀다는 제임스는 저희들의 산타클로스였습니다. 저희에게 문제가 생기면 언제나 달려와서 도와주었습니다. 저희를 해시로 이끈 제임스는 리야드에서 20년을 산 사람답게 리야드의 골목골목을 잘 알아서 길을 잃어 문자를 보내면 핸드폰의 문자 화면이 넘어가도록 상세하게 알려주었습니다. 얼마나 자세한지 만일 좌회전해야 한다면 코너의 그 가게가 예전에 무엇을 하던 집이었는지 역사까지도 알려줍니다. 제임스가 하는 일은 언제나 믿고 따랐기에 동굴 안에서 수영을 했다는 소리를 들어도 걱정이 되지 않았습니다. 수영한 제임스 말로는 그렇게 깨끗한 물은 언제 봤는지 기억에 없을 정도이며 몇 해 전에 이미 스쿠버 다이버들이 탐색해서 수영해도 괜찮다고 검증되었다고 하는데, 수영도 안 한 케빈은 구석진 곳에 쓰레기가 떠다니고 더러운 오물을 봤다고 하고 빵 굽는 토니까지 합세하여 물속에 어떤 박테리아가 있을지 아무도 모른다는 등 말이 많았습니다. 그 후에도 몇 차례 하피트 동굴에 갔지만 수영을 하는 사람은 못 보았습니다. 가끔은 제임스가 수영한 동굴 안 수정 호수가 궁금하고 동굴에서 수영하면 어떤 기분일까 상상해보곤 했습니다.

여름휴가를 다녀오니 임신한 사라 때문에 휴가를 못간 케빈이 재깍 전화가 옵니다. 동굴이 모여 있는 지역을 알아냈다며 당장 가보자고 합니다. 아람코(Aramco) 회사에서 발견한 동굴이라고 합니다. 아람코는 다란에 있는 사우디의 정유 가스 회사인데 사우디에서 발견된 대부분의 동굴과 땅굴이 아람코에 의해 발견되었습니다. 아람코의 정보들은 거의 공유되지 않는데 케빈의 표현대로 구글(google)을 탈탈 뒤집어 털어서 이곳 동굴의 위치를 알아내고는 마치 자신이 처음으로 이곳을 알아낸 탐사가인 양 들떴습니다. 여러 개 땅굴이 한군데 모여 있는 곳은 리야드의 북쪽에 있는 다나(Dhana) 사막이며 모여 있는 동굴 중의 하나는 사우디에서 4번째로 큰 동굴이라고 합니다.

금요일 아침 일찍 집을 나서기도 전에 케빈이 이미 약속장소에 도착했다고 전화가 옵니다. 비밀의 동굴을 찾아가는 아침은 먼지바람이 심해서 몇 번이나 차를 돌릴 뻔 했습니다. 앞차가 안 보이는 막막한 사막을 달리니 유리창 밖은 안개 낀 해변을 달리듯 그저 뿌옇기만 했는데 어느새 앞서 달리던 하머(Hammer)가 섭니다. 유리창 밖으로 케빈이 손을 내밀며 '여기'라고 소리칩니다. '여기? 어디?' 바닥 위로 튀어나온 모래자갈뿐, 동굴이 있을 거 같은 지역이 아닙니다. 심드렁하게 차에서 내리니 땅에 구멍이 하나 뚫려있었습니다. 보호 울타리도, 위험 표지판도 없습니다. 밤중에 사막 한가운데를 다닐 일은 없겠지만 구멍 크기가 작아서 차바퀴 하나는 쏘옥 빠지게 생겼습니다. 구멍이 바로 동굴입구였습니다. 차 범퍼 앞부분에 튀어나온 보호용 금속기둥에 로프를 매고 하네스(Harness 안전장치)를 한 케빈과 남편이 땅굴 속으로 사라졌습니다. 땅굴 안은 그리 길지는 않았는지 잠시 후 땅굴 속에서 기어 올라오면서 둘 다 흥분을 감추지 못합니다. 땅굴에서 처음 해본 지오캐싱이라고 합니다. 사실 그곳은 지오캐싱 장소를 찾다가 알아낸 장소였습니다.

그날 다나 사막에서 9개의 땅굴을 찾았는데 이리 저리 산만하게 흩어져있는 동굴 찾기로 신난 남편과 케빈은 평소와 달리 어깨동무까지 하면서 화통하게 웃었고 지켜보던 사라와 저까지 하나가 되어 즐거웠습니다. 사우디에서 만난 좋은 친구들이었습니다. 사라는 남편과 서로 일치하는 정서가 많았고 아일랜드인 케빈의 호기심과 한국 여자의 호기심도 확실하게 통하는 부분이 많았습니다. 아일랜드 희곡에 심취했던 시간이 까마득했지만 케빈을 통해 잊고 있던 아일랜드를 다시 만나서 더욱 즐거웠습니다.

저희보다 삼 년 먼저 사우디에 도착했던 케빈이 또다시 비밀을 알려주듯 말했습니다. "아무나 갈 수 없는 동굴이 있는데 너희들에게만 알려줄게, 친구니까. 동굴 이름은 '팻맨즈 스퀴즈(Fat man's squeeze)'" 똥배든 팔뚝이든 무엇이든지 갖다 대기만 하면 마치 오렌지를 짜듯이 납작하게 만들어준다고 합니다. 사우디에는 이름 없는 장소가 널려있으니 누구라도 작명가

팻맨즈 스퀴즈(Fat man's squeeze)
똥배든 팔뚝이든 무엇이든지 갖다 대기만 하면
마치 오렌지를 짜듯이 납작하게 만들어준다고 합니다.

가 되는데 언제나 가장 적절해 보이는 이름이 나타납니다. 팻 맨즈 스퀴즈 동굴의 입구는 눈동자도 아니고 바닥의 구멍도 아닌 바위 사이의 가로줄로 길게 난 틈이었습니다. 입구에 들어갈 수 있는 몸이 많지는 않았습니다. 케빈의 배가 바위 사이에 껴서 나오지도 들어가지도 않는 순간은 복식호흡 기술까지 동원된 코미디였지만 키가 크고 늘씬한 사라의 풍만한 가슴도 바위 앞에서 멈추어야 했습니다. 가슴이 작은 여자라서 누리는 특혜도 있음을 알게 해주는 동굴이었습니다.

바위사이에 몸을 쑤셔 넣듯이 어깨 하나를 먼저 밀어보고 계속 움직일 수 있는지 확인한 후에 조금씩 통과합니다. 어깨 하나를 쑤셔 넣으면 볼에 닿는 바위의 차가운 체온이 서늘합니다. 두 사람이 동시에 서 있을 공간이 없기 때문에 수시로 상대방의 위치를 확인합니다. 한 사람이 빠져나간 자리에 다음 사람이 들어섭니다. 벽의 압박을 느끼며 바위틈으로 생긴 길을 따라 들어가니 동굴 같은 공간이 여러 개 보였습니다. 기하학적으로 디자인이라도 한 듯이 기이한 형태의 바위 굴곡을 통과하는 느낌이 진진했습니다. 누구도 도와줄 수 없고 혼자서 바위틈을 통과해야 합니다. 두렵지만 혼자 나아가야 하는 세상살이의 이치와 닮았습니다. 틈 간격을 확인한 후에 온몸에 착

달라붙는 바위에게 제 아집과 욕망의 실오라기 하나마저 다 드러내 보이니 그때 바위가 저를 보내줍니다. '통과!' 제 맨살을 다 보이고 제 안의 기름기와 허영을 다 짜내면 제 앞의 열리지 않는 문도 언젠가 '통과!' 해줄 것 같았습니다. 동굴을 좋아하지 않았지만 팻맨즈 스퀴즈 동굴이 예외였던 것은 하늘이 간간이 보이는 열린 틈으로 소리 지르면 바로 바깥의 누군가에 의해 구조될 수 있었기 때문입니다. 제가 먼저 떠나버렸지만 이제는 제게서 많이 멀어져간 것들이 다시금 그리워 세상 밖으로 나가고 싶은 제 마음이기도 했습니다.

머리에
꽃 단 남자

내키지 않는 여행이었습니다. 남편이 내민 지도를 힐끗 보니 온통 누런 색깔 아니면 오렌지 색깔입니다. 페르시아 걸프, 쿠웨이트, 카타르, 유에이이, 오만 그리고 예멘까지 국경을 맞대고 있는 넓은 지역입니다. 위험하다며 케빈마저 동의하지 않은 사우디의 동부지역 여행을 시작했습니다. 타이프(Taif)가 중심인 동부 지역(Eastern Province)은 사우디왕국 건설과정에서부터 거의 배제되어온 지역으로 사우디인의 비율이 99%인 지역입니다. 외국인이 거의 살지 않는 지역이면서도 정작 사우디에서는 눈 속의 가시 같은 존재였습니다. 사우디의 정치를 좌우하는 수니파에 유일하게 대항하는 10%의 시아파가 사는 본거지이기 때문입니다. 엄격한 원리원칙을 고수하는 수니파는 예배를 하루에 5번 보는 반면에 시아파는 하루에 3번만 봐도 된다고 합니다. 수니파는 이맘(Imam)이라는 존재를 절대적인 존재로 보지 않는데 시아파는 이맘에게 최고의 권력을 부여합니다. 오래전 일이지만 이란의 호메이니 옹의 이름이 지금까지 기억나는 것을 보면 절대적인 존재라는 말이 이해가 되었습니다.

시아파와 수니파는 사사건건 대립하고 충돌했습니다. 중동의 민주화의 불길로 불안한 정세가 사우디에까지 전해져서 마침내 '분노의 날(Day of rage)'이 정해졌을 때 수니파는 '사우디는 문제없다'고 대외적으로 공포하고 있는데 시아파는 타이프에서 끊임없이 데모하고 사건사고를 일으켜 사우디의 정세를 불안하게 만들기도 했습니다. 동부지역을 무시할 수 없는 이유는 그곳에 사우디 석유의 대부분이 묻혀있고 사우디 전체 대추 생산량의 절반 이상이 나오기 때문입니다. 모래사막이 보물인 곳입니다. 동부지역을 대변하는 엠프티 쿼터(Empty Quarter)는 말 그대로 텅 비어있는 장소인데 사우디에서는 가장 광대한 사막 황무지입니다.

알 카지(Al Karj)에서 첫날을 묵은 후 호텔에서 나와 차문을 여니 아침인데도 더운 날씨에 방치된 채 열 받은 GPS가 유리창에서 뚝 떨어져 차 안에 나뒹굴고 있었습니다. 내비게이션 화면을 꽉 채운 모래색 오렌지색 바탕에 꼬불거리는 줄 하나가 전부입니다. 알 카지에서 샤랄라(Sharala)까지는 250킬로미터의 거리입니다. 눈 닿는 곳마다 모래사막입니다. 3시간쯤 지나니 잠깐 지렁이 기어가는 그림을 연상시키는 아랍어의 칠 벗겨진 간판이 보여서 반쯤 드러누워 있던 몸을 바로 고치고 앉으니 몇 초만에 바람결에 휙 달아나버리고 여전히 변함없는 사막입니다. 샤랄라에 도착하자 경찰차가 저희를 호위하기 시작했습니다. 샤랄라를 빠져나갈 때까지 따라오겠다는 말도 없이 앞뒤로 한 대씩 붙었습니다. 앞차의 경찰은 조용한 하루가 방해받은 귀찮은 모습이고 뒤차의 경찰 둘은 고요한 타운에 모처럼 일어난 사건에 재미있어 쳐다볼 때마다 연신 싱글싱글 웃어댔습니다.

나즐란(Najlan)으로 가는 길은 햄스터의 플라스틱 상자 안 같이 달려도 달려도 그 자리인 듯했습니다. 더이상 거리가 멀다거나 지루하다는 말을 할 필요가 없었습니다. 세상의 모래를 한곳에 모아 둔 고속도로입니다. 오는 차도, 가는 차도 드문 고속도로. 달려도 달려도 벗어날 수 없는 길 한가운데에 서서 물을 끓였습니다. 바람을 막기 위해 남편과 둘이서 머리를 맞대고 끓인 물에 맥심 두 스푼을 담아 약 마시듯 벌컥 들이켜니 살 것 같았습니다. 뒤따르던 차의 경찰 한 명이 차 안에서 나와 말 없이 싱글벙글 웃으며 저희 주변을 어슬렁거렸습니다. 차의 미터기를 보니 하루 종일 759킬로미터를 달렸습니다. 아침 8시에 출발해서 저녁 6시까지 모래밭 사이로 달린 하루였습니다.

나즐란(Najlan)에 들어서자 샤랄라 경찰이 재빠르게 사라졌습니다. 나즐란은 예전의 향로 무역의 본거지로 예멘 국경과 가까워서 건축의 양식과 동네의 정서에 예멘의 문화적 영향이 매우 강합니다. 경찰차의 호위 없이 다니니 쉬고 싶을 때 쉴 수 있는 자유가 느껴졌습니다. 초콜릿 케이크를 하얀 생크림으로 마무리한 듯한 성곽 울타리가 있는 곳은 나즐란 박물관이었습니다. 예멘의 건물양식을 사우디의 구석진 시골에서 다시 보니 반갑고 하얀 테두리는 여전히 인상적이었습니다. 박물관을 나오니 텅 빈 주차장에 은색 갤로퍼와 대각선으로 달랑 차 한 대가 주차되어 있습니다.

한국 여자 눈에 확 띄는 현대 소나타입니다. 박물관 가는 외길에서 차 한 대가 우리와 방향이 같다는 사실은 알았지만 박물관에 들어가면서 잊어버렸던 차가 박물관 주차장에 떠억하니 버티고 있습니다. 창문을 열어 쳐다보니 하얀 도우브의 건장한 운전자는 딴 곳을 쳐다봅니다. 평범한 도우브를 입은 남자가 모는 평범한 은색 소나타 차입니다. 갤로퍼가 서면 소나타도 서고 갤로퍼가 달리면 소나타가 급하게 쫓아왔습니다. 따라다닌다는 심증이 가긴 한데 확실하지는 않고 물증도 없습니다. 달리다가 눈에 보이는 빈 공간에 갑자기 차를 세우니 따라오던 차가 주차할 장소를 찾지 못해 머뭇거리더니 곧 맞은편 쪽에 주차했습니다. 할 일 없는 현지인인 것 같기도 하고 납치하려는 차 같은 느낌도 들어 차량이 오가는 시내로 방향을 틀었습니다. 멀리 쉐라톤 호텔이 보였습니다. 따라오는 소나타를 따돌리려고 호텔 주변을 몇 번 돌다가 행인들이 어수선하게 길을 건널 때 차를 세우고 호텔로 들어갔습니다. 2차선 도로의 길가에 쉐라톤 호텔이 있어서 좀 이상하다 하면서도 반가운 마음에 들어갔는데 이름만 쉐라톤인 동네 호텔이었습니다.

소나타를 따돌린 흐뭇한 마음으로 소파 등받이에 기대니 소파 바로 옆 둥근 기둥 사이로 하얀 도우브가 살짝 보였는데 바로 우리를 따라다니던 은색 소나타의 운전자였습니다. 기둥 뒤에 앉아 신문 보는 척 합니다. 저희도 소나타 맨을 못 본 척 딴전을 피우며 시간을 끌었습니다. 먼지가 낮게 표류하고 다니는 호텔의 기념품 가게를 기웃하면서 어떻게 할지를 의논했지만 뾰족한 수는 없었습니다. 호텔 바깥으로 나오니 건너편의 소나타가 시동을 건 채 기다리고 있었습니다. 직접 부딪히기로 했습니다. "저희를 따라다닙니까?" "네, 민간 경찰입니다." "왜요?" "외국인 여행자의 신변을 보호하기 위해 따라다닙니다." "우리가 온 줄 어떻게 알았어요?" "샤랄라 경찰에게서 인수인계 받았습니다." 미행당하는 기분이 들 때는 피해자였는데 순간적으로 번뜩 스치는 생각의 전환이 있었습니다. 외국인이 거의 없는 사우디 시골지방에서 저희를 가장 안전하게 지켜줄 사람은 사실 경찰밖에 없었습니다. 갈 곳을 미리 알려줄 테니 우리에게 길을 안내해달라고 부탁했습니다. 어차피 같이 다닐 건데 순서가 뒤바뀌면 어떠냐고 하자 모하메드도 그렇게 하겠다고 했습니다. 경찰의 호위하에 시장에 들어서니 모두들 길을 비키며 친절합니다. 모하메드가 경찰인 것을 나즐란 사람들이 다 아는 것만 같았습니다. 모하메드는 우리를 아랍 남자들이 전통적으로 차고 다니는 짧은 검인 잠비야만 잔뜩 파는 시장으로 데려갔습니다. 예멘에서 많이 보았던 터라 칼이나 기념품에는 흥미가 없었지만 여자 없이 남자만 있는 시장 사람들의 모습은 새로웠고, 시장통에는 언제나 그렇듯이 애잔하면서도 조용히 뿜어 나오는 생명의 기운이 있었습니다.

호텔에 묵는 사람이 저희 부부뿐인지 식당을 갈 때마다 아무도 없었습니다. 밥 먹을 때면 몰래 카메라에 찍히고 있는 기분이 들었고, 식당을 나오면 호텔 직원이 쓸데없이 웃으면서 졸졸 따라다녔습니다. 호텔 직원이 리셉션에서 모하메드가 기다린다고 전해 주었습니다. "나즐란에서 언제 떠날 겁니까?" "내일 오후쯤." "오후 몇 시?" "3시쯤?" "내일 오전 7시에 떠나세요. 7시에 호텔 앞에서 뵙겠습니다." 부드러운 말투지만 통보였습니다. 다음 날, 호텔 전 직원의 배웅을 받으며 아침 7시도 되기 전에 떠밀리듯 호텔을 떠났습니다. 일렬로 늘어서 구경나온 호텔 직원을 보니 귀찮은 외국인 손님을 떼어내고 속이 시원한 표정인 듯해서 은근히 섭섭했습니다. 아브하(Abha)로 가는 라운드바웃에서 백미러로 보니 소나타가 서서 지켜봅니다. 혹시 유턴을 하나 안 하나 감시하는 듯했습니다. 그렇게 억지로 나즐란을 떠났습니다.

아브하에 가까워질수록 날씨가 흐려지더니 좀 전에 비가 잠시 내린 듯 도시에 들어설 때는 비개인 오후 날씨였습니다. 낯설고도 정다웠던 계절의 어느 한 조각이 살짝 빠져나온 듯 반가웠습니다. 비오기 전 꾸물꾸물한 날씨를 얼마나 그리워했는지 그제야 알았습니다. 먹구름이 낀 하늘에서 후드득 쏟아지는 비를 바라보며 '그래 이거야' 하는 말이 저절로 튀어나왔습니다. 신호등 앞에 차가 섰을 때 저는 똑똑히 보았습니다. "저거, 저거~" "뭐?" "머리에 꽃 단 남자!" "뭐라고?" 남편이 피식 웃었습니다. 농담하는 줄 알았는지 다시 물어보지도 않고 무심한 속도로 운전을 계속 했습니다. 꽃을 단 남자가 사람들 틈에 섞여 건널목을 뛰어가는 모습이었습니다. 비오는 날에 머리에 꽃을 단 남자는 이 지역 하발라(Habala)의 전통이었습니다. 하발라는 남자만 쓰는 화관으로 처음에는 노끈을 이어 장식하다가 점점 마른 꽃을 풀에 이어서 꽂고 다닌다고 합니다. 꽃 단 남자들을 보고 난 후부터 지루한 여행이 갑자기 생기가 돌면서 아브하가 친근하게 다가왔습니다.

높은 빌딩도 보이고 낮은 건물도 보이고 도시에 색깔이 보였습니다. 분홍색, 보라색, 푸른색 건물을 볼 때면 너무도 신기하고 흥분조차 되었습니다. '집 색깔을 핑크로 칠하는 사우디 주인은 어떤 사람일까?' 사람이 모래색만으로는 살 수 없음을 절실히 느끼게 해주었습니다. 구름조차 없는 무채색의 도시, 리야드에서 온 탓에 하늘의 구름만 봐도 행복했습니다. 팰리스 호텔에 도착하니 남편의 직장이 프린스 술탄 대학임을 확인하고 할인을 해주었습니다. 호텔의 소유주가 술탄 왕자이기 때문이었습니다. 술탄 왕자의 부를 짐작할 수 있었습니다. 근처의 수다(Sooda) 산은 정상이 3,000미터나 되는 지역으로 숲과 야생 동물지역, 계곡 등이 골고루 있었고 호텔 앞에는 멋진 호수까지 있었습니다.

알 바하(Al Baha)로 가기 위해 아시르 산맥을 통과하는 길은 오르막과 내리막이 험한 산악도로였는데 고속도로에 바쁜 원숭이가 보여 신기해서 창문을 열었다가 바쁜 원숭이를 조심하라던 사라의 말이 생각나서 얼른 창문을 닫았습니다. 산악도로를 놀이터 마냥 뛰어다니는 바쁜, 떼 지어 도로를 횡단하는 바쁜, 언덕에 올라 명상하듯 먼 산을 쳐다보던 바쁜, 악동처럼 운전하는 차를 희롱하던 바쁜, 서있는 자세로 길가의 쓰레기통을 내려다보던 바쁜, 쓰레기를 뒤지면서 물건을 가려내던 바쁜 등으로 가득 찬 산이었습니다. 잘 닦여진 산악도로를 지나면서 보이는 산마다 이름 붙이기 놀이를 하면서 지나갔습니다. 푸른 언덕 아래서 옹기종기 모여 있는 부락과 굴뚝에서 나오는 연기가 마을을 감싸는 모습이 정겨웠습니다.

알 바하(Al baha)에서 하루 쉬어가기로 했습니다. 넓디넓은 주차장에서 잠시 조깅을 했습니다. 저 혼자 하는 달밤의 체조를 대단하게 생각지 않았습니다. 아바야를 입고 있으니 문제가 생길 여지가 없다고 생각한 사람은 저뿐이었나 봅니다. 100미터가 채 안되는 저의 조깅 코스 양쪽에 두 대의 경찰차가 버티고 호텔 관계자와 경찰이 심각한 모습으로 팔짱을 끼고 쳐다보는 모습을 보았지만 저와는 상관없는 일이려니 생각했습니다. 달릴 때 경찰의 호위를 받는 것은 디큐의 와디에서 익숙한 풍경이지만 아바야를 입고 있는데 경찰차 두 대가 양 끝에 서있는 것은 또다시 낯설었습니다. 뒤늦게 호텔마당에 들어선 남편이, 경찰이 불러서 갔더니 여자 혼자 주차장을 걷거나 뛰는 것은 위법이라며 중지하라고 요청했다는 말을 전해주었습니다. 이미 걸을 만큼 걸어서 더 걷기도 싫었지만 남편이 위법이라는 말을 전해줄 때 순간적으로 아바야를 벗어던지고 본격적으로 뛰어볼까 하는 반항심이 불끈 생겼습니다.

여행을 마친 다음 주인 2009년 5월 1일자 아랍뉴스 신문에 드물게도 아시르 지방의 뉴스가 실렸습니다. 아시르 지역에서는 장소를 막론하고 여자의 운동은 금지한다는 내용이었습니다. 제가 경찰차의 호위를 받으면서 운동한 알바하가 바로 그 지역입니다. 호텔 관계자와 경찰을 긴장시켰던 한국 여자의 조깅을 겨냥해서 법을 새로 만들지는 않았겠지만 저처럼 여자가 주차장을 걸어다니거나 뛰는 사건이 다시는 허용되지 않을 것임은 확실했습니다. 사우디에서는 여자가 달리는 자체를 음란하다고 여기고 여학교에는 체육과목이 없습니다. 여자의 운동을 금지하는 이유를 설명할 때 사우디의 언론이 즐겨 쓰는 영어 단어는 Promiscuous 입니다. 여러 명의 섹스 파트너와 난잡한 성생활을 한다는 뜻을 가진 단어입니다. 운동하다가 처녀막을 찢을 수도 있어서 순결을 잃게 만들 뿐만 아니라 여자들끼리 하는 운동은 동성연애를 조장할 수 있어서 금지한다는 교육부의 공식입장이 신문에 보도되기도 했습니다. 디큐에 있는 알마나힐 여성 헬스센터의 사우디 여인들이 떠올랐습니다. 알마나힐에는 한 시간 동안 아바야를 벗고 일상복 차림으로 와디를 걷는 수업이 있었는데 사우디 여자들에게 인기가 많았습니다. 집 밖에서 아바야를 입지 않은 1시간의 자유는 리야드의 디큐 안이기 때문에 가능한 일이었고 디큐에 올 수 있었던 사우디인들은 사우디에서 혜택 받는 여성들이었습니다. 리야드와 달리 무관심 속에 있는 동부지방 여자들의 일상이 어떠할지 짐작해보면 답답해집니다. 여성으로 태어난 이유로 받는 여러가지 제약에 너무나 익숙해진 그들이 용기를 내어 자기의 본능과 꿈을 찾아가는 일에 도움이 되는 일을 하고싶다는 다짐을 했습니다.

이슬람 이전의
두 도시 이야기

마데인 살레(Madein Saleh)에 간다고 하자 실비가 깜짝 놀라면서 용감한 한국 여자라고 놀렸습니다. "여행 가는 그룹에 프랑스 사람은 없지?" 프랑스 대사관 건물을 구경시켜 주면서 대사관에 근무하는 남편직원들을 만나면 소개인사 끝머리는 "완이 마데인 살레에 간대요."였습니다. 마데인 샬레가 프랑스인들에게 특히 강한 인상을 주는 것은 저희가 가기 일 년 전인 2007년에 9명의 프랑스인들이 마데인 살레 관광을 마치고 리야드로 오는 도중에 알 카에다(Al-Qaeda)와 연관된 테러세력의 공격으로 살해당했기 때문입니다.

1세기에 존재한 나바탄(Nabatean) 왕국은, 페트라에서 시작되어 지중해까지를 잇는 무역로를 갖고 있어서 향로를 지중해로 내다파는 상인들에게서 세금을 걷어 번창한 왕국이었다고 합니다. 나바탄 왕국은 조단(Jordan)의 페트라(Petra)를 수도로 하고 사우디아라비아의 마데인 살레를 제2의 도시로 선택했다고 합니다. 사우디의 마데인 살레와 조단의 페트라는 나바탄의 문명을 가장 잘 보존한 의미 있는 역사적 장소들이지만 페트라가 알려진 보물이라면 마데인 살레는 알려지지 않은 보물이었습니다. 페트라에 갔을 때 바위틈으로 보이는 빛도 보물이 될 수 있음을 보여준 알 카즈네(Al Kazne)의 감흥은 보석이라 할 만했지만, 넓고 웅장해서 차를 타고 다녀야 다 볼 수 있는 마데인 살레는 연마가 덜된 원석이었습니다.

예언자 살레의 도시라는 뜻을 담은 마데인 살레가 있는 알 울라(Al Ula)로 이동하면서 버스 창문으로 보니 길 곳곳에 비이슬람교도의 출입금지를 알리는 큰 현수막이 붙어있었습니다. 바위를 깎아 조각한 131개의 무덤이 있다는 중심유적지에 도착하였습니다. 가족무덤처럼 보이는 규모가 큰 동굴이 눈길을 끌었는데 동굴 안에 들어가니 각 무덤이 연결되어 있고 무덤위로 올라나오니 바깥이었습니다. 하늘을 바라보는 바위에도 석실이 보여서 옆에 있던 핀란드인 일레인과 둘이 누워 보았습니다. 성인 여자 두 명이 누워도 양옆으로 공간이 남는 큰 무덤이었습니다. 사자의 형상이 있다고 해서 이름 지어졌다는 사자의 무덤은 2005년 금이 발굴된 이후 입장이 금지되었지만 사진을 찍을 수 있도록 버스가 잠시 섰습니다.

아침에 호텔에서 나오면서 코라가 코끼리 바위에 간다고 했는데 오전이 지나도 보이지 않습니다. 긴 철조망만 하염없이 따라갑니다. 사막을 배경으로 저 멀리 보이는 광경만 찍어도 멋있다는 감탄사가 절로 나옵니다. 코라가 코끼리를 보았느냐고 물어봅니다. "어디, 어디에 있어?" "완, 뒤로 물러서 봐" "어디?" "조금 더 뒤로." 두세 번의 같은 대화 후에 마침내 코끼리가 보였습니다. 코끼리 다리 옆에서 사진을 찍고 있으면서 코끼리를 못 보다가 물러서니 그제야 비로소 보이는 코끼리 바위. 가까이 다가갈수록 제 눈에 보이는 것이 적어지는 세상살이의 단면을 코끼리 바위가 알려주었습니다. 가까이서는 안 보이고 멀리서만 보이는 코끼리의 정체처럼 제 삶의 정체도 그러했습니다.

코끼리 바위에 대한 경외가 사라지기도 전에 일행 모두가 연이은 탄성을 내질렀습니다. 넓고 장대한 모래산에 오직 무덤 하나. 옹기종기 다른 무덤들과 어울려 지내는 무덤과는 달

코끼리 바위와
마데인 살레(Madein Saleh) 입구

리 사방에 아무것도 없습니다. 삶은 달걀의 반을 자른 듯, 동그란 형상의 큰 바위를 반만 잘라내었습니다. 거대한 바위를 미끈하게 깎아내려서 만든 입구와 기둥을 정면에서 바라보면 대담함 속의 정교함과 세밀함에 감탄하게 됩니다. 날렵한 모서리의 선, 기둥의 둥근 선과 중량감, 계단 무늬의 실감나는 음영 등이 조화롭게 어우러진 거대한 형상의 바위는 이전에 보지 못한 장관이라 그곳이 죽은 자의 무덤 입구라는 사실도 잊게 됩니다. 미려하고 특별한 아름다움이 풍겨나오는 바위의 자연미, 인간의 정교한 손길, 모래 바람의 세월이 합쳐진 하나의 작품이었습니다.

어떤 무덤의 입구는 넓어서 마치 들어오라고 손짓하는 듯하지만 사람이 올라갈 수 없었습니다. 사람은 거대한 바위 아래의 점 하나에 지나지 않습니다. 너무나 높고 입구가 직각으로 서있어 올라가지를 못하고 쳐다보기에도 목이 아픈 이곳에 원래는 계단이 있었는데 최근에는 그 계단을 철거해서 사람의 발길이 닿지 않게 원형을 보존하고 있다고 합니다. 산 자의 경박한 호기심으로 죽은 이의 영혼을 훔쳐보려 하지 말라는 뜻인듯 고고하게 서있었습니다.

마데인 살레는 이슬람 이전의 유적지라고 오랫동안 무시 받다가 최근 문화유산 보호와 관광정책의 변화로 공식적인 유적지가 된 지역입니다. 이슬람 이전의 아랍사회는 우상을 숭배했던 다신론 사회였고 이슬람이 유일신 사상을 정립했습니다. 우상숭배 장소이기 때문에 무타와는 이런 유적지의 방문조차 금지합니다. 어떤 것도 우상화되는 것을 허용하지 않는 와하비즘 교리 때문입니다. 와하비즘이라는 말은 이슬람 정화를 내세운 무함마드 빈 압둘 와합이라는 이슬람 학자의 사상을 이데올로기로 삼으면서 그의 이름인 와합(Wahab)에 영어 접미사 ism을 덧붙여 파생된 단어입니다. 와합가문과 알 사우드(Al Saud)가문이 결혼동맹을 통해 창설된 나라가 사우디이기에 와히비즘은 사우디에서 절대적일 수밖에 없습니다. 마데인 살레의 무덤입구에 있던 매와 뱀의 잘린 몸통은 우상숭배에 대한 혐오와 응징을 가감 없이 보여주었습니다. 프랑스인들이 살해당하면서 알린 도시를 이제 프랑스의 고고학자들이 유적지 발굴을 추진하고 있으니 마데인 살레와 프랑스는 인연이 많아 보입니다. 사람의 한 치 앞날도 모르니 역사의 앞날을 모르는 것이 낯설지는 않습니다.

유적지 테이마(Tayma) 또한 기억에 남는 여행이었습니다. 여행 일정표와 함께 읽을 자료가 잔뜩 첨부된 이메일이 도착했습니다. 놀러가는 여행이 아니라 역사 공부하러 가는 현장수업 같다는 말을 했더니 여행을 주관한 코라가 정확하게 이해했다며 만족해합니다. 이곳 역시 독일의 고고학 팀이 유적지를 발견한 이후에야 발굴 프로젝트를 시작하였습니다. 테이마에는 유대인들이 살았는데 그들이 이스라엘에서 왔는지 아니면 유대교로 전향한 아랍인들의 자손인지는 알 수 없습니다. 어쨌든 사우디 땅에 유대인이 살았었다는 사실은 분명합니다. 테이마까지 가기 위해 타북(Tabuk)을 거쳐야 합니다. 타북은 아라비아 반도의 북쪽에 있어 조단과 가까운데 헤자즈 철도역으로 유명하고 걸프전 때는 사우디 쪽 다국적군의 중심거점이었습니다. 타북에서 8년간 살았던 믹이 말하는 타북은 사우디의 여느 도시와 많이 달랐습니다. 믹은 눈 내리는 알 루즈(Al Lawz) 산을 보지 않으면 사우디를 안다고 말할 수 없다고 말하곤 했습니다.

타북공항에서 서너 명이 한 팀이 되어 7대의 차를 빌렸습니다. 한 차에 탄 에이비스는 60대인데도 낭랑하면서도 청아한 목소리를 가졌습니다. 말투가 어찌나 예쁜지 영어는 리듬이라는 말이 실감날 정도로 그녀가 말하면 노래를 듣는 양 즐거웠습니다. 사우디에는 주로 60대가 일반적입니다. 사우디 생활 자체가 힘들다보니 일하러 오는 서양인들도 젊은 사람들이 거의 없습니다. 한국에서 20~30대의 서슬에 기가 딸리던 40대 중반의 나이도 사우디에 오니 여전히 젊은 나이였습니다. 50대, 60대와 어울려 다니면서 노후에 대한 생각, 아름답게 늙어가는 일, 동시대인들에게 도움이 되는 일 등에 대해 곰곰 생각해본 것도 사우디에서 받은 선물이었습니다.

테이마가 타북에서도 많이 떨어진 외진 곳인데다가 지역의 특성상 공권력이 제대로 미치지 못하는 지역이라 걱정이 많았지만 타북 경찰이 여행 기간 내내 호위해주었습니다. 7대의 차가 움직이는데 저희 앞차인 5번 차가 자꾸 멈춥니다. 콘보이할 때는 앞차는 뒤차의 안전을 책임져야 하는데 이번 여행처럼 일행을 처음 만나 함께 움직이다 보면 서로 낯설어 굳이 이유를 알려고 하기보다는 짐작으로 서면 서나 보다, 느리면 느린가보다 하고 이동합니다. 5번 차는 조금 달리다 서고 또 서고 밤이 깊어 가는데 차안에서 무슨 일이 벌어지는지 차가 자꾸 서는 바람에 고속도로에서 지체되는 시간이 늘어갔습니다. 따라오던 경찰차가 마침내 원인을 알아내었습니다. 5번 차는 5살 난 쌍둥이와 7살 난 아이를 데려온 이태리 가족이었습니다. 아이 셋이 번갈아 가며 볼 일을 보았고 그때마다 차가 멈춰섰던 것이었습니다. 경찰은 인적이 드문 지역이라 위험할 수 있다며 절대로 멈추지 말라고 거듭 강조합니다. 전반적으로 사우디가 안전하다고 생각했는데 경찰이 그렇게 말하니 모두 긴장이 되었는지 그후부터는 쉬지 않고 달려서 무사히 테이마에 도착했습니다.

유적발굴지로 향하는 길에 하다지(Hadaj)라 불리는 큰 우물을 지나자 여러 종류의 꽃들이 보였습니다. 우물가라 꽃도 피어난 듯하지만 서로 떨어져 외롭게 한 송이씩 달랑 피어난 걸 보니 마치 꽃도 귀양살이를 하는 것 같습니다. 사막의 무심한 돌덩이 옆이라도 꽃을 피워낸 절박함, 존재만으로도 고마운 꽃이었습니다. 외곽에 고대 건물들이 그대로 남아있어서 골목 어딘가에 주민들이 한데 모여 말 없는 시간을 부여잡고 도란도란 이야기하고 있을 것만 같았습니다. 유적지 중에 전설 속 마즈눈의 집도 있다고 합니다. 에릭 크랩튼의 노래에 영감을 주었던 '마즈눈과 라일라(Maznoon and Layla)'는 서양의 로미오와 줄리엣 이야기만큼, 한국의 춘향과 이몽룡만큼 유명한 사랑 이야기입니다. 사우디에도 사람이 사니 사랑 이야기가 있음이 당연한데도 왠지 신기하게 느껴졌습니다. 사우디가 그토록 부정하려고 하는 이슬람 이전시대의 유적지로 인해 사우디의 다른 면을 조금씩 알게 되고 그 부분이 있어서 사우디라는 나라가 견딜만해졌습니다. 진실을 감추지 말고 드러낼 때 온전히 드러난 진실에 감동하는 사람도 있음을 알게 되면서 저의 부족함을 드러낼 용기를 사우디의 두 도시, 마데인 살레와 테이마에서 찾았습니다.

박물관 중앙 홀 바닥에 비닐을 깔고 둘러앉아 동네 식당에서 배달해 온 늦은 점심을 먹었습니다. 유적지 옆에서 음식을 먹는 것이 예의가 아닌 듯한데 박물관 안에도 바깥에도 여러 사람이 모여 먹을 곳이 없다며 박물관이 먼저 제안을 하였습니다. 점심을 먹으면서 밖을 보니 발굴된 물품이 마당에 별다른 관리 없이 구석구석에 그대로 놓여 있었습니다. 빗살무늬 모양 같아 보이는 도자기의 파편이 눈에 띕니다. 가늠할 수 없는 숫자 속의 옛 기억을 간직한 작은 사금파리 조각의 이야기가 궁금했습니다. 일행 서너 명이 그윽히 바라보고 있으니 박물관 직원이 가지고 싶으면 가져가라고 합니다. 책에서나 보던 역사의 발굴현장을 직접 구경하게 되어 설렜지만 힘들게 발굴해놓은 유물 파편들이 방치되는 모습을 바라보는 마음이 왠지 편하지 않았습니다.

2000년 이전만 하더라도 마데인 살레나 테이마 같은 장소는 이슬람의 율법에 어긋나는 우상숭배의 장소로 인식되어서 대부분의 사우디인들조차 이슬람 문명 이전의 유적지에 대해서 잘 몰랐습니다. 사우디인 리나에게 마데인 살레에 갔다 왔다고 하니 '들어는 봤다'고 하고 테이마에 갔다 왔다고 하니 '그런 곳이 있더냐?'고 되물었습니다.

테이마 여행을 마치고 타북으로 돌아가는 길에 산언덕을 올라가야 했는데 경사가 거의 70도 가까이 되었습니다. 험한 돌산이라 사방 어디에도 모래가 없고 딱 한 군데에 모래 웅덩이가 있는데 거기에 데이비드의 차바퀴가 빠져버렸습니다. 제임스가 동네로 내려가서 경찰에 구조를 요청하고 왔습니다. 잠시 후 1대의 경찰차가 도착했지만 전혀 도움이 안됩니다. 경찰이 무전으로 구원을 요청하여 1대 더 불렀습니다. 2대가 앞뒤로 밀고 당겨도 안됩니다. 1대 또 불렀습니다. 3대가 되고 4대가 되고 경찰차가 5대 출동했습니다. 조용한 테이마의 작은 마을에 있는 경찰차는 다 모이고 나서야 차가 움직입니다.

모래밭에서 시간을 지체하는 바람에 비행기 시간이 촉박해서 조금이라도 빨리 가기 위해 소금밭을 가로질러 가기로 했습니다. 소금호수이기도 하고 소금밭이기도 한 곳에서 뽀드득 뽀드득 소리 나는 하얀 소금을 밟으니 겨울 눈밭의 추억이 밀려듭니다. 운전은 눈밭만큼 조심스러워 보입니다. 마틴과 엘리즈 차가 소금밭에 빠졌습니다. 소금의 짠맛이 바퀴를 끌어당기는지 평지인데도 차가 움직이지 않습니다. 헛돌아가는 바퀴가 사방으로 소금을 뿌려대고 모두가 합세하여 주문을 외우는 양 차 범퍼에 손 하나씩 대고 힘껏 구호를 외치자 차가 움직였습니다. 7대의 차 중에 2대의 차가 연이어 모래밭과 소금밭에 빠지고 난 후 진이 빠져 모두들 빨리 집에 가고 싶어 했습니다. 서둘러 공항에 도착하니 비행기 좌석이 없다고 합니다. "할라스!^(끝)" "뭐라구요?"

우리 일행의 티켓 중 반을 다른 손님들에게 팔아버렸다고 합니다. 비행기 표를 이중 판매한다는 소리는 들어본 적도 없어서 어이가 없었지만 현실이었습니다. 비행기 표를 손에 들고도 20여 명의 외국인들이 작은 편의점 하나 있는 타북 공항에서 6시간을 기다리면서 우리는 인종과 나라를 떠나 모두가 친구였고 사우디가 맺어준 귀한 인연이었습니다. 사건 사고 속에 꽃피는 우정을 실감한 여행이었습니다.

암벽등반,
두려움을 떨치다

    케빈이 리야드 암벽등반 클럽(Riyadh Rock Climbing Club)을 만들었습니다. 회원은 남편과 저 그리고 케빈부부일 뿐이지만 리야드에서 처음 생긴 암벽등반 클럽이라 케빈의 자부심이 기세등등했습니다. 암벽등반에 대한 저의 열정은 쉽게 뜨거워지지 못했습니다. 서울 우이동의 실내 빙장에서 얼음벽을 오르내리거나 인디아의 북부 지방에서 히말라야 산맥으로 연결되는 스톡 캥거리산(Mt. Stok Kangri)의 정상을 오르면서 자일에 몸을 묶고 가이드를 따라 오르는 정도의 경험은 했지만 암벽등반은 친근한 스포츠가 아니었습니다. 스포츠라는 단어도 낯선 사우디에서 암벽등반이라는 말은 해독불가능한 단어라서 암벽등반 용품을 찾을 수 없었습니다. 두바이까지 가서 암벽등반에 필요한 모든 준비물을 샀습니다. 암벽등반용 하네스(Harness), 신발, 헬멧(halmet), 초크(chalk), 로프(rope)까지 제 앞에 놓고 보니 한 짐 가득이었습니다. 색색의 로프끈을 보니 호기심이 생겼습니다. 필요한 등반용품은 완벽히 준비하였지만 정작 암벽등반을 연습할 곳이 없었습니다.

실내체육관에 암벽이 있는 브리티시 스쿨의 장소는 어린이용이라 15세 이상은 보험에 들지 않았다는 이유로 학교로부터 거절당하고, 마당 있는 트레이시의 집은 미국 대사관의 담벼락과 가까워서 트레이시에게 말을 꺼내자마자 핀잔을 들은 케빈이 급기야 저희 집의 파티오 담벼락에 실내암벽을 설치하자고 했습니다. 남편과 함께 인터넷으로 암벽 설치 자료를 찾는 것을 보니 불안한 마음이 들어, 가만히 있다가는 케빈이 드릴 들고 인디언 일꾼과 들이닥칠 것 같았습니다. 남편과 케빈의 관심을 사막으로 다시 돌려서 해시 장소 근처에서 등반장소를 찾아보자는 제안을 하면서 저도 암벽등반에 본격적으로 관심을 갖기 시작했습니다. 다행히 암벽등반을 연습해 볼 수 있는 긴 계곡을 발견했습니다. 계곡 위에 차를 주차해두고 차바퀴에 로프를 달았습니다. 차바퀴에 매단 로프를 잡고 계곡 끝까지 내려가면서 발 딛는 연습, 두 줄의 로프 중에서 한 줄은 올리고 다른 줄은 내리면서 몸에 줄이 꼬이지 않게 정리하는 연습, 올라가고 내려갈 때 몸을 바로 세우는 연습, 빌레이(belay)와의 완벽한 의사소통 등을 연습하였습니다. 아는 것이 없어서 연습할 것도 없다고 생각했지만 일단 시작하면 비록 첫 단계일지라도 연습해 볼 것은 언제나 있었습니다.

리야드 로버즈가 이끈 캠핑 여행에서 사우디에 온 지 한 달 된 영국인 데이비드를 처음 만났습니다. 캠핑 장소로 가면서 잠시 쉬고 있을 때 데이비드가 배낭에서 뭔가를 주섬주섬 꺼내었는데 바로 낡은 암벽등반 신발이었습니다. 순간 이름뿐인 암벽등반 클럽회원인 저희 네 명의 눈이 마주치면서 침묵의 환성을 질렀습니다. 암벽등반 신발 없이는 집을 나서지 않는다는 데이비드를 만나면서 암벽등반 모임은 활기를 얻었습니다. 데이비드는 독일인 프레드릭과 같이 다녔는데 두 사람이 어찌나 호흡이 착착 맞는지 직장에서 만난 지 2주밖에 안된 사이라고는 믿을 수 없을 정도였습니다. 사람에 따라 하루를 만나도 평생을 만난 것처럼 가까워지기도 하고 하루가 평생이 되기도 하는 인생이 실감났습니다.

프레드릭의 도요타 랜드 크루저는 리야드 시내에서 흔히 보는 차이지만 차 안은 보통의 차 내부가 아닌 움직이는 집이었습니다. 차의 내부를 캠핑카처럼 개조해서 하얀 차의 뒷문을 여는 순간 주방이 눈에 들어오는 원룸 스튜디오였습니다. 쓸모없는 공간이 없고 쓰지 않는 공간이 없었습니다. 좁은 차 안에서 침대도 나오고 식탁도 나오고 오븐도 나오고 전자레인지도 나오고 2인용 소파까지 나옵니다. 한국 한의원의 약방 서랍처럼 되어있는 서랍장의 칸칸을 열어보니 서랍마다 용도별로 물건이 들어있습니다. 다른 종류의 수세미 솔과 행주걸이까지 각자의 고리에 꼼꼼하게 나란히 줄 서 있습니다.

시간이 날 때마다 암벽등반 장소를 물색하러 다녔지만 리야드 근교에는 단단한 바위산이 없었습니다. 암벽등반 장소를 쉽게 찾지 못하는 이유는 대부분 모래산이기 때문입니다. 겉으로는 단단해 보이지만 제 손힘으로도 부서지는 모래덩어리입니다. 볼트를 고정하기에 바위가 충분히 강하지 않거나 너무 높아서 올라갈 루트가 없거나 해서 큰 소득이 없었습니다. 암벽등반 할 곳을 찾아다니다가 허탕을 치면 데이비드, 남편, 케빈은 돌산 꼭대기에서 돌 던지기 놀이를 하였습니다. 세 남자의 뒷모습을 바라보면서 사우디에서는 여자만 외로운 것이 아님을 눈치챘습니다. 살아있는 것은 외로움을 견디고 있기 때문임을 눈으로 보았습니다.

주말이면 암벽등반을 할 곳을 찾아 헤매다가 마침내 움사라야(Umsaraya) 지역을 발견했는데 그곳에 그라니테(Granite, 화강암) 산이 있었습니다. 산 전체가 하나의 화강암 바위인데 차 번호판마저 ART로 갱신할 정도로 차에 애착이 깊어서, 차에 관한 한 케빈 못지않게 극성이었던 아트가 도요타 트럭을 몰고 산 정상으로 올라가서 유명해진 곳입니다. 이미 볼트가 고정되어 있는 암벽등반 장소를 보면서 우리의 낯선 도전이 사우디에서 처음이 아니었구나, 우리만 외로웠던 게 아니었구나 하는 생각이 들어 보지 못한 사람들과 동류의식이 생겼습니다. 어느 시간대에 저희 같은 이방인들이 또 있어 이 산 저 산으로 암벽등반 장소를 찾으러 다녔음이 분명합니다. 암벽등반을 하고 난 다음날은 몸살이 납니다. 리야드에서 서너 시간 걸리는 곳이라 아침 8시에 출발해도 집에 오면 밤 9시입니다. 사우디 생활이 조금씩 익숙해지면서 자꾸만 가라앉는 마음 때문에 힘든 날이 잦았는데 암벽등반이 제게 열정을 되살려 주었습니다. 힘들어도 주말이 오면 암벽등반 장비를 챙겨들고 움사라야로 향하였습니다. 마음이 지칠 때 용기 낼 수 있는 몸이 있어 행운이었고 몸과 마음은 때로 순서가 바뀔지언정 함께 가는 게 분명함도

그라니테(Granite, 화강암)

알았습니다.

데이비드가 그리스에서 온 디미트리를 데리고 나타났습니다. 디미트리는 그리스 조각상을 연상시키는 식스팩을 가진 스포츠맨입니다. 호기심이 많고 여행 다니는 것을 무척 좋아했던 그가 어느 해에 성지순례를 갔다 왔다며 마카의 순례행렬 속에서 찍은 사진을 내밀었습니다. 무슬림도 아니면서 무슬림이 쓰는 하얀 타월을 쓰고 수염까지 적당히 기른 모습이 그럴싸했습니다.

마카는 무슬림 외에는 출입이 아예 금지된 도시인데다가 무슬림이 아니면 지나가는 차라도 통과조차 할 수 없는 지역입니다. 비이슬람교인의 접근을 막기 위해 수만 명의 순례객이 몰려들어도 비행장을 설치하지 않는 마카에 이슬람 신도도 아닌 디미트리가 여러 가지 절차를 어떻게 통과했는지 궁금했습니다. 디미트리는 대수롭지 않게 친구와 둘이서 옆 사람들이 하는 대로 따라했는데 아무도 의심하지 않았다고 합니다.

한 달 사이 두 명의 전문 암벽등반가를 알게 되면서 암벽등반에 재미가 붙었습니다. 암벽등반 역시 힘으로만 하는 게 아님을 깨달았습니다. 바위와 대화하듯이 등반 내내 여유를 갖고 부드럽게 산을 타는 모습을 보았습니다. 자기 몸을 버티고 움직이면서 밀고 끌어당기는 힘이 있어야 했습니다. 그 힘은 사실 누구나 가지고 있지만, 힘 자체와 힘을 쓰는 것은 다른 문제였습니다. 마치 수영장의 깊은 물에서 몸의 힘을 빼니 올라왔던 것처럼 암벽등반이든 뭐든 힘을 빼면 힘이 나오는 것도 알게 되었습니다. 데이비드와 디미트리는 볼더링(Bouldering) 하는 법, 압셀링(Absailing) 하는 법 등 암벽등반의 기본자세를 친절하게 알려주었고 무엇보다도 제게 도전해 볼 기회를 많이 주었습니다.

암벽등반을 하면 대체로 2~3명이 한 팀이 되어 서로 자일로 몸을 연결하여 올라가는데 저희는 그럴 수준이 안 되어 한 사람씩 올라갔습니다. 한 명씩 올라가고 데이비드나 디미트리가 등반자를 도와주었는데 잘 올라가던 제가 바위 중간에서 갑자기 공포를 느꼈습니다. 예고 없는 두려움이 엄습하여 발이든 팔이든 하나도 움직일 수 없었습니다. 산 아래를 보지 말았어야 하는데 아래를 봐버렸고 공중에 떠있는 느낌에 그 자리에 얼어붙었습니다. 경사진 산에서 미끄러질까봐 두 발과 두 손으로 바위를 타고 있으니 데이비드가 "완, 손 떼!" 손을 뗄 수 없었습니다. 어리석은 힘만 가득해서 바위산 한 가운데에서 얼어붙어 있는데 바위 밑에서는 친구들이 돌아가면서 한마디씩 해대니 더욱 당황하였습니다. 마침내 바위 위쪽에서 나타난 데이비드가 한 손을 내미는데 제가 팔뚝을 잡는 바람에 그의 몸이 잠시 휘청해져서 아찔했습니다. 마흔 후반에 배우는 암벽등반, 물리적인 숫자의 나이보다 두려움의 수치가 더 높았는지 모르겠습니다.

한여름의 크리스마스 케이크를 먹으며 행복하기도 했습니다. 데이비드가 휴가 후에 들고 온 크리스마스 케이크는 스카치위스키(Scotch Whisky)로 만드는 영국의 전통적인 케익인데 안에는 체리와 건포도가 들어있고 바깥은 아이싱(Icing)으로 옷을 입힌 것으로 일반적인 케이크와는 조금 달랐습니다. 일반 케이크와 달리 한동안 보관해서 먹을 수 있지만 만드는데 시간이 많이 걸린다고 합니다. 땀에 젖은 손을 닦지도 않고 게걸스럽게 먹는 저희를 보면서 흐뭇한 데이비드가 아내인 엠마가 직접 만든 케이크를 사우디까지 들고 온 보람이 있다며 "많이 먹어, 위스키 많이 넣으라고 했어."라고 말했습니다. 정말 술에 취할 것 같은 크리스마스 케이크였습니다. 남편도, 사라도 어릴 적에 먹어보고 처음 먹는다며 아이들처럼 좋아하고 케빈과 저는 아이싱 부분만 뜯어내서 먹고 있는데 디미트리는 열량이 많을 것 같다며 한입 먹다가 일어났습니다.

우연히 디큐 바깥에 있는 와디 하니파에서 암벽등반 장소를 발견했는데 케빈이 캣 워크(cat walk)라고 불렀습니다. 고양이나 다닐 만큼 좁은 장소입니다. 어느 날 도우브를 입지 않은 사우디인이 바위쪽으로 걸어왔습니다. 암벽등반에 관심이 많아서 구경을 왔다는 반다는 세븐 서밋(Seven Summit)을 정복하는 것이 꿈이라고 했습니다. 세븐 서밋 중에서 5개를 정복하고 나머지 두개를 준비 중이던 남편이 반가워했습니다. 세븐 서밋이란 세계 7개 대륙의 정상을 정복하는 것을 말합니다. 코카서스 대륙의 엘부르즈 산, 북미대륙의 맥킨리 드날리 산, 남미 대륙의 아콩카구와 산, 아프리카의 킬리만자로 산, 남극의 빈슨 매시프 산, 오스트레일리아의 카스텐츠 피라미드 그리고 아시아 대륙의 에베레스트 산 정상을 말합니다. 작년에 반다의 소식을 유에이이의 영자신문에서 봤는데 사우디에서 처음으로 세븐 서밋에 성공한 인물로 대서특필되고 있었습니다.

사막은 무엇이든 가능한 하얀 도화지였고 동네 공터였습니다. 어른들을 위한 보물찾기인 지오캐싱(Geo Cashing)도 그중의 하나였습니다. GPS수신기를 이용해서 땅에 상자나 플라스틱 통을 숨겨두고 주소를 인터넷 사이트에 입력해두면 누군가가 그 주소를 들고 찾아갑니다. 바위 위에 살짝 덮혀진 얇은 돌덩이 밑의 숨겨진 보물을 찾고 자기의 보물도 하나 더 추가한 채 원래대로 하고 내려오는 놀이입니다. 돌멩이 하나가 막고 있을 틈새를 찾아 숨긴 보물을 찾으러 주위의 바닥을 샅샅이 둘러봅니다. 바위 사이의 틈을 훑어야 하니 얼굴은 땅을 향하고 엉덩이는 하늘을 향합니다. 눈 없는 엉덩이들끼리 서로 부딪히면서 더욱 친해집니다. 까칠까칠한 마른 바위를 매만지며 훑으며 작은 바위 언덕에 있는 돌멩이 하나하나를 만져보게 합니다. 사람의 손길이 닿은 돌멩이는 햇살의 온기와 다른 사람의 온기를 느끼고 가슴이 부풀어 오를 것 같았습니다.

첫 보물을 찾았을 때의 흥분을 잊을 수 없습니다. 안 만져본 돌멩이가 없을 정도로 주변의 돌멩이를 들어 올렸다 내렸다 하면서 일행의 반은 포기하고 빨리 산 밑으로 내려가고 싶어 슬슬 내려갈 준비를 하는데 누군가가 소리쳤습니다. "I got it!"코라였습니다. 달려가 보니 자갈같이 작은 돌멩이 하나가 모래산에 뚫린 구멍을 막았고 겉에서 보이지 않는 곳에 작은 상자가 숨어있었습니다. 해리포터 영화에 나올 법한 두꺼운 책의 겉표지를 한 작은 상자였고 그 안에는 짧은 몽당연필 하나, 영국 빅벤이 있는 우표 한 장, 스위스 국기 배지 등이 있었는데 추석날 시골 동네 구멍가게에서 보일 법한 물건들이었습니다.

보물상자를 발견할 당시 모습대로 똑같이 숨기고 내려오면서 사막으로 달려가는 고독한 사람들이 곳곳에 많음을 깨달았습니다. 자신이 누린 즐거움을 또 다른 고독한 영혼에게 선물하는 사막의 보물상자는 오늘도 여기저기서 텔레파시를 보낼 것입니다.

길이 없으면 길을 만들면서 다녔지만 그만큼 위험도 있었습니다. 리야드에서 가까우면서 외국인들에게 잘 알려진 곳 중 하나가 '에지 오브 더 월드'(Edge of the World)입니다. 트와이크 에스카멘트(Tuwaiq Escarpments) 지역인데 찾아가는 길에는 아무런 표지판이 없습니다. 기억할 만한 지형물은 방치된 타이어 두 개였습니다. 산 아래서 올려다보면 세월이 켜켜이 쌓아놓았을 모래형상이 병풍처럼 길게 둘러싸고 있습니다. 산 아래 차를 세우고 세상의 끝으로 걸어갈 때면 교향악단의 웅장한 음악이 퍼져 나오는 듯 마치 사람이 음표가 되는 느낌을 줍니다. 산을 올라가서 평지에 도착하면 뚝 끊기는 벼랑 끝에 서게 되고 고원의 높은 지대와 낮은 지대의 경계에 있는 절벽이 만들어내는 장관은 말을 잊게 할 정도로 환상적이어서 자연의 위대함과 인간의 나약함을 극적으로 대비시켜주기에 조금도 부족함이 없습니다.

하늘에 닿을 듯 솟아오른 절벽과 절벽 중간중간에 불쑥 튀어나오는 모양새가 허공의 천장 같은 곳에 서서 건너편의 편평한 산을 쳐다보자면 장소 이름대로 '아, 이것이 세상의 끝이구나' 하는 감동을 주었습니다. 몇 년 전 핀란드 간호사가 사진을 찍으려다가 발을 헛디뎌 실족사한 이후로 단체로 가지는 않는 곳인데 절벽으로 가지 말고 구경만 하라는 말을 하는 사람마저도 조금 더 절벽의 중심으로 향해 들어가고픈 유혹적인 곳입니다. 케빈은 갈 때마다 30센티 정도 너비의 벼랑에 발을 디딥니다. 그때마다 아내인 사라는 화날 때 케빈을 부르는 호칭인 '케엡'만 되풀이하고 보다 못해 제가 소리칩니다. "제발 그만 해!" 그러면 케빈은 짓궂은 표정으로 사라의 눈치를 보면서 "그만 해?" 하면서 발을 멈춥니다. 사실 위험해서 더 이상 갈 수 없음을 모두가 잘 알고 있었습니다.

사막을 많이 다녔다고 해서 사막에서 길을 잘 찾는것도 아니고 GPS가 있다고 모든 길을 찾는 것도 아니었습니다. 밤이 되고 지도에 없는 길에 들어서면 GPS도 소용이 없습니다. 사막에 일단 어둠이 내리면 길 찾기는 더욱 어려워집니다. 사우디에서 최초로 에베레스트산을 등정한 파로크의 강의가 낯선 사막에서 열리는데, 케빈도 마틴도 제임스도 관심이 없었습니다. 밤 7시에 강연이 끝나 한밤중에 돌아올 걸 생각하니 가고 싶지 않았지만, 그 당시 에베레스트는 남편의 인생 목표였습니다. 남편과 함께 이메일로 보내온 안내광고 달랑 들고 길을 나섰는데 너무 빨리, 방향을 완전히 잃었습니다. 어디로 가야 집으로 갈지도 모르는 위험한 순간이었습니다.

갑자기 어디선가 차량이 비상등 신호를 보내면서 다가왔습니다. 밤중에 사막 한가운데에서 길 잃은 저희를 찾아 누군가 마중을 나왔다는 생각에 신기해하면서도 우리가 오는 걸 어떻게 알았는지 궁금하기만 했습니다. 드디어 강연장의 텐트가 보이고 고마운 운전자는 차에서 내려 랜턴을 들고 우리 쪽으로 오면서 "하이, 알렉스"라고 인사합니다. 알렉스라는 사람이 우리처럼 길을 잃어서 운영단에게 전화했고 운영단 측에서 그를 찾으러 나왔다가 우왕좌왕 돌아다니는 저희 차가 알렉스 차인 줄 알고 데려온 것이었습니다. "그러면 알렉스라는 지금 어디에?" 파로크의 강의를 들으면서도 한 번도 본 적 없는 알렉스에게 미안했습니다. 파로크는 2008년 에베레스트 정상을 등반한 이후로 사우디 전역을 돌아다니며 강연하고 있습니다. 코란을 세계 최고의 산 정상에 올려두고 싶어서 시작하였다는 그에게 에베레스트 등정을 위해 특별히 훈련한 운동이 뭐냐고 질문하자 파로크가 한국의 태권도라고 대답했습니다. 울트라 마라톤 같은 답을 예상했는지 질문자는 실망한 듯했지만 한국인인 제게는 아주 인상적이었습니다. 사우디인 최초로 에베레스트를 정복한 파로크와 사우디인 최초로 세븐 서밋을 정복한 반다는 오늘도 사우디 전역을 돌아다니면서 꿈과 도전의 강연을 하고 있을 것입니다.

사우디를 떠나는
신고식

　　뒤늦은 신혼 여행지를 예멘(Yemen)의 사나 (Sana'a)로 정했습니다. 한국서 결혼식은 했지만 딱히 신혼여행을 가진 않았습니다. 저는 두번째 결혼이었기에 결혼식도 신혼여행도 쑥스러운 행사였지만 남편에게는 모두가 인생의 처음이었기에 결혼식도 신혼여행도 필요했습니다. 소소한 추억이 때로 마음속에 큰 공간을 차지할 수도 있는 세상살이임을 알았기에 남편에게 결혼식을 선물하고 싶었지만 경제적인 부담과 함께 편하지 않은 부분이 있었는데 정말 뜻밖에도 신문에 난 한줄의 정보로 결혼식을 무료로 할 수 있었습니다. 강원도 소도시의 지역 향교에서 전통혼례과정을 보여주는 문화행사를 실시할 예정인데 모델을 구한다는 광고였습니다. 저는 바로 신청하였고 운이 좋게도 전통혼례식의 신랑 신부 모델로 당첨이 되었습니다. 날짜마저 맞아서 혼인신고 후에 결혼식을 할 수 있었습니다. 전통혼례과정을 보여주는 행사에 시민들이 아침부터 모여들었고 그들이 보내는 일상의 무심한 휴일이 저희에겐 특별한 날이었습니다. 결혼식을 마치고 바다로 갔습니다. "바다, 안녕?" 햇살이 따스한 오후였습니다. 동해의 겨울 바다색이 원래 그런지, 시퍼렇기만 한 바다색깔이 날카로웠습니다. 짙푸른 물빛이 잘 간 칼날의 광택이 되어 피할 수 없었던 제 생의 칼날을 추억하게 했습니다. 일회용이어야 할 단어라 잊고 있었던 신혼여행이었는데 남편은 신혼여행에 대한 꿈을 버리지 않았습니다. 그러더니 신혼여행지로 예멘을 선택했습니다.

아랍어를 배우며 예멘을 관광하자는 제안은 하도 독특해서 뒷북치듯 얼결에 동의했지만 썩 좋은 생각은 아니었습니다. 예멘의 사나(Sana'a)에 도착하기 일주일 전에 예멘의 미국대사관이 폭탄 공격을 당한 터라 신혼이라는 달달한 형용사를 빼기로 했습니다. 막상 사나에 도착해보니 상황은 더욱 긴박하게 돌아가고 있었습니다. 사나 바깥은 물론 시내조차 맘대로 여행할 수가 없었습니다. 경찰서에 미리 여행 일정을 보고하고 여행 허락을 받아야 했습니다. 특별히 중요한 목적이 아니면 예멘을 여행하지 말라는 경고가 당연했습니다. 예멘의 사나에 위치한 기숙사형 아랍어 학원에서 10일 동안 머물면서 개인 과외 프로그램에 등록하여 4시간 수업을 듣고 오후에는 관광하면서 보내기로 한 계획조차 계획이었을 뿐이었습니다.

아랍어 학원의 압둘라와 오사마 선생님의 수업은 훌륭했습니다. 예멘의 인재들이 나라의 어두운 상황에 저당잡힌 채 부정과 불의를 보고도 대항할 힘이 없어 우울한 일상을 보내고 있었습니다. 쉬는 시간이면 아라비카 커피를 마시며 플라스틱 테이블 두 개가 있는 좁은 마당에 나와 있었습니다. 골목길의 가난이 들이닥치지 못하게 학원의 철문은 높았고 푸른 철문 안에서 공부만 하면 되는 제 처지가 감지덕지했습니다. 도착한 다음날, 예멘 타임즈(Yemen Times)의 1면에 어린 소녀의 사진이 나와 있습니다. 아바야를 입고 히잡을 쓴 채 살짝 웃고 있는 개구쟁이 모습의 8살 소녀가 이혼소송을 위해 법정에 출두하러 왔다가 법정의 앞마당에서 찍은 사진이었습니다. 도박한 아버지의 빚잔치로 시작된 사건은 아이의 외삼촌이 나서면서 일 년 넘게 소송과 기각을 거듭하고 있었습니다. 30대 중반의 남편은 부부생활까지 했다며 정상적인 결혼이라고 이혼에 반대했습니다. 말로만 듣던 어린아이의 결혼과 이혼이 예멘에서는 현실이었습니다. 사우디에도 조혼의 풍습이 있었는데, 이슬람 창시자 모하메드도 당시 9살이었던 아이샤를 신부로 맞이했기에 이슬람 전통 샤리아 법에서는 조혼에 반대하지 않는다고 합니다. 최근 조혼에 대해 국제 여론에 밀리자 사우디는 결혼할 수 있는 최저연령을 고지하는 대신 혼인신고서에 나이를 쓰라는 조치를 했는데, 단순히 연령을 적는 일이 조혼을 막을 만큼 강력하지는 않아 보입니다. 어린 여자아이들을 조혼의 굴레에서 벗어나게 하는 일이 시급합니다.

학원의 같은 층에 숙식하던 미국인 비키는 종교와 지역이라는 학문을 전공하는 대학원생으로 예멘의 여성 지위에 대한 연구를 하고 있어서 그녀를 통해 아랍국가의 조혼에 대해 새로운 사실을 알게 되었고, 아랍 여성의 지위에 대한 인식이 조금은 향상되기도 했습니다. 무엇보다 그녀는 예멘에서 2주간 버틸 수 있도록 도와준 잊을 수 없는 친구입니다. 물질이 풍부한 사우디에 살다보니 예멘의 빈곤한 현실에 대한 인식이 없어서 학원 측의 말만 듣고 별다른 준비 없이 사나에 도착했는데 수도인 사나에는 생필품을 파는 곳이 없었습니다. 골목 입구의 구멍가게에서는 생뚱맞게 아기 기저귀만 잔뜩 늘어놓고 팔았습니다. 타월도 1장만 예비로 준비했는데 타월을 살 곳이 없어 비키가 빌려 준 타월을 썼고 갈 만한 음식점이 없어서 제대로 먹기도 힘들었습니다. 장기 여행인지라 부엌 살림살이가 많았던 비키는 요리를 하고나면 항상 맛보라며 한 접시씩 담아주는 너그러움이 있었고, 제가 현지음식에 적응이 안 되어 못 먹고 힘들어하는 것을 안 다음 날에는 일어나보니 사나 근처의 어느 마을로 프로젝트 조사를 위해 떠난다는 메모와 함께 검은 콩 수프를 끓여놓았습니다. 그날 저는 스프를 먹은 것이 아니라 사랑을 받아먹었습니다. 낯선 사람에게 따뜻한 국을 끓여준 적이 있었는지 반성하였습니다.

가난과 궁핍은 사나의 어디에서도 피할 수 없었습니다. 네 살 정도 되어보이는 꼬마가 삶은 계란을 들고 콧물을 훔치며 어른들 무릎 사이를 허우적대며 다녔습니다. 삶은 계란이어서 안심이 되었습니다. 다 자라지 못한 작은 맨발이 울퉁불퉁한 돌멩이에 걸려 넘어질 때 혹시라도 생계란이 하나라도 땅에 떨어진다면 지나치는 사람들의 가슴마저 깨어질 것 같았기 때문입니다. 네 살 꼬마에게 삶은 계란 한 판을 쥐어주며 등을 떠민 여인의 손바닥이 제 마음을 짓눌렀습니다. 가난의 코너를 돌면 멋진 외양의 뭐벤 팩 호텔이 웅장한 성처럼 있었지만 매번 호텔 식당만 이용할 형편이 안 되어 중앙 광장에 있는 작은 식당에 들어섰습니다. 며칠 전 내린 빗물을 받아내는 대야에 물이 똑똑 떨어지는 소리를 들으면서 음식을 기다리고 있는데 식당의 문고리를 붙잡고 바깥에서 소리를 지릅니다. "아이 엠 게이(I am a gay), 알라뷰~" 노래를 부릅니다. 나이든 남자가 모는 날씬한 하얀 차에 올라타는 꼬마를 부러워하는 또래 아이들의 눈도 놓치지 않고 보았습니다. 잠들지 못하는 사나의 어린이들로 예멘의 밤은 더욱 처량했고 바라보는 아픔이 켜켜이 쌓이면서 사우디에 돌아갈 날만 손꼽아 세었습니다. 놀라운 반전이었습니다. 그리움과 사우디는 반의어였는데 예멘에 오니 어느새 두 단어가 동의어가 되어가고 있었습니다. 내가 태어난 고향에는 가지 못해도 집이라 부르는 곳이 있는 사우디의 디큐가 그리워졌습니다.

아라비아 반도의 각 나라를 구석구석 여행하면서 점점 사우디와 친해져 갔습니다. 2011년 사우디를 떠나기로 결정했습니다. 남편은 사우디의 사막이 좋다며 미련이 없지 않았지만 마침내 함께 새로운 나라로 떠날 준비를 시작했습니다. 두바이의 취업 박람회에 참가해서 사우디의 다맘(Dammam), 유에이이(United Arab Emirates), 쿠웨이트(Kuwait)의 세 군데에서 취직 요청을 받았습니다. 유에이이와 쿠웨이트는 사우디가 아니라는 점만으로 무조건 호감이 갔지만 사우디를 떠나기 위해 직장을 찾는데 역시 사우디의 조건이 제일 좋아서 갈등이 생겼습니다. 살기 힘든 나라에 조건까지 좋지 않으면 고민할 필요가 없지만 힘들어도 월급과 혜택이 많으니 새삼 고민이 되어 사우디를 떠나려는 결심이 하루에도 두세 번씩 오락가락하였습니다. 직접 도시를 보고 진로를 결정할 생각으로 여행을 떠났습니다. 진로 결정을 위한 도시 탐색이라는 심각한 면이 없잖아 있었지만 가는 도시가 모두 바다와 붙어 있어 편안하고 느긋한 마음으로 출발하였습니다.

황량하게 펼쳐진 사막을 경계로 도시 하나가 뚝 떨어져 있는 리야드를 떠나 바다로 가는 여행은 깊은 우물에 두레박을 내려주듯이 갈망에 물 한 방울의 힘을 알려주었습니다. 바다를 마음껏 보고 각기 다른 바다 풍경을 즐기는 여행이었습니다. 사람의 온기가 느껴지고 다맘의 아침 바다에는 조용한 평화가 흘렀습니다. 공원에 사람이 앉아있는 모습은 제게 자유의 이미지였습니다. 다맘에 산다면 매일 바닷가에 나와서 산책하리라 마음먹었습니다.

쥬베일(Jubail)에 잠시 들렀는데 리야드의 티모시와 폴이 각각

일 년을 채 버티지 못하고 영원히 사우디를 떠났던 곳입니다. 세계에서 제일 큰 해수 담수화 공장이 있어 사우디의 마시는 물 절반을 제공하는 산업도시인 쥬베일은 아주 작은 타운이었습니다. 모래색이 나는 낡은 디시다샤를 입은 아프가니스탄과 파키스탄, 인디언들이 거리를 오가는 모습이 흑백 무성영화를 보는 듯 숙연하기조차 했습니다. 적막하고 지루한 도로를 지나 쿠웨이트에 도착했습니다. 수도인 쿠웨이트 시티(Kuwait City)에 들어서니 지는 해가 남기고 가는 어슴푸레한 실루엣이 습기와 함께 뿌옇게 다가왔습니다. 마리나 쇼핑몰 앞의 해안공원도로를 산책하면서 석양을 바라보았습니다. 밤바람에 찰랑거리며 부서지는 물과 빛을 바라보았습니다. 금빛과 은빛이 결따라 자분자분 속삭이는 듯한 조용한 찰랑거림이 바다에 오고 싶어 달떴던 제 마음을 진정시켜 주었습니다. 사우디에서의 생활을 회상하면서 새로운 나라로 떠나기로 했습니다. 마크 트웨인의 말처럼 "Explore, dream, discover." 탐험하고 꿈꾸고 새로운 세계를 발견하기 위하여.

유에이이로 나라를 옮기기로 하고 각자 가방 두 개에 짐을 쑤셔 넣었지만 살아가는 일이 짐을 모으는 일인지 둘 다 한 짐 가득이었습니다. 갤로퍼에 짐을 싣고 사우디의 리야드에서 유에이이의 두바이로 갔습니다. 두바이에 살고 있는 시누이집에 짐을 맡기기 위해 떠나는 길이었습니다. 왕복 20시간이 넘는 운전을 하고 토요일 오후에 사우디 국경을 통과했습니다. 아침 8시에 두바이에서 출발해서 오후 5시쯤 되었을 무렵입니다. 비틀즈와 엘비스 프레슬리의 시디가 2번 정도 반복해서 돌아갔습니다. 닭살 돋던 엘비스는 해마다 더욱 다정하게 들리고 비틀즈는 해마다 젊게 만들어주어서 자동차여행을 할 때면 항상 함께합니다. 사우디 국경 근처의 호푸프를 지나면서 저녁을 어디서 먹을까 고민하는데 날이 서서히 어두워지면서 순식간에 사방이 안개와 구름의 진공상태였습니다. 갑자기 폭풍이 몰아치더니 갤로퍼가 휘청했습니다. 바람의 힘이 느껴졌습니다.

영화 '미션 임파서블 4'에서 탐 크루즈 뒤로 몰려오던 모래폭풍을 영화가 나오기 전에 그날 미리 보았습니다. 미친듯이 회오리 바람이 불면서 맞은편에서 퍼붓는 듯한 모래가 차 유리 쪽으로 몰려왔습니다. 차 안에 있는데도 혓바닥에 모래가 감기고 머리카락은 벌써 엉켜 붙었습니다. 다행히 도로의 중앙선이 보여서 엉금엉금 기듯이 운전을 했는데 좀 있으니 중앙선도 사라지고 모래와 도로의 경계선도 보이지 않아 그야말로 느낌으로 차를 움직였습니다. 가끔 희미한 불빛이 지나가기라

도 하면 부딪쳐 사고가 날까봐 신경이 곤두섰습니다. 밤이 깊
어지면서 모래바람은 더욱 거세집니다. 다음 날 아침 첫째 시
간 수업이 있는 남편이기에 아무리 날씨가 나빠도 차를 멈출
수 없었습니다. 백미러가 안보인 지는 오래 되었지만 이제는
차량의 불빛조차 분명하게 식별이 안 됩니다. 드문드문 있는
가로등의 색깔이 모래색이다가 오렌지색이다가 회색으로 변
해가더니 급기야는 실낱같이 여윈 빛을 뿜었습니다.

해가 지면서 심해진 모래폭풍에 지나가는 차량의 소리를 들
으면서 모는 청각운전에도 한계가 있어 차 안에서 자고 날이
개면 바로 출발하기로 결정했습니다. 문제는 어디에 어떻게 차
를 세워야 하는가 하는 점이었습니다. 섣불리 차를 세웠다가
다른 차와 충돌할 수도 있었기 때문입니다. 사방에서 모래바람
이 부니 어디로 가고 있는지도 모르겠고 길 위를 달리고 있는
지도 알 수 없습니다. 방향도 모른 채 앞이려니 하고 달려왔는
데 그것조차 의심이 들었습니다. 옆으로 기고 있었던 것은 아
닌지 걱정이 모래알처럼 살금살금 부비고 들어왔습니다. GPS
를 보니 200미터 전방에 주유소가 나와서 남편이 페도미터(Pe-
domdter,만보계의 일종)를 제로로 만들고 200미터에 이르는 시점에
서 차를 세우기로 결정했습니다. 살금살금 운전하던 남편이 사

막로드를 벗어난 거 같다고 합니다. 앞에서 다른 차의 바퀴소리도 납니다. 페도미터 200미터를 가리킵니다. 주유소가 있어야 하는 곳입니다. 희미한 불빛을 의지해서 빵빵 소리를 내며 차를 멈추었습니다. 모래로 가득찬 뒷좌석에 누우려다 포기하고 모래덩어리가 된 몸을 운전석과 조수석에 각각 뉘었습니다. 사우디를 떠나는 날까지 다시는 국경을 넘나드는 도로여행을 하지 않겠노라고 밤새 이를 갈고 맹세하면서 잠에 곯아떨어졌습니다.

눈을 뜨니 날이 밝아 있고 폭풍이 휩쓸고 간 듯한 폐허 속에 차 몇 대가 주차되어 있었습니다. 저희 차 바로 앞에 커다란 기름 탱크를 보는 순간 가슴을 쓸어내렸습니다. 1미터만 더 달렸어도 완전히 박살이 났을 뻔한 주차거리입니다. 저희 옆에 서너 대의 차가 엉겨있었지만 사고 없이 무사한 밤이었습니다. 먼지에 덮여 앞이 보이지 않는 백미러를 닦으니 '저 아줌마가 누구시더라?'의 얼굴이 나타났습니다. 머리칼은 모래로 완전히 떡이 져있고 얼굴 역시 그보다 조금도 덜하지 않았습니다. 사방은 여전히 모래먼지로 뿌옇지만 차가 달릴 수 있다는 사실에 감사하면서 성난 모래폭풍이 잠재운 도로를 깨우며 드디어 리야드에 도착했습니다. 도착 시간이 애매해서 남편이 저를 집에까지 데려다 줄 시간이 안됩니다. 내키지 않지만 혼자서 택시를 타야 하는 상황입니다. 택시 납치사건 이후로 택시를 타지 않기 때문에 피할 수만 있다면 차 안에 몰래 숨어서 남편 학교의 주차장 안에서 하루를 보내고 싶은 심정인데 남편 학교는 여자가 들어갈 수 없는 곳이니 달리 방도가 없었습니다. 남편이 택시 운전기사와 가벼운 대화를 한 후 그가 보는 앞에서 번호판 숫자를 적고 미리 돈까지 주었습니다. 한 주가 시작되는 일요일, 이른 아침 7시 30분, 리야드의 시내로 들어가는 도로 입구에서 모래가루로 떡이 진 머리를 하고 모래가루로 얼룩덜룩한 아바야를 입은 채 얼굴까지 누르끼리한 아시아 여자를 대사관 동네에 세워주라고 서양인이 정중하게 부탁하며 돈까지 미리 주니 운전기사는 이게 무슨 일인가 싶어 운전 내내 백미러로 힐끔힐끔 저를 훔쳐봅니다. 불쌍해 보이는지 아시아 여자에게 던지는 의례적인 첫 질문인 "어디서 왔느냐?"도 물어보지 않았습니다. 오는 내내 조용합니다. 무거우면서 착잡한 기류가 차 안에 흘렀습니다. 악덕한 주인집에서 학대받다가 밤새 도망 나온 가정부가 서양인에게 구출되어 본국 대사관으로 피신한다고 생각하는지, 불쌍해 보이는 제 꼴을 보며 자신의 처지도 그에 못지않다고 생각했는지 운전기사는 말없이 운전만 합니다. 가끔 한숨도 쉽니다. 사우디에서 아시아 여자로 산다는 것은 이래저래 고충이 많은 인생임을 파키스탄 운전기사도 알고 있는 것 같았습니다.

경찰에 체포된 나라에서
한국 문화를 가르치다

남편이 사재기를 시작했습니다. 라면 박스 두 개 정도의 크기에 종이팩 우유와 콘플레이크를 차곡차곡 담더니 빈 박스를 또 하나 들고 들어왔습니다. 5개나 되는 1배럴 물은 절대 쓰지 말라며 따로 보관합니다. 외출해서 들어올 때면 주유소에 들러 썼던 기름만큼 다시 채우고 은행에 들어있던 대부분의 돈을 영국의 통장으로 송금하고 남긴 얼마간의 현금을 달러 반, 사우디 리얄(Riyal) 반으로 환전하여 사우디의 통장을 잔고 없는 빈 통장으로 만들었습니다. "전쟁 났어? 왜 그래?" 튀니지의 노점상에서 시작되어, 튀니지 대통령의 23년 통치에 종지부를 찍으며 시작된 중동의 민주화 바람은 사우디에도, 남편에게도 영향을 미쳤습니다.

'자스민 혁명'으로 불리는 '아랍의 봄'이 리비아를 거쳐 바레인에서 활발해지고, 수도 마나마에 사는 영국 아줌마가 오전, 오후로 나누어 컴파운드 앞 도로 사정과 쇼핑몰의 움직임까지 실시간으로 전송해주는 이메일이 사우디의 외국인들 사이에 퍼지면서 슬그머니 긴장이 되었습니다. 사우디 방송은 아랍어를 모르기에 전혀 접근이 안 되고, 사진만 보았지만 영자신문에서는 크게 다루지 않았어도 짧은 기사가 많은 것을 이야기해주었습니다. 이슬람교의 시아파가 모여 있는 타이프와 동부지역이 술렁이고 호푸프에서는 2주 동안 소수 시아파의 소규모 시위가 몇 차례 일어났었다고 합니다.

리야드의 쇼핑몰에서 머리를 가리지 않고 무타와를 지나칠 때 여전히 "Cover yourself!"라고 했지만 어딘지 모르게 기가 한풀 꺾인 듯했고 자전거를 타고난 후 야외 의자에 케빈과 사라, 데이비드와 섞여서 어울려도 더이상 상관도 안하고, 금요일 아침마다 스타벅스 주차장에 들러서 동태를 살피던 무타와의 차량도 사라져서 한결 여유로워진 사우디 생활이었는데, 사우디를 떠날 때를 앞두고는 사태가 심상치 않았습니다. 해시모임이 연달아 취소되었습니다. 게으름 피우던 디큐 정문 검색이 원상 복귀한 듯 엄격하고 치밀해졌습니다. 흥청대던 주말마저 갑자기 조용해지고 할 일 없이 돌아다니는 스포츠카도 보이지 않습니다. 압둘라 왕이 이미 사우디를 떠났다는 소문이 돌아다녔습니다. 중동의 술렁거림과 정치 상황에 리야드도 술렁거리면서 사우디의 엄격한 왕정체제에 어떤 변화가 올지 눈치만 살피고 있는 듯 보였습니다.

사우디에도 '분노의 날'이 정해졌습니다. '분노의 날'이 다가오면서 사우디에 사는 서양인들의 관심은 그날에 사우디에도 정치개혁을 위한 데모가 있을 것인지 아닐 것인지였습니다. '분노의 날'에 저희는 사우디가 아닌 두바이에 있었습니다. 사우디를 떠나기 위해 참가한 중동지역 취업 박람회에서 분주히 움직인 주말이었습니다.

밤늦게 사우디에 도착하니 공항에서부터 디큐까지 건물마다 사우디 왕의 사진이 도배되어 있었습니다. 리야드의 '분노의 날'에 있었다는 시위에 대해서는 의견이 분분했습니다. 신문에서는 아무 일도 일어나지 않았다고 하는데 대부분의 사람들은 집회가 있긴 했지만 신문과 방송에 나오지 않았다는 이야기를 더욱 신뢰했습니다. 하지만 경찰과의 큰 충돌 없이 조용하게 넘어갔다는 사실은 변함없었습니다. 분노의 날에 리야드 지역에 번개와 천둥이 치고 일부에서는 우박이 떨어졌다고 합니다.

분노의 날 다음 날 아침 압둘라 왕은 시위에 참가하지 않은 국민들에게 감사하는 마음으로 복지자금으로 150조 원 규모의 현금을 뿌리고 하루를 휴무일로 공포하였습니다. 외국인에게 는 해당사항이 전혀 없지만 국민에게 선물로 현금을 주는 나라가 얼떨떨한데 리야드에서는 '분노의 날'에 내린 난데없는 우박은 데모하러 바깥으로 나가지 못하도록 배려한 알라(Allah) 의 선물이라고 더욱 열광하는 축제분위기였습니다. 알라의 선물로 우박이 내리고 왕의 선물로 현금이 지급되고 공휴일이 생겼지만 중동 전역에서 일어나고 있는 자유화의 도도한 흐름에 사우디가 불안하지 않는 것은 결코 아닌 것 같습니다.

마카만 하더라도 부동산 개발로 인해 1천 년 이상 존재해온 이슬람 문화유적 대부분이 파괴되었다는 비난에도 불구하고 그랜드 모스크 확장사업과 쇼핑몰, 시계탑 호텔을 포함한 관광 인프라를 위한 사업을 실시해서 관광도시로의 변신을 꾀하고 있습니다. 크리스마스 날 가정집을 수색해서 파티 공모 이유로 연행했던 알 조프(Al Jouf) 지역은 마릴린 먼로(Marilyn Monroe) 커피숍의 이름이 불경하다 해서 영업을 폐쇄시키고 어떠한 경우에도 마릴린 먼로란 이름은 금지라고 못 박았지만, 올해 마카에서는 미국 헐리우드의 연예인 패리스 힐튼이 자신의 핸드백 전문가게인 패리스 힐튼(Paris Hilton)의 매장을 열었습니다. 사우디에 벌써 5번째 분점입니다. 성스런 마카 지역에 헐리우드의 상업화가 자리잡기 시작한 듯 보입니다.

뿐만 아니라 무타와 위원회가 성명을 내고 공식 사과를 하는 일이 생겼습니다. 사우디 여성의 손톱 매니큐어가 발단이었습니다. 매니큐어를 바른 여성에게 무타와가 쇼핑몰을 나가라고 하자 여성은 무타와와의 언쟁을 녹화해서 유튜브에 올렸습니다. 동영상 하나가 몰고 온 여파를 목격한 무타와 위원회는 쇼핑몰에서 여성에 대한 무타와의 반응이 지나친 면이 있었다고 공식 사과 했습니다. 무타와가 연관된 사건을 많이 보았지만 무타와가 사과 성명을 낸 것은 기억할 만한 일입니다. 인터넷의 강력한 영향력과 국외 이미지를 의식하지 않을 수 없음을 단적으로 보여주었습니다.

정부가 언론을 규제하다 보니 성이라든가 여자의 가슴과 같은 단어가 언급되는 의학 관련 인터넷 사이트까지 다양한 영역의 블로그가 원천봉쇄되지만 젊은 층을 중심으로 빠르게 전파되는 서구의 유흥 · 오락 문화를 완전히 차단할 수는 없어서 사우디의 고민이 깊습니다. 이슬람의 와히비즘을 지향하는 사우디의 보수파와 삶의 질적인 가치를 열망하는 젊은 사우디인들 간의 거리가 이미 벌어지고 있기 때문입니다. 사우디의 어른들은 어릴 때부터 중무장해온 이슬람의 가치에 의심 없이 맹목적이고 켜켜이 쌓인 완고함이 있어 바깥세상의 문화를 무시할 수 있지만 인터넷으로 만나는 세상과 자신들이 숨 쉬고 살아가는 세상과의 문화충격을 겪는 젊은이들에게는 통하지 않는 것 같습니다.

2011년 사우디를 떠나기 직전에 리야드에서 처음으로 패밀리 섹션과 싱글 섹션이 한 공간에 있는 커피점이 사하라 몰(Sahara Mall)에 등장했습니다. 여전히 패밀리 섹션에는 커튼이 있지만 남녀가 입구를 같이 쓴다는 것은 대단한 변화였습니다. 또한 여자 속옷을 여자가 팔게 하는 법안도 공포했고, 손톱에 매니큐어를 칠한 여성에게 무례했던 해프닝에 대해 무타와가 공식 사과문을 냈고, 사상 처음으로 여성이 런던 올림픽에 출전하는 등 하나하나가 의미심장한 변화였습니다. 여전히 남자 가디언의 동의가 필요하다는 조건하에서 여성의 투표권을 인정하면서 2015년부터 여자도 투표를 할 수 있게 되었습니다. 사우디에도 자유의 바람이 부는 느낌이 들었지만 무슨 일을 하더라도 여자는 남자 가디언의 동의가 필요하다는 원칙은 여전히 존재하고 있었습니다.

지금 제가 사는 곳은 사우디가 아닌 유에이이(United Arab Emirates, 아랍에미리트연방)의 작은 동네 알 에인(Al Ain)입니다. 2011년 라마단이 끝나가기 일주일 전, 남편이 새 직장을 찾아 유에이이(United Arab Emirates)에 정착했기 때문입니다. 4년 전, 사우디에서 오만(Oman)으로 간 두 번의 자동차 여행을 할 때 통과하던 도시인 알 에인은 저희에게 특별한 곳입니다. 알 에인 시내가 내려다보이는 자발 하피트(Jabel Hafeet) 산꼭대기에서 경찰에 끌려갔던 동네이기 때문입니다.

사우디의 리야드에서 아라비아 반도 끝의 나라인 오만으로 가기 위해 유에이이를 통과하면서 잠시 쉬던 날, 산등성이에 위치한 호텔 뒤로 등반하였습니다. 황량한 돌산의 정상에는 놀랍게도 그림처럼 멋진 거대한 저택이 두 언덕에 걸쳐진 긴 다리로 연결되어 있었습니다. 어쩌다 들어선 곳이 저택 안마당이었습니다. 정체가 파악 안 된 저택을 기웃거리면서 사진기에 담느라 바쁜데 갑자기 무장 군인들이 탄 도요타 차가 다리 위로 들어섰습니다.

그곳은 유에이이 왕의 여름 숙소 뒷마당이었습니다. 아침 일찍 아부다비로 차를 고치러 갔던 케빈을 제외한 남편과 친구 사라 그리고 저는 사무실로 연행되어 갔고 몇 가지 사항을 확인하는 조사 후에 압수되었던 여권을 돌려받았습니다. 총을 든 군인이 보는 앞에서 남편과 사라는 카메라에 찍힌 사진을 지워야 했고 제 주머니 속의 작은 디카는 들키지 않았지만 소심한 저는 불안하게 떨고 있었습니다.

그후 남편은 직장을 유에이이로 옮겼고 지금까지 알 에인에서 살고 있습니다. 유에이이 왕의 여름 휴양지 뒷마당 침입사건이 있은 바로 그 산 아래에 4년째 살고 있는 것 또한 알지 못하는 인생살이의 한 자락입니다.

Epilogue

이 책을 쓴 지 4년이 지났습니다. 이 책은 2014년에 '사막의 선물'이라는 이름으로 처음 나왔습니다. 이 책의 첫 출발은 두 아들과 저를 위해 3부를 프린트하러 간 인쇄소에서 시작되었습니다. 처음 만난 인쇄소 사장님의 권유로 3부 찍으러 갔던 원고가 책이 되었습니다. 세월 지나 현재 사우디의 많은 부분에 변화가 왔지만 국가 기본은 여전히 그대로이고 제 삶의 부끄러운 속내도 펼쳐 보일 용기도 조금은 자라서 올해 이 책을 이담북스를 통해 이름을 바꾸어 정식으로 재출판하게 되었습니다. 여러분들의 응원과 배려와 사랑에 깊이 감사합니다.

지금은 사우디도 아랍에미리트마저도 떠났지만 제 인생의 동서남북이 만나는 교차점에서 이 글을 썼습니다. 세상의 도움으로 여기까지 걸어와서 큰 세상을 알아가던 예전의 저를 추억합니다. 혹시 지금, 바람결이라도 붙잡고 싶은 심정으로 삶을 살아내는 순수한 영혼의 그대가 이 글을 읽는다면 그대가 아직 누리지 못하고 상상 못해 본 즐겁고 신나는 일이 이 넓은 세상의 구석구석에서 선물이 되어 당신을 기다리고 있음을 믿기 바랍니다. 그대, 생의 날카로운 칼날에 아프기도 하겠지만, 끝나버린 것 같은 길은 끝나가겠지만, 저 멀리서 촉촉이 여문 씨앗으로 날아와 그대들을 이끄는 길도 분명 있을 것을 믿습니다. 소쇄하지만은 않는 인생살이라 우리 모두 소설 하나씩 품속에 묻은 소설가이기에 '살아온 삶의 벽돌을 허물고 새로운 집을 짓는 자'의 마음으로 또다시 살아내는 당신을 응원합니다. 자식에게 아픔을 주었던 사람이라 오랫동안 세상으로 떳떳이 나설 용기도 없었고 이 글을 읽고 추가될 판단과 평가의 두려움도 없지 않았지만 혹시라도 예전의 저 같았던 사람이 있어 지금 힘든 시간을 보내고 있다면 그들과 함께 '결코 포기할 수 없는 희망'을 나누고 싶습니다. 이 글이 다리가 되고 파도가 되어 새로운 출발을 향해 한 발을 내딛는 어느 작은 발걸음에게 용기를 주면 좋겠습니다.

어머니에게 이 책을 바치고 싶습니다. 재주 많은 여성이었지만 피우지 못한 꽃봉오리가 몸살 하듯 신음하다가 마침내 바래진 마른 꽃. 세상이 기억 못 하는 어머니의 이름 석 자, 김. 계. 남. 마음으로 불러봅니다. 한 여성의 신산했던 삶에 그녀가 좋아하던 보랏빛 들꽃의 애잔한 향기를 흐드러지게 날리렵니다. 항상 제 곁에 계시는 어머니, 잘 살고 있다는 안부를 전해드립니다.

두 아들, 기현과 기운에게 세상의 사랑을 알게 해준 모든 분들에게 감사의 말씀을 드리고 싶습니다. 세상의 문고리를 붙잡고 나서지 못한 길 앞에서 눈망울을 굴리던 두 아이에게 내민 따뜻함이 깊어 그 여향이 잔잔히 제게 퍼져왔을 때 세상의 아름다움이 함께 묻어왔습니다. 언제나 엄마를 믿어주는 두 아들. 그래서 더 미안하고 더 감사한 두 천사 앞에 이 책을 슬그머니 내놓고 싶습니다. 이 책 어디쯤에선가 엄마의 삶을 가만히 안아주기를 감히 바라는 마음을 숨기지 못함을 고백합니다. 사람으로 나서 제 의무와 책임을 제대로 못한 엄마이기에 기회로 남아있는 앞으로의 시간에 감사하고, 살을 부비며 같은 공간에 있지 못하기에 그리움을 지병으로 알고 삽니다. 이제 사랑스러운 며느리와 손자가 합류한 우리 가족에게 감사합니다.

　사소한 지혜마저 더디나는 데다가 지금보다 훨씬 더 부족하여 혹여 제 부산함으로 마음 한켠이 아팠을지도 모를 모든 분들에게 늦은 죄송함을 전합니다. 모퉁이 돌 때마다 영감을 주고 용기를 준 많은 분들, 특히 남편 제프리의 한결같은 지지와 응원으로 이 책이 나오게 됨을 기억합니다.

　하나님, 겸손한 마음으로 감사드립니다.